Der rasende Reporter

Egon Erwin Kisch
Der rasende Reporter

AuraBooks

– **Bibliografische Information der Deutschen Nationalbibliothek** –
Die Deutsche Nationalbibliothek verzeichnet diese Publikation in
der Deutschen Nationalbibliografie; detaillierte bibliografische Daten
sind im Internet über http://dnb.d-nb.de abrufbar.

IMPRESSUM

ISBN: 978-3754307786
EGON ERWIN KISCH: DER RASENDE REPORTER
Originalausgabe 2021/2019 (Print & eBook) by © AuraBooks®
Lektorat: Richard Steinheimer
Endlektorat und Umschlaggestaltung: *textkompetenz.net*
Herausgeber: AuraBooks | eClassica@aurabooks.de
Gesetzt aus der Baskerville
Herstellung und Verlag:BoD – Books on Demand, 22848 Norderstedt
Dieses Buch gibt es auch als eBook,
z. B. im amazon Kindle Bookstore

Inhalt

EGON ERWIN KISCH   **275**

Über das Buch

›DER RASENDE REPORTER‹ gilt im deutschsprachigen Raum als bedeutendste Reportage-Sammlung aller Zeiten. Egon Erwin Kisch schuf sie Mitte der 1920er Jahre, während der Hochphase seines Schaffens in Berlin, wo er für verschiedene Tageszeitungen und Magazine arbeitete – und bald, abgeleitet vom Buchtitel, selbst den Beinamen ›rasender Reporter‹ erhielt. Bemerkenswert ist – neben dem klaren, alle Leser mitnehmenden Sprachstil, die enorme Bandbreite der Themen, die Kisch abdeckt: Oft begab er sich in randständige Szenerien, um die andere Journalisten einen weiten Bogen machten, sei es das Zuhältermilieu, das Milieu der Obdachlosen, Leichenschauhaus oder Gerichtsmedizin; oder er beschrieb etwa das Leben eines Wiener Scharfrichters. Zudem interessierten ihn historische Themen, Wissenschaft, und nicht zuletzt die Politik, wo er die investigative Reportage mit ›erfand‹. Reisen und fremde Kulturen sind ebenfalls ein großes Thema bei Kisch.

Diese Bandbreite, die bis heute von keinem anderen Journalisten erreicht wurde, macht einen großen Teil der Faszination des ›rasenden Reporters‹ aus. In der Rückschau sind Egon Erwin Kischs Reportagen und Milieuschilderungen unverzichtbare Zeitdokumente.

© *Redaktion AuraBooks, 2019*

Über den Autor

EGON ERWIN KISCH (1885–1948) war ein deutschsprachiger tschechischer Schriftsteller und Journalist. Er gilt als einer der bedeutendsten Reporter in der Geschichte des Journalismus und man sieht ihn als Begründer der literarischen Reportage im deutschsprachigen Raum. Er selbst verstand sich in der Tradition eines Jack London oder Émile Zola, die für ihn Vorbilder waren. Kischs erster großer Reportage-Band erschien im Jahr 1925 unter dem Titel ›*Der rasende Reporter*‹ – ein Buchtitel, der bald mit der Person verschmolz; kam man dann auf den ›rasenden Reporter‹ zu sprechen, war unzweifelhaft, wer gemeint war. – Mehr über den Autor im Anhang.   ✧

DER RASENDE REPORTER

Unter den Obdachlosen von Whitechapel

AUCH DIE MÄNNER UND BURSCHEN, die in schmutzigen Fetzen in den Haustoren und Fenstern der Lumpenquartiere Ostlondons zu sehen sind, sind schon bedauernswert genug. Aber sie haben wenigstens ihre Schlafstelle, sie haben doch das Glück, sich in den niedrigen Stuben mit einigen andern Schlafgenossen auf den Fußboden betten zu dürfen, sie haben also immerhin ein Heim. Sie sind reich gegen die Obdachlosen, die sich müde durch die Schlammdistrikte schleppen; hoffnungslos hoffen sie, von den anderen Armen einige Pence zu kriegen, damit sie nicht auf dem Embankment[1] an der Themse im Froste nächtigen müssen.

Und diese Allerelendsten der Elenden sind noch in Gesellschafts-schichten geteilt, noch unter diesen Obdachlosen bestehen Vermö-gensunterschiede. Wer sieben Pence erbettelt hat und sie für das Nachtlager zu opfern bereit ist, kann in einem der fünf Lord Rowton Lodging Houses oder in einem der vom Londoner County Council errichteten Bruce Houses ein Kämmerchen mit Bett und Stuhl mie-ten; wem der Tag nur sechs Pence beschert hat, kann im Volkspalast Logis beziehen und sich bei etwas Phantasie in einen Club versetzt glauben. Allein wer selbst diese spärliche Zahl von Pfennigen am Abend nicht beisammen hat und gar nicht daran denkt, in den ›Casual Wards‹[2] das bisschen Nachtquartier am Morgen mit harter Steinklopfarbeit zu bezahlen, der zieht in eines der acht Londoner Heilsarmee-Nachtasyle, von denen natürlich das Whitechapler die traurigsten Gäste beherbergt. Allabendlich wankt ein Zug mühselig, schmutzstarrend, frierend, altersschwach und notgebeugt in die Middlesex Street, die am Sonntag der Tandelmarkt mit lautem Gewo-ge erfüllt. Hier steht an einer Straßenecke das Asyl der Heilsarmee.

---

[1] *Damm, Böschung*

[2] *Obdachlosenasyle*

Mein Kostüm war mir fast übertrieben zerfetzt erschienen, als ich es angelegt hatte. Ein Blick auf meinen Nachbar belehrte mich eines Besseren. Der Mann, der hier vor der Eingangstür in seinen Lumpen den Dienst eines Heilsarmee-Funktionärs versah, hielt mich auch noch der Frage wert: »Bett oder Pritsche?«

»Also Pritsche. Die Treppen hinunter.«

So steige ich denn die Stufen zur Unterwelt hinab, während die Reichen, die im Vermögen von fünf Pence waren, es sich oben im Schlafsaal gut gehen lassen können. Am eng vergitterten Schalter, wo mein Name in das Logierbuch eingetragen wird, bezahle ich meine Miete und erhalte eine Quittung darüber mit der Bettnummer 308 zugewiesen. Dann trete ich in den Versammlungssaal ein: ein dreieckiger, großer Kellerraum, von Reihen grob gezimmerter Bänke erfüllt. An der Wand ein Podium mit einem von Wachsleinwand bedeckten Harmonium – anscheinend ist der Abendgottesdienst schon vorbei. Die Kellerdecke ist von sechs Eisenträgern gestützt, längs der Wand verlaufen Heizröhren.

Was die Stadt in ihren tiefsten Abgründen nicht mehr zu halten vermochte, was selbst Whitechapel, dieses Asyl der Desperados aller Weltteile, nicht mehr aufzunehmen gewagt hatte, was zu Bettel und Verbrechen nicht mehr geeignet ist, scheint hier abgelagert worden zu sein. Da sitzen sie und verderben die warme Luft. Der eine schnallt seinen Holzfuß ab und lehnt ihn an die Bank. Der andere macht Inventur, einige hundert Zigaretten- und Zigarrenstummel neben sich ausbreitend. Einer holt aus seinem Schnappsack die Dinge hervor, die er wahllos aus dem Rinnstein aufgelesen: Stücke alten Brotes, den Rumpf einer Puppe, zusammengeballte Zeitungen (er glättet sie sorgfältig), den Rest einer Brille, das Rudiment eines Bleistiftes. Einer bindet sein Bruchband zurecht, einer wickelt seine Fußlappen ab, einer verdaut hörbar – alle Sinne werden gleichzeitig gefoltert.

Die Mehrzahl der Gäste sind Greise, mit grauen Haarsträhnen, zerzaustem Bart und Augen, die sich nicht mehr zu der Arbeit aufraffen können, einen Blick zu tun. Teilnahmslos starren sie ins Leere. Nur wenn ein Essender oder etwas Essbares in den Bannkreis dieser Augen kommt, flackert in den matten Pupillen Leben auf, und sie richten sich gierig, neidisch, sehnsüchtig auf den Schmaus.

Am Schalter der Kantine hängt ein Zettel, auf dem steht, zu welcher Stunde Mahlzeiten erhältlich sind, jedoch man kann die Schrift nicht lesen, denn eine Armee von Mauerasseln hockt auf dem Papier. Der Kantineur ist einäugig. Vielleicht ist er – wie die meisten Funktionäre der Heilsarmee – früher selbst ein Obdachloser gewesen und hat in einer der blutigen Schlachten, die im Bereich des einstigen Jago Court noch heute manchmal entbrennen, sein Auge verloren. Nun reicht der bekehrte Polyphem[3] den Hungrigen Speise und Trank. Ein Stück Brot kostet ein Farthing[4] – die Scheidemünze, die man im übrigen England gar nicht mehr kennt, hat hier ihren Geldwert. Jede der übrigen Speisen ist für einen halben Penny zu haben. Auf Tassen aufgeschichtet, liegen geräucherte und gesalzene Heringe, aus einem Kessel wird ein Blechgefäß mit Suppe gefüllt, aus einer Schüssel reicht man dem Käufer eine Portion Haferschleim, und aus einem an der Wand stehenden Kupfersamowar strömt beim Aufdrehen des Hahnes fertiger Tee. Von Zeit zu Zeit schreitet ein Asylbediensteter die Bankreihen ab, um die geleerten Schalen zu sammeln.

Ich hatte schon gehofft, auf meiner Bank angekleidet schlafen zu können. Aber es sollte schlimmer kommen. Um halb neun Uhr abends schrillt ein Pfiff, und es wird verkündet: »In die Schlafsäle.« Barfüßig, die zertrümmerten Stiefel in der Hand, verlassen alle das Lokal. Der Einbeinige macht sich nicht erst die Arbeit, seinen Holzfuß wieder anzuschnallen: Mühselig hüpft er auf einem Bein hinaus. An der Stiege müssen wir einem Kontrolleur unsere Zettel vorzeigen. ›Beds No. 211-321‹ steht auf einer Tür. Wir sind also zu Hause. Der Raum, den wir betreten, ist genau über unserem bisherigen Aufenthaltsort gelegen und diesem vollständig kongruent. Jetzt aber haben wir nicht mehr das Gefühl, in der Hölle zu sein; jetzt sind wir in einer Gruft. Vom Gewölbe brennen zwei oder drei Lämpchen düster und gespenstisch auf lange Reihen schwarzer Särge herab, die auf niedri-

---

[3] *Polyphem: aus der griech. Mythologie: einäugiger Zyklop*

[4] *Farthing: kleinste englische Münze im Wert eines Viertelpenny*

gen Katafalken[5] ruhen. Das sind – um sich des auf die Türe geschriebenen Euphemismus zu bedienen – die ›Betten‹. (Der Mann am Eingang hatte mir von Pritschen gesprochen.) Ich rechne im Kopfe: 321 minus 211 = 110. Hundertzehn enge Truhen, mit einem Überzug aus schwarzer Wachsleinwand bedeckt. Darunter ein Bett-tuch und ein Polster aus Drell-Leinen[6], dessen unheilvolles Grau möglicherweise nur davon herrührt, dass es zu oft gewaschen wurde.

Und schon beginnt der Totentanz. Meine Zimmerkollegen haben ihre Lumpen von sich geworfen, nun stehen die vielen, vielen Gerippe nackt oder in Totenhemden an ihren Särgen und lupfen ihr Bahrtuch zurecht. Dann schlüpfen sie in ihre Ruhestätte.

Manche suchen erst mit einem brennenden Streichhölzchen ihr Lager ab. Haben diese von tausendfältigen Bissen und Stichen des Lebens zerfleischten Leiber noch aus längst vergangenen besseren Tagen den Abscheu vor dem Ungeziefer gerettet? Oder aber wollen sie diese Empfindlichkeit nur vortäuschen? Es wird kaum mehr als ›Hochstapelei‹ sein. Denn alle die Suchenden legen sich schließlich in die ihnen zugewiesene Schachtel zur Ruhe, und es bliebe ihnen ja doch auch dann nichts anderes übrig, wenn ihr Suchen von noch so großem Erfolg begleitet gewesen wäre.

Ich möchte gern warten, bis das Licht verlöscht, damit ich unbe-merkt in Kleidern und Stiefeln ins Bett schlüpfen kann. Aber leider hat sich zwischen meinem Nachbar zur Linken, einem ungefähr zwanzigjährigen Rowdy, und einem etwas älteren Kollegen ein Gespräch entsponnen, das sich neben meinem Bette abspielt.

»Woher kenne ich dich?« fragt der Ältere. »Ich kann mich nicht erinnern.«

»Aus Pentonville.« Der Junge sagt das ostentativ laut. Anscheinend will er, es mögen auch andere vernehmen, dass er schon im Zucht-haus war.

»Bist du schon lange draußen?«

---

[5] *Ein besonders gestaltetes Gerüst oder Gestell zur Aufbahrung von Verstorbenen im Rahmen einer öffentlichen Verehrung oder während einer Trauerfeier*

[6] *Aus Italien stammender fester (drillichartiger) Matratzenbezug*

»Oh, seither war ich wieder im Police Court.«[7]

»Wie kamst du heraus?«

»Danny Rowlett stood bail for me.«[8]

»Weshalb?«

»Er brauchte mich.« Das ist noch stolz gesagt, und mehr verrät der Junge nicht.

Der Ältere gibt sich keineswegs mit der Auskunft zufrieden, dass Danny Rowlett sein Vorrecht, steuerzahlender Bürger Londons zu sein, zur Bürgschaft für den jungen Kriminellen nur verwendet habe, weil er diesen brauchte. Das hatte auch ich mir schon gedacht, obwohl ich nicht die Ehre habe, den Mister Danny Rowlett zu kennen, dessen Diminutiv-Taufname[9] darauf schließen lässt, dass er in den Kreisen derer von Pentonville eine gewisse Popularität genießt. Wozu jedoch hat er meines Bettnachbarn so dringend bedurft? Ich werde es nie erfahren. Wohl aber erfährt es der Zuchthauskollege. Mein Anrainer hat ihn wichtigtuerisch mit einem längeren Blick geprüft, und nun beginnen sie zu tuscheln. Ich sehe mich gleichermaßen um die Fortsetzung des Gespräches wie um meine Nachtruhe in Kleidern betrogen. Warten kann ich nicht gut, denn das Geschäft am Nebenbett mag noch lange dauern. Wahrscheinlich hat Danny Rowlett durch seine Bürgschaft den jungen Mann aus der Zelle im Polizeigefängnis nicht deswegen befreit, um ihn hier, im Massenquartier von Whitechapel, nächtigen zu lassen. Der opferwillige Bürge hätte ihm doch leicht auch ein schöneres Nachtlager verschaffen können. Der Grund, weshalb der gute Boy zur Armee des Heiles zu Gaste kam, wird also ein geschäftlicher sein. Er sucht einen Kompagnon.

Ich muss mich dazu bequemen, dem älteren der Burschen den Tausch unserer Lagerstätte vorzuschlagen, damit er besser mit seinem Associé[10] verhandeln könne und mich nicht weiter störe. Der Mann nimmt an, ohne meine Freundlichkeit besonders zu quittieren – er

---

[7] *Polizeigericht*

[8] *Danny Rowlett stood bail for me: Danny Rowlett bürgte für mich*

[9] *diminutiv = verkleinernd; hier ›Danny‹ für ›Daniel‹*

[10] *Assoziierter, Partner*

empfindet sie zweifellos als einen Akt des Respekts, der ihm, dem Absolventen von Pentonville, von Rechts wegen zukommt. Mit einer knappen Handbewegung zeigt er mir sein Bett, das von nun an meines ist.

Meine neuen Nachbarn sind längst in den Chor des Schnarchens eingefallen, der den Saal hundertstimmig erfüllt. Der eine hat die schwarze Wachsleinwanddecke über den Kopf gezogen, des Andern zerzauste Gehirnschale lugt aus dem grauen Groblinnen schaurig hervor. Die Lichter verlöschen, und nur das schwerfällige Knarren von hundert Särgen sagt mir, dass ich in Gesellschaft bin. Manchmal dringt ein Anfall von verzweifeltem Husten zu der Truhe herüber, in der ich, auf meinen Arm gestützt, gerne einschlafen möchte.

Früh um sechs Uhr: ein Pfiff. In den Särgen zuckt es, dann tauchen Schädel auf, Knochen recken sich empor, von Strahlen des Morgens fahl beleuchtet. Wie Lebende reiben sich diese Toten die Augen und strecken sich. Dann stehen sie auf und ziehen die Lumpen an, die sie abends über den Stuhl gelegt haben. »In den Waschraum«, heißt das Aviso[11]. Nur wenige leisten der Aufforderung Folge. Sie sind keine Gecken mehr, sie haben beim Fechten ums Dasein die menschlichen Eitelkeiten abzulegen gelernt. Im Waschsaal, an den braunirdenen Wasserbecken, stehen meist nur jüngere Kollegen, die der kosmetischen Wirkung des Waschwassers in ihrem Beruf als Geliebte ihrer Geliebten nicht entraten können. An Rollen hängen lange hellgraue Handtücher für viele. Nun geht es wieder hinunter in den Kellerraum, woher wir abends gekommen sind. Ein Mann von der Heilsarmee liest ein Gebet, es folgt eine kurze fromme Ansprache und wieder ein Gebet. Jetzt kann man um einen Halfpenny Tee und um einen Farthing Brot erhalten, und das Tor öffnet sich. Endlich, denke ich und atme der Luft entgegen. Die andern aber ducken sich vor dem ersten Hieb der Kälte.

---

[11] Aviso (frz., ital.): Avis, Nachricht, Information, Aufforderung

Ein Spaziergang auf
dem Meeresboden

DIE TAUCHERPLÄTTE[12] fährt, gefolgt vom Ambulanzwagen für Taucherunfälle, auf dem die Dekompressionskammer ist, zur Suchstelle. Dort wird das Lot ausgeworfen: Siebzehn Meter zeigt die Senkschnur.

Ich bin abergläubisch, und siebzehn ist – wie ich schnell ausrechne – die Summe von dreizehn und der an sich bedeutungslosen Zahl vier. Die ›Dreizehn‹ stört mich – kein gutes Omen. Aber jetzt ist nichts mehr zu machen. Ich bin nicht schuld, wenn es schlecht ausgeht. Der Taucher von Schiller ist schuld mit seiner Wichtigtuerei und seinem ewigen Abraten: »Da unten aber ist's fürchterlich, und der Mensch versuche die Götter nicht ... « und so weiter. Ich lasse mir aber nun einmal nicht abraten. Justament nicht.

Und den Gürtel werf ich, den Mantel weg und auch Gamaschen, Stiefel, Rock und Hosen. Es waren keine Ritter da und Frauen, den kühnen Jüngling verwundert zu schauen. Und wenn schon: Meine Wäsche habe ich ja anbehalten. Darüber kommen noch eine Unterhose und zwei Hemden aus Trikot und außerdem der Taucheranzug. Er ist aus gummigetränktem Stoff und aus einem Stück geschnitten und passt für alle Körpergrößen mehr oder weniger. (Mir: weniger.) Über die Schenkel bis zu den Hüften kann man ihn noch selbst hinaufziehen, dann muss man aufstehen, mit angezogenen Ellenbogen die Hände auf den Bauch pressen, und zwei Henkersknechte zerren das Gewand so hoch hinauf, dass der Kautschukkragen den Hals umschließt. In die engen, allzu engen Kautschukmanschetten hilft dir ein Tauchergehilfe mit zwei schuhlöffelartigen Dehnern.

Man bedenke: Trikotwäsche, Kautschukmanschetten! Es ist doch gut, dass keine Ritter da sind. Ein gestreifter Zwillichanzug wird übergezogen, das Gummikostüm zu schonen. Na, ich muss ja fein aussehen! Um den Hals und über die Schultern stülpt man mir den metallenen Koller, den kugelrunden Kupferhelm hebe ich mir selbst auf das Haupt. Der Gummikragen des Anzuges, der Helmkragen und der Helmkopf werden nun von eifrigen Händen und mächtigen

---

[12] *Taucherplätte: eine Art schwimmendes Lastenfahrzeug, Ponton*

Schraubenschlüsseln zu ewiger Einheit geschmiedet. Zum Glück ist das mittlere der drei Rundfenster (ein viertes, ungefähr in Stirnhöhe, ist vergittert) noch offen, sodass ich auf normalem Wege atmen, hören und sprechen kann. Inzwischen sind meine Füße zu Blei geworden, denn riesige Rindlederschuhe mit Sohlen aus diesem Metall wurden mir umgeschnallt, jeder sechs Kilo schwer.

Ich schleppe mich, unfreiwillig die Gangart des Golems kopierend, zur Taucherstiege, die vom Deck ins Meer führt. Allein auf der dritten Stufe habe ich, das Gesicht gegen das Boot gewendet, stehenzubleiben. Ich bin also nur bis zu den Hüften im Wasser und muss meinen Kopf auf das Deck legen – die Schwere des Helmes würde mich sonst umwerfen. Das Bleigewicht der Füße spüre ich nicht so sehr, da sie im Wasser sind. Man hängt mir einen stolzen Orden um den Hals, wie ein Lebkuchenherz aussehend und ebenso groß. Er ist aber keineswegs aus Lebkuchen, sondern aus Blei und wiegt zehn Kilogramm. Das Rückenblei – mir bleibt doch nichts erspart auf dieser Welt! – wiegt sieben. Indes ich, die Stirne reuig auf den Erdboden gepresst, alles mit mir geschehen lassen muss, schnallt man auf meinem Rücken auch noch den Lufttornister an. Der ist durch den Luftschlauch mit der vierzylindrigen Luftpumpe an Bord der Taucherplätte verbunden und führt durch ein Rohr im Helm und den kleinen Atmungsschlauch in meinen Mund. Guter Tornister, du wirst da unten mein einziger Freund sein, nicht wahr, du wirst für mich sorgen? Du weißt doch: Für je zehn Meter Wassertiefe schenkst du mir Luft von einer Atmosphäre mehr. Braver Tornister! (Ich streichle ihn geradezu mit meinen Gedanken.)

Noch ist die Ausrüstung nicht vollendet, die zum ›Skafander‹ – so nennt die Marine den Tauchapparat Rouquayrol-Denayrouze[13] – gehört. Ein Hanftau, die Führungsleine, schlingt man mir mittels eines Leibstiches um die Hüften, Handschellen aus Kautschuk presst man mir über die Gelenke, damit die Gummimanschetten noch fester

---

[13] *Rouquayrol-Denayrouze: Bezeichnung für ein Druckluftauchgerät, welches von 1864 bis weit ins 20. Jahrhundert gebräuchlich war. Es ist benannt nach seinen Erfindern, dem Bergbauingenieur Benoît Rouquayrol, dem Marineoffizier Auguste Denayrouze und seinem Bruder Louis Denayrouze. (Wikipedia)*

anliegen und meine Hand sich blutig rötet, und einen Dolch in bronzener Scheide reicht man mir, und ich stecke ihn in den Gürtel. Ha, jetzt sollen sie nur kommen, die Haifische und Delfine – oder die Seeschlange!

Der Tauchermeister dämpft meine kriegerische Stimmung etwas herab. Er ist ein erfahrener Mann, hat schon manches Schiff auf dem Meeresgrund betreten und wurde oft geholt, in Seen und Flüssen des Binnenlandes zu tauchen; unter anderem hat er im Veldeser See nach der versunkenen Glocke gesucht. Er ist ein erfahrener Mann, und auf sein Wort muss man hören, solange das Mittelfenster des Helmes noch offen ist. O weh, wie viele Lehren gibt er mir! Ich muss, um Gottes willen, immer das Mundstück des Atmungsschlauches schön im Munde behalten und kann, um Gottes willen, ja nicht durch die Nase atmen und soll, um Gottes willen, ja nicht die Führungsleine loslassen und darf, um Gottes willen, die Orientierung nicht verlieren, und wenn ich Nasenbluten oder Ohrensausen bekomme, so macht das gar nichts, und ein Ruck an der Führungsleine bedeutet, dass ich den Grund erreicht habe, zwei Rucke, dass ich zu wenig Luft habe und dass man daher oben rascher pumpen müsse, drei Rucke bedeuten Gefahr, vier, dass ich nach rechts, fünf, dass ich nach links, sechs, dass ich zurückgehen will, und ähnliche Dinge. Das hätte er mir früher sagen sollen, der Herr Tauchermeister, dann hätte ich mir's wohl überlegt ...

Aber schon wird an der Luftpumpe gearbeitet, ich habe das Mundstück, das vor mir einige hundert wackere Taucher in den Mund genommen haben, zwischen Zähne und Lippen gepresst, und das letzte Fenster wird mit erschreckend großen Schlüsseln festgeschraubt. Ade, schöne Luft, die man da oben nach Gutdünken einatmen kann, durch Mund oder Nase, in x-beliebigen Atmosphären ... Ich bin hermetisch von dir abgesperrt, ich sehe dich, aber ich fühle dich nicht mehr! Ade!

Es geht die Treppe abwärts, meine rechte Hand umklammert die Führungsleine, die linke ist frei. Ein paar Stufen, dann hört die Treppe auf, und ich schwebe, schwebe tief hinab. Ich segne das verfluchte Gewicht auf meinen Stiefeln – das bewirkt jetzt, dass ich meine Abwärtsfahrt in aufrechter Haltung zurücklege und mit den

Füßen zuerst auf den Meeresboden komme. Nun, ehrlich gesprochen, ich segne meine Bleisohlen derzeit nicht, ich habe ganz andere Dinge im Kopf.

In Augenblicken der Erregung pflege ich mir vor allem eine Zigarette anzuzünden – daran ist jetzt nicht zu denken. Ich denke zwar doch daran, aber ich weiß, dass es nicht möglich ist, und so verzichte ich. Ich denke also an andere Dinge, an die ich in meinem Leben noch nicht gedacht habe: Dass du mir nicht durch die Nase atmest, Kerl, und dass du das Mundstück um Gottes willen nicht aus dem Maul fallen lässt, der Helm, zum Teufel noch mal, ist der Helm schwer! Nein, das ist nicht der Helm, das wird der Wasserdruck sein, siebzehn Meter, keine Kleinigkeit. Nein, auch der Wasserdruck ist es nicht, es ist der Kautschukanzug, der drückt das Blut aufwärts gegen den Kopf und schröpft mich; wie war das doch, was der Tauchermeister sagte, ein Ruck heißt hinaufholen, zwei Rucke heißen, dass ein Haifisch da ist, drei Rucke bedeuten Kautschukmanschetten, vier Rucke, dass ich nach links will ... Aber schließlich gewöhne ich mich daran, auf dem Meeresgrunde zu sein. Ich trete meine Wanderung an und komme mir wie ein Kind im Storchenteich vor. Nun, da bin ich eigentlich doch schon weiter: Die Nabelschnur fehlt mir nicht, und sogar einen Gummilutscher habe ich im Mund. Nicht verlieren, Bubi, sonst kommt der böse Tauchermeister!

Nur meine Hände sind nackt und greifen in die Nässe, es ist keine Feuchtigkeit zu spüren, bloß zu sehen. Rings um mich überall Wasser, blaues Wasser. Ich gehe trockenen Fußes durch das Meer: Das Wunder, das der Gesamtheit der Kinder Israels widerfahren war, vollzieht sich nun an mir Einzelnem. Ich tappe schweren Schrittes über kalkige Steine, Austernmuscheln und Muschelkalk, überwachsen mit Seegras, Algen, Tang, Moos oder Gott weiß was. Dort die Muschel will ich aufheben, sozusagen als Edelweiß des Meeres; ich lege sie mir dann zu Hause auf den Schreibtisch als Andenken für mich, und wenn mich Besucher nach der Besonderheit dieser Muschel fragen, so bemerke ich leichthin: »Ach nichts, die habe ich einmal so vom Meeresgrund aufgelesen, siebzehn Meter unter der Oberfläche.«

Ja, hat sich was mit »aufgelesen«. Ich knie nieder, um sie »aufzulesen«. Aber erstens kann ich sie nicht packen, denn bald greift meine

Hand viel zu nahe, bald viel zu weit. Ich habe zwar in der Schule einmal etwas von der Brechung des Lichtes im Wasser gehört, ohne es zu glauben. Es ist doch so − ich kann die Muschel nicht finden, die ich vor mir sehe. Schließlich finde ich sie. Sie ist aber so fest angewachsen, dass ich sie nicht loskriege. Ruhig fasse ich eine andere − ganz vergeblich, auch die bewegt sich nicht. Na, liegt auch nichts dran, ich kaufe mir morgen irgendeine Muschel und lege sie auf meinen Schreibtisch. Nach ein, zwei Jahren werde ich schon selber steif und fest glauben, dass ich sie vom Meeresgrund aufgelesen habe.

Ich stehe auf und gehe weiter. Also, dieser Schiller'sche Taucher, das war ein Lügner: Es wallet nicht und siedet nicht und brauset nicht und zischt nicht, und kein dampfender Gischt spritzt bis zum Himmel, und von Salamandern und Molchen und Drachen, die sich laut Aussage des Mauldreschers der Ballade hier in dem »furchtbaren Höllenrachen« regen sollen, habe ich nichts bemerkt, geschweige denn von einem grausen, zu scheußlichen Klumpen geballten Gemisch des stachligen Rochens, des Klippenfischs und des Hummers gräulicher Ungestalt, auch wies mir nicht dräuend die grimmigen Zähne der entsetzliche Hai, des Meeres Hyäne.

Schiller ist da einem Hochstapler tüchtig aufgesessen. Oder hat sein Taucher in submariner Angst in den braven Sardinen so grimmige Meeresungeheuer gesehen? Die schwimmen nämlich wirklich in großen Mengen umher, kommen bis an mein Visier und schauen mir treuherzig in die Augen. Sie halten mich wohl für irgendeines der seltsamen leblosen Dinge, die ihnen in den Kriegsjahren von freundlicher Seite als Spielzeug auf den Meeresgrund gesandt wurden. Da ich mir ein solches Fischlein haschen will, springt es schnell davon. Nach einem mehr als halbstündigen (dreiunddreißig Minuten, um präzis zu sein) Spaziergang komme ich ohne irgendein *Corpus delicti* an das Tageslicht. Und doch habe ich das Meer von Grund auf gesehen und ein Erlebnis gehabt, das mir nirgends vorgekommen ist, außer heute auf dem Meeresgrund. Auf die Gefahr hin, dass man mich für einen noch größeren Aufschneider halten werde, als ich den Taucher Schillers, will ich es verraten: Ich bin während der ganzen Promenade keinem Bekannten begegnet.

Wie der Einbrecher
Breitwieser erschossen
wurde

DIE VERFOLGER haben Angst vor dem Verfolgten.

Dabei kann es sein, dass die fünfeinhalb Leute, die mit der Bahn zur Jagd hinausfahren, zu spät kommen, erst zum Halali. Denn eine Partie der Jäger und Treiber ist mit dem Auto voraus ins Revier.

Die fünfeinhalb sind der Sukkurs[14] und sollen ganz unauffällig folgen. Vor der Halle des Franz-Joseph-Bahnhofes stehen sie auf den Stufen und warten, bis sich die linke der drei Türen öffnen wird. Sie haben nichts zu tun als so, als ob sie einander nicht kennen würden.

Solcher Müßiggang fällt ihnen sicherlich schwer: In Reichweite sind Burschen, die sich – unbefugterweise – zum Koffertragen anbieten und auf ihren Militärkappen ein Flügelrad angeheftet haben, damit sie dem Reisenden Vertrauen einflößen. Die könnt man so schön schnappen, in flagranti, ›Beilegung falschen Amtscharakters‹.

Wär eh g'scheiter, als da rausfahren, Jagd machen auf aan, was ka Faxen macht ...

Friedliche Passagiere mit Rucksäcken lassen in ihren Gesprächen Namen von Dörfern und Adressen von Bauern fallen, bei denen man gegen Wäsche oder Schmucksachen oder gar bloß Geld Butter eintauschen kann und Kartoffeln und Eier. Sonst würden solche Angaben auch die Fünfeinhalb interessieren, denn auch Detektive der Polizeidirektion Wien haben eine Frau, die es ihnen unter die Nase reibt, wenn der Nachbar Lebensmittel nach Hause bringt ...

Wär eh g'scheiter, als da rausfahren ...

Sie lassen es sich nicht anmerken, dass sie Jagdfieber haben, Angst vor dem Wild. Aber man erkennt ihre Angst daran, dass sie sich nichts anmerken lassen wollen. Die Virginia in ihrem Munde verlöscht nicht ...

Endlich öffnet sich die Tür – »Aber net drängeln, meine Hörrschaften, wer wird denn a soo drängeln.« – »Oha, Sö Pimpf, So –,

---

[14] *Sukkurs (lat., schweiz.): Begleitung, Unterstützung*

und man ist vor dem Kassenschalter: »Fahrkartenausgabe zu Lokal-zügen bis Tulln«. Auf einem Zettel stehen die Abfahrtszeiten, und gegenüber der Herr Göd *[Gott]* des Bahnhofs, der selige Franz Joseph im Krönungsmantel, und hält eine halb eingerollte Staatsbeamten-legitimation in der Hand, bei deren Vorweisung er nur den halben Fahrpreis bezahlen muss. Zu seinem Glück ist er aus Gips und wird nicht nervös von der öden Drängerei und Warterei, auf die alle schimpfen – bis auf die Fünfeinhalb, die einander noch immer nicht kennen und riesig phlegmatisch sind. »I? Gor ka Spur!«

Gerät man zu guter Letzt doch in den Waggon, so ist er gespickt voll, und die Füße frieren. Es ist kein Vergnügen, mit der Bahn nach Sankt Andrä-Wördern[15] zu reisen. Ein Verbrecher wird sie kaum benützen, umso weniger, wenn er Radrennpreise errungen hat. Sicherlich setzt er sich, nachdem er in Wien seine Geschäfte erledigt hat, einfach aufs Rad und fährt entlang der Donau oder über Neu-waldegg, an keine Abfahrtszeit gebunden (keinem Gequetsche und keiner kalten Eisenbahnzugluft ausgesetzt, den Fahrpreis ersparend), nach Hause, nach Andrä-Wördern.

Ob er tatsächlich in Andrä-Wördern wohnt?

Hinter Kahlenbergerdorf, in Klosterneuburg, in Kierling, auf den Dünen von Kritzendorf, in Höflein und Greifenstein ist die Mehrzahl der Hamsterer ausgestiegen, der Eisenbahnwagen ist halb leer, die Fünfeinhalb kennen einander schon ein wenig, und man kann den Nachbarn leise fragen: Ob's auch wirklich ganz gewiss ist, dass *** in Andrä-Wördern steckt? Ob's nicht ein Aprilscherz ist? (Wir schreiben heute den 1. April 1919.)

Nein, nein, kein Aprilscherz, wie alle gedacht haben, als sie es heute hörten ... Diesmal ist es sicher. Vor drei Wochen hatte man erfahren, dass *** in der Atzgersdorfer Mühle sei; in der Scheuer hatte er seine Werkstätte. »Wie wir hineinkommen in die Scheune – ist sie leer. Wohin er sich gewendet hat, hat niemand gewusst, trotzdem er alle seine Apparate mitgenommen hat. Wir haben in der Umgebung nachgeforscht nach neuen Mietern – umsonst.« Der Waggon hat sich ganz geleert, nur fünfeinhalb Menschen sind noch darin. Man kann

---

[15] *Sankt Andrä-Wördern: niederösterreichischer Marktflecken südlich der Donau*

einander wieder kennen und ungeniert sprechen. »Erst gestern haben wir erfahren, dass der Breitwieser« – heraus ist das Wort! – »in einer ganz anderen Gegend steckt. In Sankt Andrä, wo das Haus schon hergerichtet worden ist, wie er noch in Atzgersdorf war.«

Und ist das zuverlässig?

»Total zuverlässig! Wir haben schon alles recherchiert. Es ist die sogenannte Käferl'sche Villa. Vor zwei Monaten hat sie der Rudolf Schier gekauft, als ›gewesener Holzhändler‹ hat er sich ausgegeben. Achtundzwanzigtausend Kronen war der Kaufpreis. Schier hat sie gleich bar bezahlt, ohne zu handeln, hat alles ausmalen lassen, Möbel sind aus Wien angekommen, und zuletzt ist ein verdeckter Streifwagen abends im Hof abgeladen worden. Es ist klar, dass da die Instrumente darin gewesen sind. Na, vielleicht werden wir's heute schon wissen!« An der Virginia-Zigarre wird fest gesaugt, obwohl sie gar nicht auszugehen droht.

»Glauben Sie nicht, dass er Wind bekommen hat und auf und davon ist?«

»Heute früh war er noch da, und die Villa ist bewacht – in allen Nachbarhäusern sind unsere Leute. Wenn er jetzt entwischt ist, muss das viel Blut gekostet haben. Schießen tut er gleich!«

Ja, schießen tut er gleich. Zwei von den fünfeinhalb zeigen Wunden, die sie von Breitwieser haben. »Bevor i hin bin, müssen no a paar Kiwerer hinwern.« Dies sei sein stereotyper Schwur. Beteuern die Kiwerer hier im Zug.

In Wördern steigen fünfeinhalb Leute aus, die einander anscheinend noch nie gesehen haben. Ein Soldat lungert am Bahnhof und kommt mit einem von ihnen ins Gespräch, wobei er ihm so *en passant* mitteilt, dass er mit einem anderen im Garten des Hauses Lehnergasse Nummer 11 Wache zu halten habe. Dann muss der Soldat mal austreten und trifft auf dem Pissoir zwei Zivilisten, die durch ihn erfahren, dass sie sich an den beiden Ecken der Riegergasse zu postieren haben.

Einzeln geht man vom Dorf Wördern entlang den Weiden, die die Donau und dann den Hagenbach umsäumen, bachaufwärts bis zum Marktflecken Sankt Andrä. Dort oben ist das Wild, ahnungslos, obwohl die Fallen bereits aufgestellt sind.

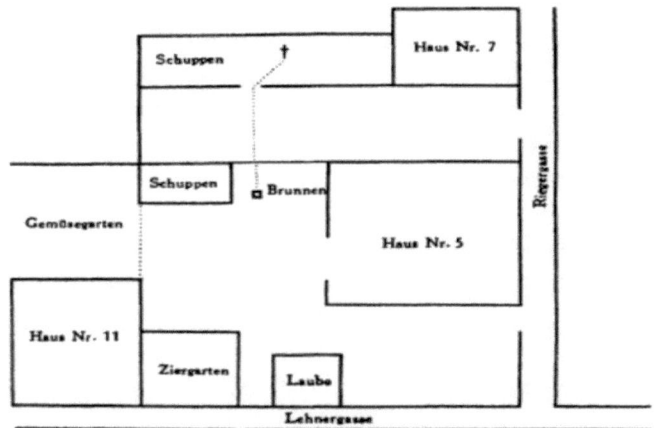

Von der Lehnergasse biegt als erste Seitenstraße die Riegergasse ab, eine Linie von Villen, durch Staketenzäune zu einer freundlichen Fassade verbunden. Nummer fünf ist die hübscheste: ein Einfamilienhaus. Die Veranda nimmt die ganze Frontseite ein, durch blaue Glastafeln kommt ihr Licht zu, ohne dass man hineinsehen kann. Wer in das Haus will, muss durch die Tür, die in den Hof führt: das Haustor ist auf der Rückseite. In der Mitte des Hofes steht ein Schwengelbrunnen, an den ein Fahrrad angelehnt ist, links eine Laube und ein Ziergärtchen, rechts ein Holzschuppen. Neben dem Schuppen eine kaum zwei Meter breite Verschalung, mannshoch – der Zaun, der die Breitwieser-Villa vom Haus Riegergasse 7 trennt.

Gegen den Hintergrund zu: eine hohe Planke, hinter der der Gemüsegarten von Lehnergasse 11 ist, wohin der Bahnhofssoldat zwei Mann des Sukkurses beordert hat – der Stand, von wo man die Haustür im Auge hat, den Bau, aus dem man das Wild hervorkommen lassen will, um es zur Strecke zu bringen.

Eindringen, hineinschießen, offen belagern will man nicht. Es würde viele Opfer kosten und viel Zeit, wenn Gefahr gewittert würde.

Desto fester ist das Gehege von der Treiberkette umschlossen. Am Zaun lauern sie, in den Nachbarhäusern, an den Straßenecken. Ein Jagdhund ist dabei. Sie warten, bis das Wild wechseln wird. Ein Mädchen geht in den Schuppen und kehrt, Holzscheite auf dem

Arm, ins Haus zurück. Die Verfolger lauern, die den Verfolgten fürchten. Karl Breitwieser, der jüngere Bruder des großen, war schon dreimal im Hof, auch zwei Frauen – Luise Schier und Anna Maxian, ein siebzehnjähriges Mädchen, die Geliebte Johann Breitwiesers, des Einbrecherkönigs.

Nur er selbst, er selbst ist noch nicht ein einziges Mal aus dem Haus getreten. Zwei Uhr wird es, drei Uhr, vier Uhr, drei Viertel fünf ...

Da – da: »Hände hoch!«

Breitwieser, der sich am Fahrrad zu schaffen machen wollte, zuckt auf. Von hinten, vom Garten schallt die Aufforderung. Er dreht sich um: Auch vom Hoftor her sind Revolvermündungen auf ihn gerichtet. Bleibt nur die Flucht flankenwärts. Ohne Rock, ohne Hosenträger ist er, aber nicht eine Sekunde lang denkt er an Übergabe, jagt davon, mit einem Sprung ist er über dem mannshohen Zaun, die Wirtschafterin der Nachbarsleute, die Wäsche aufhängt, rennt er über den Haufen, will durch das Nachbarhaus auf die Straße, auch hier die Kiwerer[16], Revolverschüsse krachen, der Verfolgte fürchtet die Verfolger nicht, er reißt seinen Browning aus der Hosentasche, taumelt getroffen; einen Blutstrom verspritzend, springt er in den Schuppen von Nummer sieben und schießt von dort. Von allen Seiten feuert man in die Holzwand, Polizeihund ›Ferro‹ jagt in die Hütte, wirft sein Opfer zu Boden, nun wagen sich auch die Verfolger mit erhobener Waffe hinein. Breitwieser streckt die Hände aus: »Net schießen, i tu eh nix mehr.«

Man nimmt seinen Browning, der neben ihm im Stroh liegt. Schmerzverzerrt tastet Breitwieser nach seinen Wunden. Sie schmerzen, obwohl er weiß, dass er jetzt sterben wird.

Karl Breitwieser, der Bruder, hat sich inzwischen ohne Gegenwehr ergeben. Auch er war im Hof, als das *Hands-up*-Signal erscholl, sprang in den Holzschuppen, kam aber sofort mit erhobenen Händen hervor. »Nicht schießen!« bat er und ließ sich fesseln, während sein Bruder noch schoss. Die beiden Frauen hatten das Haus von innen versperrt, doch öffneten sie, als die Detektive an den Fenstern erschienen und zu

---

[16] *Kiwerer (rotwelsch-jiddisch, österr. Kiberer): abwertend für Polizisten, Kriminalbeamte*

schießen drohten. Einen Überfall aus dem Innern des Hauses befürchtend, schoben die Polizisten den Knaben Karl als Schild vor sich her. Luise Schier und Anna Maxian wurden festgenommen.

Johann Breitwieser wird in die Laube getragen und von dort, da ihn fröstelt, in seine Wohnung; er wird auf den Diwan gebettet, vom Gemeindearzt verbunden und – schon in Agonie – dreifach bewacht im Auto nach Wien gebracht. Die Beute. Halali!

Hausdurchsuchung. Als man in den fensterlosen Teil des Kellers trat, erstarrte man vor Staunen. Hier standen fünf mächtige Kassenschränke – Versuchsobjekte für die streng wissenschaftliche Arbeit in diesem vollkommenen Laboratorium der Technologie; hier lagen Stahl- und Eisensorten, etikettiert und sortiert, zur Materialprüfung; hier waren Hefte und Papiere mit Formeln und Bemerkungen von Breitwiesers Hand; hier hingen in transportablen Schränken Werkzeuge nach der Reihenfolge ihrer Verwendung: Wachstabletten, Schlüsselbunde, Dietriche, Feilen, Schraubenzieher, Brecheisen, Bohrer für Handbetrieb und Schwachstrom, in allen Ausführungen, Größen – Werte von vielen Tausenden. Das meiste: eigenes Fabrikat. Maschinen, Drehbänke, Schraubstöcke, eine Feldschmiede fehlten dem Atelier nicht. Ein autogener Schweißapparat für Hitzeentwicklung von dreitausendsechshundert Grad war vollständig aufmontiert, gebrauchsbereit, die zwei Meter hohe Flasche mit fünftausend Liter komprimierten Sauerstoffs stand daneben.

Oben im Bücherschrank: Die technische Bibliothek Breitwiesers; das dreibändige Werk ›Der Maschinenbau‹ von R. Georg, ›Das Buch der Technik‹ von G. Neudeck, Bände der autotechnischen Bibliothek, ›Räder und Felgen‹ von Schmidt und die Bücher ›Die autogene Schweißung‹, ›Stahl und Eisen‹ ...

Diese sachlichen Werke hatte Johann Breitwieser, Einbrecher, Gewalttäter und gewesener Markthelfer, ununterbrochen gelesen und nach ihnen seine exakten chemischen und technologischen Versuche gemacht. Ein Mann der Tat, des Mutes, des Ernstes und der Intelligenz – schade, schade, dass er ein Gewerbe gewählt hatte, das schwierig und gefährlich ist und letzten Endes nichts einbringt als den Tod von der Hand der Verfolger, die den Verfolgten fürchteten!

Die Weltumseglung der
›A. LANNA 6‹

I. Von Prag nach Preßburg über die Nordsee

An Bord der ›A. Lanna 6‹ auf hoher See,
8° 30' südl. Länge; 53° 58' nördl. Breite; 6. Okt. 1920

PREßBURG liegt südöstlich von Prag. Also muss man, wenn man von Prag nach Preßburg will, zuerst nördlich fahren, immer nördlich, bis dorthin, wo der europäische Kontinent aufhört, Kontinent zu sein, hinter Hamburg, hinter Cuxhaven, noch immer nördlicher bis in die Nordsee. Und dann nach Westen, auf Kanälen und Flüssen unausgesetzt nach Westen, über die Weser bis zur deutsch-holländischen Grenze und weiter bis zum Rhein ... Das ist so die Logik der Wasserstraßen ...

Preßburg liegt 350 Kilometer von Prag entfernt, etwa 250 von Budweis. Die Moldau hat (bei Hohenfurt) einen Abstand von bloß 35 Kilometern von der Donau (bei Linz). Aber will man von der Moldau auf die Donau, so muss man 2170 Kilometer fahren, ›bis Babitz‹, sechs Wochen lang, acht Wochen lang – ich weiß noch selbst nicht, wie das alles werden soll. Moritzl, wo hast du dein linkes Ohr?

Der Tender ›A. Lanna 6‹, der bisher beschaulich im Holleschowitzer Hafen oder am Frantischek lag oder Elbkähne für die Moldau-Regulierung schleppte oder Kohlenkähne aus Aussig am Gängelband schleifte, ward plötzlich zu Höherem ausersehen: zu Baggerungsarbeiten muss er nach Bratislava. Dort soll ein Hafen für zwei Millionen Tonnen ausgebaut werden, und für die Arbeiten braucht man die Moldau-Flottille. Wie sie hinkommt? Die tschechoslowakischen Eisenbahnbehörden gaben die Auskunft: »Per Bahn geht das nicht.« So fuhr ›A. Lanna 6‹ – als erstes Schiff der Republik, das von Prag nach Preßburg auf dem Wasserweg abgeht – am Donnerstag, dem 23. September 1920, um sieben Uhr früh, vom Holleschowitzer Hafen mit sechs Tonnen Kohle ab. Es ging bis Mirschowitz, dann Lobositz und weiter nach Aussig, wo vier Tage Aufenthalt war, bis wir endlich am 30. einen Waggon Kohle von Petschek nehmen konnten.

Auch ein Haupter *[Hauptmann bzw. Kapitän]* kam hier an Bord, der um 1400 Mark unser Schiff nach Dresden, Coswig, Werben, Lauenburg führte. Am 4. Oktober, um zehn Uhr vormittags, legten wir in Hamburg am Zollkanal an.

Vom Kai des Dowenfleth und von der Wandrahmbrücke schauten die Mädchen in kurzen Röcken interessiert auf den niedrigen Dampfer mit den neuen Farben. Und wir, wir schauten vom niedrigen Dampfer mit den neuen Farben nicht minder interessiert zu den Mädchen in kurzen Röcken auf dem Kai des Dowenfleth und auf der Wandrahmbrücke hinauf.

Ein neuer Lotse kam an Bord, der uns für 1300 Mark über das Wattenmeer nach Wilhelmshaven führen soll, und an der Landungsbrücke stand wieder ein Flusslotse, der uns in Wilhelmshaven erwarten und durch die Kanäle und über Rhein und Main auf die Donau bringen wird; der kriegt 8000 Mark. Der Seelotse besah unsern Kasten mit unverhohlenem Misstrauen. Aber schließlich (1300 Mark sind viel Geld!) sagte er, es werde schon gehen, und traf einige Sicherheitsmaßnahmen. Eine Abfluggatte für Meerwasser, das bei Seegang auf Deck schlagen könnte, müsse hergerichtet werden; der herbeigeholte Schlosser verlangte dafür 300 Mark, woraufhin wir uns die Abfluggatte selbst in die Bordwand hackten. Das Rettungsboot, bisher frei auf den Klampen ruhend, wurde mit Ketten seefest gemacht. Der Kamin wird durch Trossen gestützt werden müssen, aber vorläufig schieben wir diese Arbeit noch auf, da wir Elbbrücken zu passieren haben. Wir nahmen vier Tonnen Steinkohle, ein Kompass wurde eingeschifft, die große Seekarte auf dem Kapitänsstand aufgespannt.

Mittwoch, den 6. Oktober, zehn Uhr fünfunddreißig Minuten vormittags, stachen wir, erstes Schiff tschechoslowakischer Flagge, von Hamburg aus in See. Durch den Binnenhafen und den Niederhafen fuhren wir, rechts Sankt-Pauli-Landungsbrücken, die Hallen des Elbtunnels, der Riesen-Bismarck schaut vom Postament auf den Tender mit der rot-blau-weißen Flagge, dann sind wir *en face* der Davidstraße, Altona, gestern Abend waren wir darin, in ihren Seitenstraßen, Heinrichstraße, Marienstraße, Friedrichstraße bis zur Reeperbahn, Lunapark an Lupanar[17], eine Welt, in der sich unter dem Schreien von Musikautomaten in Riesenschaukeln und Karussels und Kinos und Hippodromen und Schenken und Schaubuden und Tanzrädern der tollste Weltgroßhandel der Sexualität vollzieht.

Steuerbords bleibt hinter unserem Schiff der Steinwärder zurück mit dem verödeten Hapaghafen; die Schiffe sind abgeliefert, davor aber sehen wir gleichzeitig ein eisernes Firmament von tausendfach ineinandergeschobenen Gerüsten und Gestängen, die Werft ›Blohm und Voß‹, Hellinge[18] und Docks sind besetzt, Kräne fahren aufwärts und seitwärts, Hämmer dröhnen, und auf der Vulkanwerft ist es nicht anders.

An Heringsloggern aus Rügen fahren wir vorüber, an Islandfischern von Cuxhaven, an Segelschiffen, die das weiße Kreuz auf rotem Grund tragen, wenn sie aus Dänemark, und das gelbe Kreuz auf blauem Feld, wenn sie aus Schweden sind, ein amerikanischer Cargo-Dampfer überholt uns bei Blankenese, fast immer eilen die Matrosen an die Reling, rufen ihre Offiziere herbei und zerbrechen sich sichtlich die Köpfe über das Liliputanerschiff mit unbekannten Farben.

Von einem deutschen Dreimastschoner werden wir durch das Sprachrohr angepreit: »Hallo! Was haben S' da für Flaggen?«

Wir haben leider kein Sprachrohr an Bord, können keine Antwort geben, und der Dreimaster fährt mit unbefriedigter Neugier von dannen.

Auf Finkenwärder [heute: Finkenwerder] arbeitet die Deutsche Werft, weit rückwärts ist ein Komma auf dem Horizont: der Kirchturm von Buxtehude; dort übt ein Schmied von alters her sein Gewerbe aus und ist so populär, dass temperamentvolle Frauen ihren schlappschwänzigen Ehegatten die Verwünschung zuzurufen pflegten, sie mögen sich vom Buxtehuder Schmied eine Eisenstütze zur Stärkung ihrer Energie anschmieden lassen. Aus dieser ehelichen Verwünschung ist dann die Redensart »Geh nach Buxtehude«

---

[17] *Lupanar (lat.): Bordell*

[18] *Hellinge: Baustellen in Werften, von denen aus die dort gebauten Schiffe schräg zu Wasser gehen können*

geworden und in Gegenden gedrungen, von wo der Weg in dieses ›Eisenach‹ (dieses Wort ist in Analogie zu ›Steinach‹ gebildet) zu weit wäre! Backbords und steuerbords wird das Land immer kahler und flacher, es passt sich gleichsam in seiner Form dem Meer an, und schließlich sieht die Heide nicht bloß wie erstarrte See aus, sondern sie ist noch wellenloser als diese. Nur hie und da dreht eine Windmühle ihr Hakenkreuz, als winke sie uns zu, »hier ist noch deutscher Boden«. Punktiert sind schmale Sandbänke von rastenden Möwen. Unsere Straße ist von roten und schwarzen Bojen markiert – wir brauchen den Kompass nicht zur Steuerung.

Hinter den Kegelschloten der Brunsbütteler Zementfabrik (»Hier sieht's wie in Podol aus«, sagt Struha, der alte Maschinist.) fahren wir an der Mündung des Kaiser-Wilhelm-Kanals vorüber, er führt nach Kiel, in die Ostsee. Links Hannover. Rechts rückt die schleswig-holsteinische Küste immer weiter und weiter. Mit dem Glas luge ich nach den Helgoländer Felsen aus. Aber ein Moldau-Tender ist kein Aussichtspunkt.

Die Elbe ist hier schon meerhaft. So weit sind die Ufer! Grünlich wird das Wasser. Der Nordwestwind lässt das Schiff rollen. Der Tag macht seine Polster zurecht und blinzelt schläfrig.

Gasflammen auf Leuchtbojen, die auch tagsüber brennen, werden sichtbar. Die Flut schlägt uns entgegen, verzögert das Tempo der ›A. Lanna 6‹. Salzig und nass ist die Kälte, die sich uns in Mund und Poren drängt. Manche Leuchttürme sind ruhigen Blicks, andere zucken ununterbrochen mit den Wimpern. Um sechs Uhr fahren wir den großen Kai von Cuxhaven entlang. Vor sechs Jahren habe ich ihn auch gesehen, den großen Kai von Cuxhaven. Da war er schwarz von Menschen, von jubelnden Zehntausenden, die den größten Dampfer der Welt sehen wollten. Ich stand oben auf dem Promenadendeck, elf Stockwerk hoch, und nur durch den _Zeiß_[19] konnte ich die Gesichter da unten unterscheiden. Die Bordkapelle spielte: »Muss i denn, muss i denn zum Städtele hinaus ...«, unsere schwimmende Stadt fuhr ab, Tücherschwenken.

---

[19] _Fernglas (nach: Carl Zeiß)_

Wehmütiger als damals die Abfahrt muss mich heute die Ankunft stimmen. Von unten blicke ich zum Molo empor. Und kein Mensch ist auf dem herbstabendlichen Steinwall zu sehen. Nein, es ist nicht mehr das größte Schiff der größten Flotte, auf dem ich da bin. 8 Tonnen hat ›A. Lanna 6‹, 55.000 hatte die ›Vaterland‹. Keines ihrer Rettungsboote war so klein wie unser heutiges Vehikel. 1.200 Mann Besatzung und 4.080 Passagiere – unser Dampfboot hat drei Mann Besatzung für seine Seefahrt und nur einen Passagier, mich.

Und für den Zeugen dieser beiden Ereignisse von gleicher Begriffskategorie und ungeheurem Dimensionsunterschied ergibt sich bei den Vergleichen, die er unsinnigerweise anstellt, nichts anderes als das, was jedem Menschen unserer Zeit überall und stündlich einfällt: dass es nie einen größeren Divisor gegeben hat als diese sechs Jahre.

II. Der Moldaudampfer im Seesturm des Wattenmeeres

An Bord ›A. Lanna 6‹,
Ems-Jade-Kanal, am 8. Oktober 1920

Schon am Abend der Ankunft in Cuxhaven war der Lotse, den wir in Hamburg für die Fahrt übers Meer geheuert hatten, an Land gegangen und gleich darauf an Bord zurückgekehrt: Er habe eben aus Hamburg die telegrafische Nachricht bekommen, sein Schwiegervater sei gestorben. Hoffentlich finde er einen Kollegen, der uns von der Elbmündung über das Meer führen werde.

Als wir morgens aus den allzu eng in die Wand geschnittenen Kojen der ›A. Lanna 6‹ krallten, brachte er den Kollegen und empfahl sich von uns, »zum Begräbnis des Schwiegervaters«. Dem Stellvertreter hatte er allerdings dieses Märchen nicht aufgebunden, sondern ihm aufrichtig gesagt, er traue sich nicht mit unserem Süßwasserkasten über eine bewegte See. Weniger ehrlich war er in seiner Auskunft über den Führerlohn gewesen; nach langem Zögern hatte er für die Stellvertretung 400 Mark bewilligt und hinzugefügt, jetzt bleibe ihm nichts mehr als das Reisegeld für die Rückfahrt nach Hamburg. (Wir erfuhren dies freilich erst auf hoher See von dem Ersatzmann, der nicht wenig ungehalten darüber war, nun von uns zu hören, dass sein

Kollege morgen in Hamburg für die Führung 1.300 Mark einstreichen wird.)

Unser neuer Lotse, ein Krabbenfischer, kennt sich auf dem Wattenmeer so genau aus wie in den Taschen seiner trangetränkten Hose – jedoch kann er nicht in diese Taschen, da seine Wasserstiefel bis zum Schritt reichen. Auch er besieht unsern Maschinenraum nicht besorgnislos, denn einen Dampfer ohne Süßwasserreservoir und ohne Destillator für Salzwasser hat er wohl noch nie in seinem langen Seeleben gesehen. Mit dieser Nussschale soll man über den Ozean? Er lugt auf Ventilator und Glasständer, klopft Röhren und Kondensator ab; auf unserer Fahrt durch das Brackwasser hat sich noch nicht viel Salz angesetzt, und unsere Kessel könnten auch drei Tage durch Salz aushalten, entscheidet er. Die Trossen, mit denen Kamin und Rettungsboot festgemacht sind, prüft er nochmals.

Um neun Uhr morgens (7. Oktober) stach T. M. S. ›Lanna 6‹ in See, die ›Alte Liebe‹, den Molokopf von Cuxhaven, rundend. Fort Kugelbake, sozusagen der Grenzstein zwischen Elbe und Weltmeer, liegt erst vor uns, aber wir spüren das Jenseits schon jetzt. Luft ist wie Meer: salzig und nass. – Und der Wind lässt uns taumeln. – Der alte Maschinist Struha, seit sechzehn Jahren haust er da unten im Kesselraum von ›A. Lanna 6‹, hat kein Vertrauen zu dem flüssigen Salz, das auch den Speiseröhren seines Kessels gar nicht schmecken will. Podskal hat keinen Molo und Pelc-Tirolka keinen Leuchtturm – hier aber steckt alles voll von solchen Kinkerlitzchen (sracicky), und Kompass und Riesenseekarte sind auch nicht dazu angetan, beruhigend zu stimmen: Wie soll man sich auf dem Wasser auskennen, wo keine bekannten Ufer, ja überhaupt keine Ufer und keine bekannten Gasthäuser, ja überhaupt keine Wirtshäuser sind? Beim *Wenza Kucera* im Hafenwirtshaus in Holleschowitz war uns allen wohler, obwohl der ein alter Grobian ist.

»Wenn's sakramentisch wird«, so macht der alte Struha sein Testament, »wenn's sakramentisch wird, dann verkriech ich mich im Maschinenraum, dass es mich nicht hinauswerfen kann …«

Der Kommandatore von ›A. Lanna 6‹, Herr Jirsch, war Zugführer bei den Pionieren und hat die Tagliamentomündung befahren, und der Bootsmann, der Franta Cihlarik, ist sehr stolz auf seine Karriere bei der k. u. k. Kriegsmarine. »Ja byl Bootsmannsmaat-Torpedoinspektor, pane!«[20]

An ›Elbe V‹ kommen wir vorüber, dem ersten der fünf Leuchtschiffe, die die Hafenausfahrt flankieren; die Bemannung dieser Signalschiffe ist sechs Wochen an Bord, dann vierzehn Tage auf Urlaub an Land, jahraus, jahrein. Ein Motorboot jagt hinter uns her und preit uns an:»Reichswasserschutz! Halt!« Die Polizisten springen auf Deck und lassen sich unsere Papiere vorweisen; es ergibt sich, dass wir keine Schieber sind, die unter fremder Flagge ein deutsches Schiff ins Ausland verschachern wollen, wir haben bloß in Unkenntnis der Verhältnisse es unterlassen, das Duplikat der Ausfahrtsbewilligung, vom Reichsverkehrsministerium (Schifffahrtsabteilung) ausgestellt, abzugeben.

Gut brennt die Sonne, aber die Luft ist mistig. Rechts ist ein Leuchtturm zu sehen, es scheint, als rage er direkt aus dem Wasser. Jedoch, er steht auf einer Insel, zu der man bei Ebbe vom Festland aus im Wagen fahren kann: Insel Neuwerk, Schlupfwinkel und Flottenstützpunkt Klaus Störtebekers, des heiligen Seeräubers und Feindes der Hansaschieber. Jedes Watt, jedes Tief, jedes Riff birgt hier die Erinnerung an ihn und seine Taten. Von Duhnen aus hatte Klaus Störtebeker einen unterirdischen Gang angelegt bis in seine Feste Rützebüttel, die wir gestern in Cuxhaven sahen. Die heutigen Bewohner Neuwerks, fünf Bauern, ein Schullehrer und zwei Leuchtturmwächter, so erzählt unser Lotse, fühlen sich als Störtebekers Erben: Sie räubern, was das Zeug hält, stecken Massen von Strandgut ein (überall sehen wir Wracks, und wenn uns nicht ohnehin schon übel zumute wäre, diese *Mementa mori* könnten uns das Gruseln lehren!) und scheren sich den Teufel um die Obrigkeit. Die Bauern sind allesamt schwere Millionäre, zwei oder drei sind auch adelig; das Hotel ›Zur Meereswoge‹ hat saftige Preise, die Schule wird von neun Kindern besucht. Die gesamte männliche Bevölkerung von Neuwerk, der Schulmeister einbegriffen, bildet die Bemannung des Rettungsbootes. Bei den Signalraketen bleiben nur die Frauen.

---

[20] *Ja byl Bootsmannsmaat-Torpedoinspektor, pane! (tschech.):*
Ich war Bootsmannsmaat-Torpedoinspektor mein Herr!

Vor Hunde-Balje, elf Uhr vormittags, ist ein Seehundfischer verankert; bereits vorher haben wir etliche Seehunde auftauchen und die
neue Flagge anglotzen sehen. Scharf dreht der Wind nach Süd. Er
reißt rücksichtslos unser Schraubendampferchen herum. Der Wind
schaukelt, und das Wasser schaukelt – wie wir schaukeln, mag man
sich denken! Hochauf schlagen Wellen, sie geißeln Deck und Deckauf-
bau; bevor wir die Kajütenluken geschlossen haben, ist schönste Über-
schwemmung darin, und sogar in das Kaminloch springt eine Woge.

Der Kamin! Er ist lebensüberdrüssig. Bald neigt er sich steuerbords,
bald will er sich auf der linken Seite in die feindliche Flüssigkeit
schmeißen. Die Trossen zerren ihn, reißen ihn zurück und stöhnen ob
der Anstrengung.

Schwer balanciert man auf Deck. Backbords sieht man auf dem
Watt von Scharhörn Menschen sich placken; sie bergen Balken. Vor
drei Wochen ist hier ein Floß im Wert von 40.000.000 Mark
gestrandet, das größte Floß der Welt. Von Schweden her kam es, von
vier Schleppern gezogen, über das Wattenmeer und wollte nach Amsterdam; 13.500 Baumstämme, manche 15 Meter lang, in einer Breite
von 16 Metern nebeneinander und in einer Höhe von 6 Metern
übereinander geschichtet, von Ketten zusammengehalten. In Splitter
aber rissen die Wellen diese Stahlketten. 3.000 Balken wurden in
Cuxhaven ans Land geschwemmt, 3.000 auf die Insel Neuwerk,
5.500 hierher nach Scharhörn. Jeder Balken war auf 160 Mark
versichert, und wer der Assekuranzgesellschaft in Cuxhaven einen der
Stämme liefert, erhält 100 Mark. Wir sehen die Armen von
Cuxhaven sich mühen, die Stämme gegen die See zu rollen. Kommt
unversehens die Flut, können die Leute nicht mehr vom Meer zurück,
sind verloren ... Unser Lotse spuckt seine Prieme weit über Bord:
»Böse Arbeit, das!«

Wird es uns wie dem Floß ergehen? Der Magen nickt Bejahung ... Das Wasser wäscht unsere Kleider und das Deck wieder
rein und spült unsere Gesichter ab. – Dankbar werfen wir unsere
Galle in die See.

›A. Lanna 6‹ fährt mit Volldampf voraus. Mühselig ist das
Vorwärtskommen, schwieriger als bei Klecan und Kralup. Früher

machten wir sieben Meilen die Stunde. Jetzt stemmt sich uns der Wind entgegen.

Zwischen Scharhörn-Riff und ›Elbe I‹, dem letzten der fünf Leuchtschiffe an der Elbeausfahrt, sind wir um vier Uhr zwanzig Minuten nachmittags, und schon wenden wir backbord, nehmen westlichen Kurs gegen den Leuchtturm ›Roter Sand‹, das am schwersten erbaute Merkzeichen der Wesereinfahrt. Auch am Leuchtschiff der Wesereinfahrt müssen wir vorbei, obwohl wir nicht nach Bremerhaven wollen, sondern gleich hinüber in den Jadebusen. In Wilhelmshaven, an der Mündung der Jade, wollen wir heute noch landen.

Wird es glücken? Immer dunkler tönen sich die unendlichen Flächen über uns und unter uns. Wellen und Wolken sind eins. Sterne und Leuchtfeuer sind eins. Wir sind auf gleicher Höhe mit den Nordseeinseln, aber nicht einmal Wangeroog, die östlichste (geschweige denn Norderney!), ist sichtbar. Ostfrieslands Küste erkennen wir erst, da wir auf drei Seemeilen an sie herangerückt sind. Unser Kamin qualmt, die Schraube arbeitet, trotzdem auf dem Ventilator des Kessels und auf den Saugpumpen sehr starke Salzstalaktiten von fünfzehn Zentimeter Länge wachsen, die Kolben schlagen auf und nieder, aber es scheint, als ob wir stehen.

Da, bei Minsener Sand, kommt das Glück, »ergriff mich die Flut und riss mich nach oben«.[21] Ergriff uns die Flut, rasch schwemmt sie uns in den Jadebusen, fast bis in den Hafen, fast bis an den Kai. Kreidebleich stehen wir auf Deck, einundfünfzig Seemeilen auf einem Moldauschiffchen, in stürmischer See – c'est trop[22]. Ach, arme ›A. Lanna 6‹, Don Quichotte des Wassers, du siehst ramponiert aus! Morgen heißt es, alles Seewasser auspumpen, die Salzkristalle abschlagen, die Rohre reinigen und Süßwasser nehmen.

Rings um uns der riesige Kriegshafen, Wilhelmshaven. Jung ist das Gesicht dieser Stadt, riesig ihre Figur, aber scharf tritt ihr hippokrati-

---

[21] *Ergriff mich die Flut und riss mich nach oben ... Gleich fasst mich der Strudel mit rasendem Toben, / Doch es war mir zum Heil, er riss mich nach oben.« (Friedrich Schiller, ›Der Taucher‹)*

[22] *c'est trop! (frz.): das ist die Höhe!*

scher Zug hervor. Gesprengte Schiffe, ein versenkter Hulk, auf dem deutsche Modelle waren, ablieferungsbereite, zum Transport zurechtgemachte Docks, verödete Bassins. Die Stadt stirbt.

Von unseren neuartigen Wimpeln angelockt, kommen friesische Schulknaben zu unserem Schiff, um Briefmarken zu erbetteln. Sie wollen wissen, woher wir kommen. Der alte Struha ist aber nicht zu Auskünften aufgelegt: »Reknou tem parchentum, ze jsme z Maniny, aby to vedeli!«[23]

So sage ich den Kindern, dass wir von der Manina kommen, damit sie's wissen. Aber die haben keine Ahnung davon, dass die Maninaheide hinter Prag liegt, und glauben, wir seien aus Manila.

III. Die Fahrt auf den Kanälen

16. Okt. 1920

Seit einer Woche fahren wir unaufhörlich westwärts.

Vor uns Horizont oder eine Biegung des Kanals oder eine Brücke oder ein Schleusentor. Rechts ein Damm, links ein Damm – ein ew'ges Parallelogramm. In dessen Mitte wir sind.

Ist eine Drehbrücke in Sicht, unter der wir auch mit geneigtem Kamin nicht durchfahren können, oder eine Schleuse, dann ziehen wir die Dampfpfeife: »Ein großer Kahn ist im Begriffe, auf dem Kanale hier zu sein!« (Man entschuldige das jämmerliche Deutsch dieses Satzes; der ist von Goethe.)

Das Wasser ist ruhig, wie der Teich eines fürstlichen Parkes. Wenn der Damm aus Stein ist, so weiden oben Ziegen, ist er sanft abfallendes, grasbewachsenes Erdreich, so kommen auch Kühe bis an den untersten Rand und spiegeln sich im Kanal. Pufft unsere Luftpumpe zufällig gerade Dampf aus – die Luftpumpe der ›A. Lanna 6‹, nebbich![24] –, so jagen die blöden Kühe in äußerst komischen Sprüngen erschrocken davon.

---

[23] *Reknou tern parchentum … (tschech.): Sag den Bankerts, dass wir aus Manina sind, damit sie's wissen.*

[24] *nebbich (jidd.): was solls; und wenn schon!*

Manchmal nennt sich das Parallelogramm, in dem wir uns befinden, zwei Tage lang ›Ems-Jade-Kanal‹. Nachdem wir uns aber siebzig Kilometer lang an diesen Namen gewöhnt haben, führt es wieder wochenlang den Namen ›Dortmund-Ems-Kanal‹, und von übermorgen an, hinter Münster, ist es als ›Rhein-Herne-Kanal‹ zu signieren. Bald heißt das Land zu beiden Seiten ›Ostfriesland‹, bald wieder ›Oldenburg‹, dann heißt rechts ›Holland‹ und links ›Hannover‹ und dann wieder ›Westfalen‹ und dann ›Rheinprovinz‹. Aber es ist eigentlich immer dasselbe. Nur die holländische Landschaft ist von entschieden freundlicherer Valuta.

In meiner Brieftasche habe ich schon dreißigerlei Notgeld. Nur holländisches nicht.

Manchmal heben uns die Schleusen in die Höhe, manchmal senken sie uns. Manchmal müssen wir bloß eine Viertelstunde in diesem flüssigen Lift bleiben, aber manchmal, ja, manchmal eine halbe Stunde. Hinter Bevergern mündet der Mittellandkanal, der von Berlin kommt, in unsern, und dann geht es ein Stückchen entlang dem Teutoburger Wald.

Manchmal fragt uns der Schleusenwärter, was denn das für eine Fahne sei, die rot-blau-weiße. Aber es gibt wieder Schleusenwärter – so verschieden ist nun mal die Menschheit! –, die schauen die Flagge an und fragen, aus welchem Lande wir kommen.

So jagt eine Sensation die andere. Man kommt gar nicht zu Atem!

Überall wird hier Torf geschürft. Wenn einen der Leute bei der Arbeit unversehens der Schlag trifft, so sinkt er ins Moor und bleibt uns mumifiziert erhalten. Eine solche Frau, zweitausend Jahre alt und ganz aus Torf, ist in Emden zu schauen. Im Museum für Kunst und Gewerbe. Hätte sich's jene Frau vor zweitausend Jahren gedacht, dass sie etwas mit den Museen zu tun haben werde, mit der Kunst oder mit dem Gewerbe?

Übrigens ist Emden eine sehr liebe Stadt – sicherlich weitaus die netteste, die wir auf dem Ems-Jade-Kanal durchgenommen haben. Sie hat wahrscheinlich nach dem bekannten Kriegsschiff ›Emden‹ ihren Namen. Wie sie früher hieß, weiß ich nicht. Aber jedenfalls muss sie schon früher dagewesen sein und einen Namen gehabt haben. Denn sie hat einen ›Fußballclub von 1902‹. Die Leute haben hier eine Vorliebe für die Niederlande, was sich darin ausdrückt, dass sie zumeist holländische Namen haben: ›Hinrich van Tjater‹, ›ter Bjöch‹ und so; sogar ›Ihlsen‹ steht auf einer Firmentafel – bekanntlich der feinste Name Skandinaviens, der Name, mit welchem Redakteur Lynge in Kristiania für seine Zeitung krebsen geht.

Ad vocem[25]: Zeitung. Was ist denn los in der Welt? Zeitungen haben wir schon lange nicht mehr gelesen. Man legt abends vor irgendeiner Brücke an oder auf offener Strecke. Weit und breit kein Haus, nicht einmal eine der verfallenen Windmühlen, die noch immer klappern, weil sie nicht leben und nicht sterben können. Sie klappern sogar noch lauter als die, die in Betrieb sind. Landen wir in einer Stadt, wie zum Beispiel in Aurich, so haben wir nur so viel Zeit, ein Telegramm an die Firma in Prag aufzugeben, dass ›A. Lanna 6‹ hier eingetroffen, an Bord alles wohl. Zuweilen können wir uns einen geräucherten Aal und Batschari-Zigaretten zu fünfzig Pfennig das Stück kaufen und nach Brot fragen. Aber wir kriegen keines, weil wir keine Brotmarken haben.

In Düthe, das heißt bei Düthe, wo wir eben angelegt haben, gibt's überhaupt außer einem Briefkasten kein öffentliches Gebäude. Nicht einmal ein Geschäft, nicht einmal ein Wirtshaus. Ein Zeitungsblatt war nicht zu haben, nicht einmal ein ganz altes. (Und ich hätt's doch so gebraucht.)

Zu Dykhausen, hinter Wilhelmshaven, wo wir Kessel und Pumpen vom Meerwasser und seinen Rückständen zu befreien und Süßwasser zu nehmen hatten, war auch ein Gasthaus vorhanden, und zwei Zeitungen lagen auf dem Tisch: ›Anzeiger für Harlingerland‹, amtliche Zeitung für den Kreis Wittmund, und ›Der Gemeinnützige‹, fortschrittliches Tageblatt für Oldenburg und Ostfriesen, 113. Jahrgang, in Varel erscheinend. Das Blatt ist entschieden schwer zu lesen, wenigstens für Zugereiste. An der Spitze der Tagesnachrichtenrubrik stand in fetten Lettern die große Sensationsnachricht von Oldenburg

---

[25] *Ad vocem (lat.): dazu wäre zu sagen; oder auch: a propos*

und Ostfriesland: »125 Enter[26] waren gestern in Varel zum Verkauf aufgeführt.« Nicht minder wichtig scheint die Meldung zu sein, dass beim Klootschießen und Bosseln des Vereins ›Lat 'n susen‹ in Brockhorn der Bredemann Klaas den Best für einen Wurf von 80,10 Metern errang. – Übrigens ist Dykhausen kein gewöhnliches Dorf, es hat auch eine Deckstation. Die beiden Hengste heißen ›Exzellenz II‹ und ›Eduard‹. In jedem Bauernhaus, in dem ich schüchtern anfragte, ob ich ein paar Eier bekommen könnte, hängen die Photographien von ›Exzellenz II‹ und ›Eduard‹ eingerahmt an der Wand. In der Wirtsstube wird das Porträt Hindenburgs von denen der beiden Hengste flankiert. Gegenüber ist das Wappen Frieslands mit dem Spruch: *»Eyala freya fresena!«* (»Willkommen, freies Friesenland!«), rechts davon der Stammbaum von ›Eduard‹, links der Stammbaum von ›Exzellenz II‹.

In Emden meldeten wir uns in der Bunkerzentrale Am Ratsdelft, um Kohle zu nehmen. Dort sagte man uns, dass deutsche Schiffe 380 Mark für die Tonne zu zahlen haben, ausländische aber 94 Gulden – holländische Gulden nämlich. Das war uns zu viel, und wir mussten uns entschließen, schleichzuhandeln. Von einem Bagger, der die beim Löschen und Bunkern an Kohlenplätzen ins Meer gefallene Kohle gefördert hatte, kauften wir unter der Hand eine Tonne um 190 Mark. Aber es war kein gutes Geschäft. Die Kohle war ausgewässert, machte viel Schlacke, der Rost unserer Kessel ist ohnedies für Steinkohle nicht eingerichtet, und der alte Struha hatte viel Plage.

Den ganzen Tag schaufelte und kratzte er im Maschinenraum unten, und wenn er heraufkam, setzte er sich auf einen umgestülpten Kübel und starrte vor sich hin. Ich habe den alten Struha im Verdacht, dass er ein Philosoph ist.

Wenn man ihn zum Beispiel auf einen Riesenkran aufmerksam macht oder auf einen der Bagger, die das Wasser in einem ungeheuren, ununterbrochenen schwarzen Wasserfall über Deck schwemmen, äußert er phlegmatisch: »Das ist alles ein Scheißdreck im Vergleich zur Allmacht Gottes.«

---

[26] *Enter (nordd.): einjähriges Fohlen oder Kalb*

Von mir pflegt er zu sagen: »Der ist wie ein Greißler[27] – wenn er aufs Schiff kommt, so sitzt er schon auf seinen vier Buchstaben.« Ich habe mir dieses Bild erklären lassen und erfahren, dass sich eben ein ›hokynar‹[28], wenn er auf eines der Passagierdampferchen der Moldau kommt, nicht erst nach einem freien Sitzplatz umschauen muss: Er stellt seinen Rückenkorb nieder und setzt sich darauf.

Der alte Struha spricht wenig, nur mit dem Kessel hört man ihn manchmal zanken, aber alles, was er spricht, ist voll solcher Beobachtungen und Vergleiche.

Er wohnt vorne in der Kajüte mit dem Kapitän. Achtern, in der Kombüse von zwei Metern im Quadrat, leben der Lotse, der Bootsmann Franta Cihlarik und ich. Bis Wilhelmshaven haben die Lotsen an Land geschlafen, und ich hatte Schlafraum in einer der beiden Kojen, die so niedrig in die Wand geschnitten sind, dass ich nicht einmal die Nase rümpfen dürfte, ohne sie an den ›Plafond‹ anzustoßen. Ich musste mich also vor jeder derartigen Emotion hüten ... Ein Sarg war ein Dom dagegen! Seitdem wir aber den Dollart Meerbusen passiert haben und immerfort nur durch den Kanal dampfen und nicht bei Städten nächtigen können, sondern dort, wo uns die polizeiliche Sperrstunde der Schleusen eben überrascht, seither schlafe ich – noch ärger. Auf dem Fußboden der Kombüse nämlich, weil der Flusslotse gekommen ist, der von Wilhelmshaven bis Preßburg 8.000 Mark kriegt und Anrecht auf eine Koje hat. Also bin ich sozusagen aufs Pflaster geworfen, auf den Fußboden. Morgens schmerzt mich dann das Rückgrat so, dass ich glaube, gar nicht aufstehen zu können. Aber wenn unter mir die Schraube zu rattern beginnt, muss ich entsetzt aufspringen. Dann koche ich Kaffee. Das ist die einzige häusliche Tätigkeit, zu der mich Franta noch zulässt. Nur einmal hat er mich auch die Suppe kochen lassen, doch das wird ihm, wie er ehrenwörtlich versichert, bis zu seinem Tode leid tun.

---

[27] *Greißler (altösterr.): kleiner Lebensmittelhändler*

[28] *Hokynar (tschech.): kleiner Krämer*

Der Franta hat überhaupt ein Kreuz mit mir. Zu seinen Obliegenheiten gehört es unter anderem, Deck und Wohnräume reinzuhalten. Es fällt mir jedoch schwer, meine Schlafstelle, meinen Manuskriptenschrank, meinen Schreibtisch, mein Badezimmer und dergleichen in der zwei Quadratmeter großen Kombüse so zu verstecken, dass es die gewohnte Ordnung nicht stört.

Auf den Kanälen hat Franta viel zu tun. Ununterbrochen kommen Brücken in Sicht, dann hat er zu schätzen, ob wir unter dem Brückenbogen durchfahren können oder das Signal zum Aufziehen, Drehen oder Auseinanderschieben der Brücke geben müssen. Können wir durchfahren, so stellt er sich auf den Maschinenaufbau und zerrt den Schlot des Schiffes herab. Mindestens vierhundert Brücken sind wir auf der Kanalfahrt begegnet, und vor jeder hat er den schwarzen Zylinder tief gezogen.

Fährt uns ein Dampfer entgegen, so läuft er, den Freihalter, den umflochtenen Korkballen, wie ein Lasso in der Hand, um ihn dort dazwischen zu werfen, wo ein Anprall zu befürchten steht. Legen wir an, springt er in weitem Bogen ans Land und rammt die Eisenpflöcke in den Boden und schlingt das Tau um sie und die Belegspöller, die stählernen Spulen, die auf Deck geschmiedet sind. Stößt er mit den spitzigen Stangen vom Ufer oder vom Kanalrand ab oder eine schwimmende Schilfinsel aus unserem Wege und ich rufe ihm zu: »Franto, pichej vodu!«[29], so wird er wütend und erklärt mir, er sei kein Flößer, steche also kein Wasser.

Der Bootsmann hat einen Wochenlohn von 240 Kronen und während der Prag-Preßburger Weltumsegelung freie Verpflegung sowie für jede Überstunde, welche außerhalb der achtstündigen, wöchentlich 48 Stunden betragenden Arbeitszeit geleistet wird, 7 Kronen 50 Heller; der Kapitän und der Maschinist bekommen 264 Kronen pro Woche und 8 Kronen 25 Heller per Überstunde. Am Sonntag werden die Überstunden doppelt bezahlt.

Unser Kapitän hat hellblaue Augen, hellbraunes Gesicht, hellblonde Haare und hellklingendes Lachen. Er lacht beständig und steht den ganzen Tag am Steuer, nur wenn der Lotse oben ist, sitzt er in

---

[29] *pichej vodu (tschech.): steche! bzw. stich! ins Wasser*

der Kajüte und schreibt den Rapport, und am Abend kümmert er sich darum, wo wir Kohle kriegen könnten; und wenn man unverschämte Preise nennt, so lacht er sich schief darüber, weil es uns ja gar nicht einfällt, so viel zu bezahlen!

Wenn ich oben auf dem Kapitänsstand stehe, so erzähle ich ihm Witze, dass er Tränen lacht, auch wenn das Ausweichen im Kanal noch so schwierig ist und gerade ein plumper Kartoffelschleppzug uns entgegenkommt. Die Situation ist ernst, aber meine Witze sind ebenso gut, dass er wohl oder übel lachen muss. Das begreife und billige ich. Aber von der Drehbrücke bei Lingen rief uns der Brückner »2 Mark 30 Pfennig« zu und streckte uns auf einer fünf Meter langen Stange einen Klingelbeutel zu, in dem schon die unterschriebene Quittung lag, die wir herauszunehmen und dafür 2 Mark 30 Pfennig hineinzulegen hatten, ohne auch nur eine Sekunde zu stoppen. Und über diesen Klingelbeutel lacht Kapitän Jirsch noch mehr als über meine Witze. Das finde ich unbegreiflich!

Ein Spalier riesiger Betriebe und Speicher flankiert beinahe seit Münster unsern Weg bis in das Industriereich der Ruhr. Schon dort begann die Welt der Schwerindustrie: das Pumpwerk an der Lippe, die Überbrückungen (auf Brückenkanälen fuhren wir zwanzig Meter hoch über Flüssen), das Kanaltor der nach Dortmund führenden Abzweigungen bei Henrichendorf und das kolossale Schiffshebewerk ebendort sind Weltwunder. Bei Schleuse 7 von Herne hatten wir die Scheitelhöhe des Kanals erreicht, wir wurden nun nicht mehr gehoben, sondern auf der kurzen Strecke von 42 Kilometern, die wir bis Ruhrort zurückgelegt haben, um 42 Meter gesenkt.

Auf sechsgleisigen Brücken donnerten Eisenbahnzüge oberhalb unserer Köpfe, sechzig Meter über uns, sodass Franta Cihlarik unser zwei Meter hohes Kaminchen eigentlich nicht hätte ducken müssen. Er tat es aber doch. »Nech' me[30], ich bin's schon so gewohnt, unter einer Brücke den Schlot einzuziehen!« Elektromobile auf Schienen ziehen die Schleppzüge, oft sechs Zillen von je 1.000 Tonnen Erz oder Steinkohle, in und aus den Kammern. Auf Fördertürmen der Zechen, auf Kränen von 40.000 Kilogramm Tragkraft (4.000 Kilo-

---

[30] Nech' me (tschech.): Ach, lass.

gramm hat der größte Kran im Holleschowitzer Hafen) und dreißig Meter Spannweite, auf Kandelabern und Petroleumreservoiren und Essen und Schloten ruht der rußige Himmel wie ein schwarzer Baldachin. Bergehoch über dem Schiffchen kreuzen sich auf einer Seilbahn hinter Herne Kohlenwaggons, entlang dem Kanal fahrend; dort, wo das Drahtseil über den Kanal führt, ist unter die Waggons ein Schutznetz gespannt. (Unerhörte Filmmöglichkeiten: Versteck des Verbrechers im Greifer eines Krans, er wird in den Bunker einer Seilbahn entladen, man bemerkt und verfolgt ihn im nächsten Seilwagen, Sprung auf das Schutznetz und so weiter.)

IV. Auf dem Rhein

Köln, 28. Oktober

Die direkte Strecke Prag–Preßburg läuft ab Ruhrort auf dem Rhein.

Das ist aber nicht der Rhein der Idylle, nicht der rebenumsponnene Rhein des Volksliedes von Trunk und Liebe. Der fängt erst oben bei Bonn an. Auch nicht der Rhein des Schlachtgesanges, der Kriegsgeschichte von 1870, nicht der Rhein, über den ich – genau zwei Jahre sind es her – gekommen war, als es dort in der größten Menschenmauer aller Zeiten zu rieseln begann. Der Rhein liegt Tagereisen weiter südlich, im Elsass.

Verlangst du in Duisburg oder in Düsseldorf einen Reiseführer vom Rhein, so schaut man dich groß an. Ja, eine Schifffahrtskarte mit Tiefenzeichen, Klippen und Leuchtfeuern – die kannst du haben. Aber ein Touristenweg ist hier nicht.

Keine Ruine, keine Lorelei, kein Felsen, kein Passagierdampferchen mit gurrenden Hochzeitspärchen verirrt sich hier herunter, kein Liedersänger pries den Preis des Niederrheins, kein Feuilletonist seine Reize. Das Mädchen, dessen Denkmal man sehen kann, ist keineswegs ein minnigliches Lieb, kein Nixchen, das sich mit goldenem Kamme das goldene Haar kämmt, kein Ännchen von

Tharau, im Gegenteil, »Jeanne Sebus, jeune fille de 17 ans«[31] (so steht es auf dem Monument, das ihr Napoleon 1809 setzen ließ, die bei resolutem Rettungswerk den Tod fand. Und auch diese Individualaktion, diese Personalverherrlichung hat kein Gegenstück. Die hier vollbrachten Werke sind Massenaktionen des Alltags, und Klio hätte sie in ihrer (stark vernachlässigten) volkswirtschaftlichen Rubrik zu verzeichnen. Keinen oder alle Namen hätte sie zu nennen, keinen oder alle Namen der Hunderttausende, die in den Hochöfen und Kohlengruben und Werften und Kanzleien schuften. Keinesfalls bloß die Namen der Nutznießer der Konjunktur, die sich dann als die Initiatoren aufspielen, die Krupp, die Thyssen, die Stinnes! Selbst die Natur, die hier ihre Kohlenspeicher innehat, darf nicht allzu sehr überschätzt werden. Sie ist nicht mehr als eine einflussreiche Rohmaterial-Lieferantin und hat privat einen Kunstgeschmack, der mit Unrecht lange genug als Standard der Ästhetik angenommen wurde.

Die Wolken und Wälder und Wiesen zu preisen, die (sagt man) die Allmacht Gottes beweisen – nie hab ich's getan! Die Alpen der Arbeit, die schwärzesten Nächte der Tunnels und Docks und Stollen und Schächte, die Äste im Kran, Grotten aus Eisen und Felsen aus Ziegeln! Aus Drähten und Leinen wachsen dir Flügel, aus Glas und Gas wird Sonne und Mond, eherne Drähte mit kupferner Spitze fangen wie Tennisbälle die Blitze, während uns Gummi von Plagen verschont. Die Forste der Schlote, erschaffen vom Willen, der Dampfsirene befehlendes Schrillen, die Wolken des Rauches, die Gletscher der Kraft, der Lasten tiefstürzende Lawinen, die Strömung der Räder und der Turbinen: Alles das, was der Mensch sich selber erschafft, das zeugt von Allmacht! Hierher sollen wir treten, hier sei unsere Andacht, hier lasst uns beten, den Namen des Menschen benedeien, hier lasset uns beten, dass mehr er vollbringe, dass ihm auch das Schwerste, das Letzte gelinge: sich selbst zu befreien.

---

[31] »*Johanna Sebus, junges Mädchen von 17 Jahren.*« *Goethe schrieb im Mai 1809 das Gedicht ›Johanna Sebus‹ mit dem Untertitel ›Zum Andenken der siebzehnjährigen Schönen, Guten aus dem Dorfe Brienen, die am 13. Januar 1809 bei dem Eisgange des Rheins und dem großen Bruche des Dammes von Cleverham Hülfe reichend unterging‹. Das Denkmal wurde 1811 enthüllt.*

Vorläufig steht allerdings auf Schleuse Nr. 1 des Herne-Rhein-Kanals ein belgischer Soldat und notiert jede Tonne, die in den Ruhrorter Hafen einläuft.

Ruhrort ist der größte Binnenhafen der Welt. Selbst wir, doch geradenwegs aus Hamburg kommend, selbst wir müssen staunen über die Zahl und Größe der Schiffe, die sich in den sechs Hafenbecken und im Hafenmund aneinander quetschen. Sie kamen alle der Fahrt wie wir: aus dem Kanal, vom Ruhrrevier. Und müssen auf den Rhein und den hinauf bis nach Straßburg, wo der Franzose ihre Frachten übernimmt, zwei Millionen Tonnen als Lösegeld, nein, es heißt jetzt moderner: ›Kriegsentschädigung‹, nein, noch moderner: ›Wiedergutmachung‹. Auch viele belgische Schiffe sind hier und Holländer. Das war aber bereits im Frieden so, und die alten Aufschrifttafeln im Hafen sind komisch mit ihren fast gleichlautenden Übersetzungen ins Holländische; so liest man unter dem Aviso »Anker schleppen verboten« die Worte: »Anker slepen verboden«.

Es ist für einen Moldaudampfer ein Kunststück, im Hafen von Ruhrort-Duisburg Kohle zu nehmen. Zuerst versuchten wir's an der Schütte, einer schiefen Ebene, auf deren einer Seite man den Kohlenwaggon umstülpt, damit die Kohle auf das unten im Rhein verankerte Schiff etwa fünf Meter tief hinunterrutscht. In der starken Strömung so zu verankern, dass unsere Bunkerlöcher genau in die Verlängerung der Schütte kamen – schon das war ein schwieriges Manöver. Aber als es soweit war, half uns das gar nichts. Unser Deck ist viel zu niedrig, viel zu weit von der Mündung der Schüttfläche entfernt, die Bunkerlöcher viel zu klein, das Gangbord zu schmal, als dass die herabfallende Kohle gerade hineinfallen würde. Mehr als die Hälfte ginge über Bord. Lässt man aber die Kohle auf die Mitte des Schiffes fallen, um sie gegebenenfalls dann in die Bunkerlöcher zu kehren, so prallt das herabfallende Material so heftig auf das Kesseldach, dass es von dort auch wieder in das Wasser springt, und wenn man die Bordwand noch so sehr durch Bretter erhöht.

Beinahe ein Vormittag vergeht mit diesen Versuchen. Endlich geben wir sie auf, lichten Anker und fahren zu einem Ladekran, dass dieser uns das Heizmaterial an Bord reiche. Doch auch hier hindert die Schmalheit unseres Gangbordes den Greifer daran, sein Maul aufzusperren, um auf uns zu kotzen. Deshalb lässt man ihn auf das Kesseldach baumeln und öffnet ihn dann ganz langsam. Ganz langsam – denn sonst bräche unter dem Geröllte das Blechdach zusammen. Sticht doch auch so der Steinschlag heftig genug gegen unsere Körper und Gesichter, und die Splitterchen fliegen in unsere Augen und in die Poren unserer Wangen. Schön sehen wir aus!

Aber nachdem der eiserne Rachen des Krans zweimal ausgespuckt hat, also zehntausend Kilogramm (dreitausend Mark) an Bord sind, ist unsere Fütterung vollendet. Wir können die Rheinfahrt beginnen.

Sofort nach den ersten Schritten auf dem Rhein ist unserem braven Moldaudampfer ein Malheur geschehen.

Unter der großen Ruhrort-Homberger Brücke war das. Links von uns war ein Schleppzug mit breiten Kohlenkähnen, ›Hugo Stinnes‹, der gleichfalls rheinaufwärts fuhr, rechts von uns der mächtige Brückenpfeiler, an dem sich die Strömung in wuchtigem Strudel brach. Dem Schleppkahn ausweichend, gerieten wir in das wilde Wasser, und unser Steuer hatte im Kampfe mit diesem so viel zu tun, dass es den Rissen des Lotsen am Steuerrad nicht mehr zu gehorchen vermochte.

Ein Ruck – und ›Lanna 6‹ stieß mit dem Bug auf den Kohlenkahn an. Es war ein furchtbarer Krach. Wir alle stürzten zu Boden. Die Fensterscheiben am Kapitänsstand zersplitterten. Das Trinkwasserfass sauste in weitem Sprung auf die Bordwand und prallte von dort aufs Deck zurück. Der Eisenherd in der Kombüse fiel um wie ein Stück Holz, die Kaffeetöpfe sausten spritzend auf die Erde. Von Stühlen und Tischen gar nicht zu reden.

Mit ›Volldampf rückwärts!‹ wichen wir aus, taumelten noch etwas, aber bald richtete sich unser Schiff wieder gerade und konnte von Neuem vorwärts, das Fluchen auf dem Kohlenkahn überhörend. Ein Arbeiter in blauer Bluse und mit schwarzem Vollbart drohte uns fürchterlich. Ob es wohl Herr Hugo Stinnes selbst war ...?

An Bord der ›A. Lanna 6‹ sah es arg aus, alles drunter und drüber. Gar übel war der Anblick, der sich uns bot, als wir die Niedergangsluke zum Freiraum im Steven öffneten. Die Farbtöpfe verschüttet und ineinandergeflossen. Die Scheiben der Laternen und der Zylinder zerschlagen. In diesem Raum, der die Rumpelkammer des Schiffes ist, aber doch seine Ordnung hatte, war jetzt ein Tohuwabohu, Ölkannen, Werkzeuge, Drahtseile, alles durcheinander.

Das Schlimmste jedoch wussten wir noch nicht: dass wir ein Leck hatten. Erst etwa eine Stunde später, als wir schon mit voller Kraft und halber Wirkung die Rheinströmung zu überwinden suchten und von unserem Schiffszusammenstoß als von einer glücklich abgewendeten Gefahr und einem überstandenen Abenteuer unserer Vergangenheit sprachen, bemerkte der Bootsmann, die Kajüte auskehrend, zwischen Bretterritzen des Fußbodens ein verdächtiges Schimmern. Er machte große Augen, hob eines der Bretter empor.

»Uz jô!«[32] Und laut rief er es auf Deck: »Delâme vodu.«[33] Ja, wir machten Wasser.

Es stand schon über den Traversen, bis an den Fußbodenrand der Kajüte, dreißig Zentimeter hoch. Der Lotse ließ stoppen, der Maschinist brachte die Pumpe, die bisher, festgeschraubt, zum Kesselfüllen ein sesshaftes Leben geführt hatte, der Bootsmann trug den Schlauch unter Deck, und sie begannen zu pumpen. Der Kapitän und ich krochen in den Freiraum, das Leck zu suchen. Es war bald gefunden. Der Bug hatte sich stark gekrümmt, der ganze Steven war infolge des Anpralls nach rechts verbogen, und dadurch waren die Nieten und das Blech gesprungen. Aus vier Löchern der Bordwand strömte das Wasser des Rheins in dickem Strahl in unser Schiff, und durch die Ritzen floss es auch, wie ein Wasserfall.

Während achtern nach Leibeskräften gepumpt wurde, verstopften wir vorne die Löcher mit Werg, so gut es ging. Es ging ganz gut. Bald war die Bordwand einigermaßen dicht gemacht, und statt des Sees unter unseren Füßen war es jetzt bloß eine Pfütze. Nun fuhren wir wieder mit Vollkraft stromaufwärts, mit einer Geschwindigkeit von acht Kilometern, und abends im Hafen von Köln trat an Stelle der provisorischen Restaurierung eine definitive.

---

[32] *Uz jô (tschech.): na ja!*

[33] *Delâme vodu (tschech.): Wir machen Wasser!*

Denn aufs Trockendock brauchte unser Schiff nicht zur Reparatur. ›A. Lanna 6‹ behält ihre Schramme, ihren Renommierschmiss, bis an ihr dereinstiges seliges Ende zur Erinnerung an ihre Weltumsegelung im September, Oktober und auch November 1920.

V. Der entdeutschte Rhein

Mainz, 2. Nov. 1920

Zu Aachen ist das Kommando der belgischen Besatzungstruppen, in Buderich bei Wesel ihre Rhein-Kontrolle, und belgische Schiffe kamen uns schon in Duisburg in die Fahrt. Bei Reisholz nächst Düsseldorf hatten wir uns einem englischen Motorboot, das vor eleganten Baracken verankert lag und uns nonchalant zu sich heran- winkte, zu legitimieren und zu erklären, wer unser Staat ist.

In Köln selbst sitzen zwölftausend englische Soldaten, »vorläufig für fünf Jahre«. Im Hotel Excelsior vor dem Dom ist das »General Headquarter, British Forces of the Rhine«; ein Doppelposten von Hochländern läuft in einem vorschriftsmäßigen Trippelschritt auf und ab; auf zwei Meter einander entgegengekommen, machen die beiden Riesen in Ballettröckchen eine scharfe Wendung und laufen voneinander weg. Das Ganze sieht wie ein neuer Foxtrott aus. Das Trottoir vor dem Hotel darf abends niemand betreten. Auch die meisten andern Hotels in Köln sind für englische Kommandos und Institutionen reserviert, das Bismarckdenkmal auf dem Augustiner- platz hat eine große Orientierungstafel und ein großes Gebäude mit der gleichen Aufschrift hinter sich: ›Rhine Forces Officers' Club‹. Über die Straße sind Reklamen gespannt, auf die Kantine hin- weisend, der ›Amusement Officer‹ hat einen Laden mit Riesenaus- lagescheiben inne, die Church army[34] und die Salvation army[35] sind in Hotels untergebracht, unverschämt große Tafeln weisen die keuschen Krieger Großpuritaniens ›To the Blue Lamp Houses‹, die bisher in den Seitengassen ein stilles Leben gefristet haben und

---

[34] *Church army (engl.): Kirchenarmee; 1882 gegründete Gesellschaft für Innere Mission innerhalb der anglikanischen Kirche*

[35] *Salvation army (engl.): Heilsarmee*

vielleicht vielen Einheimischen unbekannt waren, geschweige denn den Fremden. Jetzt deuten die englischen Wegweiser jedem den Weg. Ganz praktisch.

Im Deutschen Theater haben die Engländer das Vorkaufsrecht auf alle Plätze. Erst zwei Tage vor der Aufführung wird vom britischen Kommando die Erlaubnis zum Kartenverkauf an die Bevölkerung gegeben. Die besten Plätze, besonders bei Opernaufführungen, sind den Briten reserviert. Die meisten Plakate in den Strafen sind englisch: ›Army Amusement Scala Theatre‹, ›Army Cinema‹, Promenadenkonzerte im ›Flora Garden‹, sogar im Deutschen Theater wird manchmal englisch gespielt. »The British Rhine Army Dramatic Co. represents ›Pygmalion‹, a Play in Five Acts by G. B. Shaw; Mrs. Patrick Campbelle as Eliza Doolittle.«

Köln war schon im Frieden keine nette Stadt, die Gehsteige sind so schmal, dass man nicht gehen, die Glocken der elektrischen Straßenbahn so schrill, dass man nicht fahren kann, der Dom von wilhelminischen Händen so ›kolossal‹ verkitscht, dass von seiner mittelalterlichen Schönheit nicht mehr allzu viel übrig blieb, und überhaupt gab der Aufenthalt in Köln dem Fremden bei seiner Rückkehr immer zu Verdruss Anlass, weil man doch nicht jeder zu Hause gebliebenen Auserwählten des Herzens eine Flasche Farina oder No. 4711 mitbringen konnte. Nun aber, durch die Requisition der Hotels und die Invasion der Engländer und Engländerinnen, ist die Wohnungsnot noch unerträglicher, als sie war.

Weiter stromaufwärts, am Fuße des Siebengebirges, dort, wo das wilde Baumzeug und das Gestrüpp des Ufers aufhört, dort, wo der Rhein anfängt, »ach, wü üdüllüsch« zu werden, mit seinen penetrant trauten Häuschen und den garantiert echten Lindenwirtinnen und einem Rheingold-Diorama auf dem Drachenfels und ornamentartig-regelmäßigen Windungen und sorgfältig eingepitzelten Inseln und restaurierten Burgen (Deutscher Burgen-Erhaltungsverein e. V.) und den scharf ausgerichteten Rebenstöcken – dort haust nun der böse Franzmann. In Bonn, wo man einst mit einem Monatswechsel von tausend Emmchen und einigen einwandfreien Ahnen das Recht erwerben konnte, im Korpshause der ›Borussia‹ den edlen Kantus singen zu dürfen: »Lasst uns den Verstand versaufen! Wozu brauchen wir Verstand?«, ist jetzt ein französisches Kommando, und die Fuchsentafel schrumpft zusammen. Man kann ja jetzt nicht mehr so auftrumpfen, nicht mehr die Alleinherrschaft über den ›Philister‹ ausüben. Unter der Brücke von Bonn-Beuel, deren einen Torbogen vier steinerne Flachköpfe mit Cerevis[36] und Vollwichs tragen, kreuzt uns ein französisches Patrouillenboot, erhält unsre Papiere zu Gesicht und eine kleine Geographie-Lektion.

In Koblenz herrscht schon der Dollar, und auf Feste Ehrenbreitstein weht der *Union Jack.* Das Selbstbestimmungsrecht der Völker, die geographische Notwendigkeit sind endlich erfüllt: Der Rhein, ohne den New York vom Wasser abgeschnitten und San Franzisko überhaupt nicht lebensfähig gewesen wäre, ist – vorläufig wenigstens teilweise – amerikanisch. Die Tommies rasen auf ihren Zyklonetten, den dreirädrigen Automobilen, wie toll durch die Koblenzer Straßen, und es ist ein wahres Wunder, dass niemals ein Unglück geschieht. Alkohol darf an die Amerikaner nicht ausgeschenkt werden, sechs Monate Zwangsarbeit stehen darauf, und es dürfen keine Frauen nach Koblenz kommen, um aus ihrer Liebe zur Entente unbefugt ein Gewerbe zu machen. Aber Liebe ist stärker als Tod und Valuta stärker als Zwangsarbeit. Man trifft Spanierinnen, Italienerinnen und Pariserinnen. Auch Ungarinnen.

Die Lorelei ist auch so eine. In St. Goar, im Pleinair-Bou-doir dieser Jungfrau, die natürlich gar keine Jungfrau mehr, sondern ein tunnelierter Felsen ist, sind gleichfalls Franzosen. (Hier ist das Ende des Koblenzer Brückenkopfes, und der Mainzer Brückenkopf beginnt erst wieder bei Aßmannshausen. Was dazwischen liegt, ist neutral oder, wenn man will, deutsch.) Die Lorelei steht natürlich unter strenger Kontrolle. Der Lotse, der das Schiff für vierundzwanzig Mark von der Lotsenstation St. Goar bis Kaub führt, ist ein verheirateter Mann, und kein Kämmen, kein Singen einer fremden Frau kann ihn mit wildem Weh erfüllen. Und der *Wahrschauer* (unter welchem Ausdruck nicht etwa ein Pole, sondern ein Rheinländer zu verstehen ist, der an der Strombiegung seinen Auslug innehat und den Schiffen auf Bergfahrt durch Herausstecken einer Fahne meldet, wenn ein Schleppzug

---

[36] *Cerevis: Kneipmütze der Studenten*

talwärts fährt und den Weg versperrt), der Wahrschauer lebt viel zu lange Wand an Wand mit dem Felsenmädchen, um auf ihre Lockungen hineinzufallen.

Gefährlicher ist das Binger Loch, das schon immer die ärgste Stelle europäischer Binnenschifffahrt war; jetzt aber ist die Enge nicht bloß durch die Mäuseinsel des sündigen Erzbischofs Hatto, sondern auch durch das Wrack eines mit Salz beladen gewesenen Schleppkahns verstellt, der vor vier Wochen beim Anblick des Niederwalddenkmals hier gesunken ist. Schiffe mit größerer Breite und größerem Tiefgang können gar nicht durch, und von Bad Salzig bis Bacharach liegt seit Wochen eine ganze Schlepperflotte vor Anker, die der Beseitigung des Hindernisses harrt, um dann die Bergfahrt bis zu der Ablieferungsstelle im französischen Elsass fortzusetzen.

Mainz: Sitz der Interalliierten Kommission des Hohen Rates, also einiger hundert Stäbe. Besatzung: angeblich zehntausend Franzosen, aber es müssen schon bedeutend mehr sein. Es wimmelt von Pioupious[37], das Gymnasium ist als Schule für die Kinder der Besatzungstruppen adaptiert, ein anderes Schulgebäude als französisches Internat, im Justizgebäude amtieren Stäbe, in jeder größeren Wohnung sind französische Offiziere einquartiert, auf dem Schillerplatz ist eine ›Office de la Presse‹, ein unentgeltlich betretbarer Lesesaal, eingerichtet, wo französische Revuen, Tagesblätter und Broschüren die Notwendigkeit einer unabhängigen Rheinrepublik von Köln bis Mainz auseinandersetzen, über deutsche Gräuel und über französische Kultur berichten. Aber das nützt nichts. Hier, wie überall am Rhein, ist die Abneigung gegen den ›Erbfeind‹ groß, der Revanchekrieg im chronischen Zustande zu diagnostizieren. Ob er akut wird, wann er akut wird, ist nicht das Entscheidende. Es ist auch so traurig genug. Ganz Westdeutschland gleicht einem Pulverfass, dem das Fass fehlt.

---

[37] *Pioupious (frz.): umgangssprachlich für französische Soldaten*

VI. Warum jetzt geht's ...?

10. Mai 1921

Von Frankfurt an konnten wir nicht weiter – der Main stand zu seicht, selbst für den geringen Tiefgang unseres Schiffchens. Man hätte ihn noch verringern können, indem man die Maschinen demontierte; das sollte geschehen und die ›A. Lanna 6‹ von einem Dampfboot ins Schlepptau genommen werden. Bevor es soweit war, sank der Mainspiegel noch mehr, sodass auch der verminderte Tiefgang nicht ausgereicht hätte. Schließlich fror der Main ganz zu.

Zuerst fuhr ich auf Urlaub, dann der Steuermann, dann der Kapitän. Der Bootsmann blieb. Und die ›A. Lanna 6‹. Aber nicht mit Zubehör. Als der Kapitän zurückkam, fand er, dass alles fehlte, was nicht niet- und nagelfest gewesen war: Anker, Trossen, Seile, Vorräte, Küchengeräte, Kleider, Lacke, Werkzeuge, Stanzen, Korkballen, Maschinenbestandteile, ja sogar das Steuerrad. Der Bootsmann gab an, alles sei gestohlen worden.

Im Tarifamt erkundigte man sich nach den Kosten eines Eisenbahntransportes für die zu demontierende Maschine nach Preßburg.

»Warum verladen Sie denn eigentlich nicht den ganzen Kasten auf die Bahn?«

»Das geht nicht.«

»Was heißt denn hier, das geht nicht?! Alles geht.«

»Aber in Prag hat die Eisenbahnbehörde erklärt, dass die Verladung des Schiffes auf die Eisenbahn unmöglich ist.«

»Ach, Unsinn! M. W. (Machen wir!) Wenn Sie das Schiff aufgeben wollen, brauchen Sie bloß dieses Formular hier auszufüllen.«

Und so wurde das Formular ausgefüllt, und die brave ›A. Lanna 6‹, die sich vier Wochen lang unter schweren Gefahren, Mühen und Leiden auf fremden Strömen, Meeren und Kanälen umhergetrieben hatte und dann ein halbes Jahr lang im Frankfurter Hafen gelegen hatte, dem Raube preisgegeben, setzte sich nun in einen Eisenbahnzug, um nach vier Tagen in Preßburg zu sein.

Acht Monate nach ihrer Abreise war sie am Ziel. Hätte man sie in Budweis auf die Bahn geladen, so wäre sie binnen zwei Stunden auf der Donau gewesen.

Experiment mit einem hohen Trinkgeld

DER PASSAGIER ZAHLT in Berlin den Fahrpreis und weiter nichts. Vielleicht macht es ihm zu viel Mühe, noch ein Nickelstück aus der Münzenfülle seiner Tasche herauszusuchen. Zeigt sich ausnahmsweise doch jemand so splendid, einen Sechser zuzulegen, so streckt er die zwanzig Pfennig dem Schaffner hin, ohne sie ihm gleich zu geben, und sagt:»Fünfzehn – ist schon gut.« Der Schaffner salutiert angesichts der in Aussicht stehenden Überzahlung, reicht dem Fahrgast höflich den Schein, nimmt die zwei Groschen entgegen und legt zum zweiten Mal die Hand an die Mütze. Die dritte Ehrenerweisung erwartet der munifizente[38] Herr, wenn er sich später zum Aussteigen von der Elektrischen bereit macht. Drei Respektbezeigungen für fünf Pfennig! Das wären bei einem Trinkgeld von zehn Pfennig sechs Grüne, bei einem Trinkgeld von ... Mir fiel ein, dass man empirisch feststellen müsse: Wie reagiert die Psyche des Straßenbahnkondukteurs auf ein Douceur[39] von ungewöhnlichem Ausmaß, das zum Beispiel mehr als dreimal so groß ist als der Fahrpreis und siebenmal so groß als das Normaltrinkgeld? Auf meinen diesbezüglichen Entdeckungsreisen ins Land der Berliner Schaffnerseele war festzustellen, dass sich erstens eine einheitliche Reaktion nicht ergeben hat, dass zweitens – aber nein: es seien hier nur schlicht die nackten Ergebnisse der Fahrten aufgezählt und alle Deduktionen dem Leser überlassen.

1. Ich stieg an der Ecke Potsdamer und Lützowstraße in die nach dem Westen fahrende ›76‹. Dem Schaffner, der eine Brille trug, reichte ich ein Fünfzigpfennigstück; wobei ich ihm mit der nachlässigen Gebärde des noblen Schenkers bedeutete, den Rest zu behalten. Hätte ihm jemand statt des Fahrpreises von fünfzehn Pfennig zwei Groschen mit dieser Handbewegung überreicht – er hätte sie nicht übersehen. Aber für ein Geschenk von fünfunddreißig Pfennig war sie doch nicht nachdrücklich genug. Er kramte also noch in seiner Leder-

---

[38] *freigiebig, großzügig, generös*

[39] *Douceur (frz.): Trinkgeld*

tasche. Ich musste zu einer sprachlichen Unterstützung meiner Geste Zuflucht nehmen und bemerkte mit Nonchalance: »Es ist gut.« Der Mann mit der Brille stutzte kaum einen Augenblick. Dann dankte er. Wie dankte er? Er dankte ganz gewöhnlich, er dankte kaum für fünf Pfennig! Anscheinend vermutete er, einen zerstreuten Menschen vor sich zu haben ... Er ging während der Fahrt noch oft an mir vorbei, aber die Brillengläser würdigten mich keines Blickes. Als ich an der Gedächtniskirche ausstieg, gab er das Abfahrtssignal, ehe ich das Trittbrett verlassen hatte.

2. Von der Uhlandstraße fuhr ich zum Belle-Alliance-Platz. Auf der hinteren Plattform blieb ich stehen. Ich zahlte mit einem Markstück. Der Schaffner tropfte in meine ausgestreckte Hand fünf Groschen und wollte mir rasch weitere drei Zehnpfennigstücke hinzählen, um erst dann, bei dem letzten Sechser, die aus dem Unterricht der Physik und vom Zahlkellner her bekannte gleichmäßig verzögerte Bewegung eintreten zu lassen. Ich begnügte mich, nach Erhalt der fünfzig Pfennig die Hand zur Faust zu ballen und in die Tasche zu stecken. Der Schaffner wartete eine Sekunde. Als jedoch meine Hand nicht hervorkam, sagte er (mit etwas mürrischem Unterton): »Sie haben noch zu kriegen.« – »Es ist gut.« Aber er war beharrlich: »Sie bekommen noch fünfunddreißig Pfennig.«

Ich nickte und winkte ab. Da trat er einen Schritt zurück, straffte seinen Körper in Achtungsstellung, legte die linke Hand an seine Hosennaht und die rechte an seine Mütze. Dann rief er mit lauter Stimme (als ob er mindestens die Haltestelle ›Potsdamer Platz‹ auszurufen hätte): »Danke sehr!« Die Mitfahrenden wurden auf mich aufmerksam. Ich aber machte, ohne eine Miene zu verziehen, ein unsagbar dummes Gesicht, um nicht zu verraten, dass mich diese Ovation berühre. Von diesem Moment an war für den Schaffner nur ich auf der Welt. Nie ging er an mir vorbei, ohne in seinen Blicken Devotion, Dankbarkeit und Demut auszudrücken, und als ich mir eine Zigarette anstecken wollte, rannte er aus dem Wageninnern heraus, um mir Feuer zu geben. Am Belle-Alliance-Platz half er mir aus dem Wagen wie einem Krüppel.

3. Ob ich im E-Wagen der ABOAG[40] eine so auszeichnende Behandlung erfahren würde, wusste ich nicht, zu viele Kavaliere fahren kurfürstendammwärts. Daher entschloss ich mich, die Versuchssumme zu erhöhen. Unter den Linden, Ecke Friedrichstrafe, stieg ich ein. Im Fond des Autobusses nahm ich Platz, dos à dos[41] mit dem Chauffeur. Neben mir saß ein hübsches Mädchen mit Pagenfrisur und ebensolchen Beinen. Bei der Kurve am Brandenburger Tor stieß ich sie ein wenig an und entschuldigte mich. »Bitte«, sagte sie sehr nett, »nichts geschehen.« Anknüpfungsmöglichkeit war also gegeben. Im selben Augenblick kam der Schaffner, ich gab ihm einen Einmarkschein und ließ mir – trotzdem er mich laut darauf aufmerksam machte, dass es ja eine Mark gewesen – nichts zurückgeben. Was geschah? Er dankte zwar, allein mit einem sarkastischen, verständnisinnigen Lächeln, das auch das Mädel an meiner Seite streifte, als ob sein Dank mehr diesem als mir gelte. Die Leute gegenüber lächelten gleichfalls maliziös, und nur meine Nachbarin blickte halb unwillig, halb verächtlich vor sich hin. In allen war derselbe Gedanke: Der Esel glaubt der Dame zu imponieren, wenn er achtzig Pfennig Trinkgeld gibt. Und die Kleine dachte noch dazu: Wenn man nicht anders imponieren kann! Und außerdem freute sie sich im Voraus darauf, dass sie abends ihrem Gustav von dem dummen Kerl erzählen wird, der auf sie Eindruck zu machen glaubte, indem er im Autobus achtzig Pfennig Trinkgeld gab. Und der Gustav wird sie noch heißer lieben, weil er sieht, zu welchen Mitteln die Herren greifen, um sie zu gewinnen. Mich wird er verachten und sich vor seinen Kameraden brüsten, ihnen die Geschichte von dem Fatzke im Omnibus zum Besten gebend. Die werden den Spaß weiterverbreiten, und Morgen kann ich nicht mehr auf die Straße gehen, denn sonst zeigt jemand mit den Fingern auf mich und ruft: »Das ist der Fatzke aus dem ABOAG.« Fürwahr, ich habe mich um achtzig Pfennig unsterblich lächerlich gemacht! Eigentlich für fünfundachtzig Pfennig – denn ich schämte mich so, dass ich sofort ausstieg. Hinter

---

[40] *ABOAG: Allgemeine Berliner Omnibus-Aktien-Gesellschaft*

[41] *dos à dos (frz.): Rücken an Rücken*

meinem Rücken, das fühlte ich, verstärkte sich das Lächeln zu einem Lachen.

4. Um halb sieben Uhr früh fuhr ich aus der Seestraße im Norden, aus der Gegend, wo die Arbeiterhäuser stehen, der Friedrichstadt zu. Greise, Männer, Burschen in blauen Blusen, nur durch mehrfach um den Hals geschlungene Flanellschals, vor der Kälte geschützt, Frauen und Mädchen mit Kopftüchern saßen mit mir in der Tram. Die Gesichter waren verschlafen, Unwille lag auf ihnen, der Unwille, aus dem wenigstens animalisch erwärmten Bett in den Frost der Straße, aus der Ruhe in harte Fron zu müssen. Der Wagen war vollgepfercht, alle Fahrgäste kannten einander, sie waren aus derselben Straße, manche vielleicht aus demselben Haus, und allmorgens fahren sie gemeinsam in die Fabriken. Die Blicke, die mich streifen, gelten einem Fremden, der hier nichts zu suchen hat, einem Eindringling.

Und nun kommt die Szene mit meinem Fünfzigpfennigstück, von allen beachtet: Der Schaffner, der vielleicht auf dieser Strecke zu dieser Stunde noch nie einen Pfennig Trinkgeld erhalten hat, dankt mir vernehmlich, und ich zweifle nicht daran, dass er mich mit seinem Leben verteidigen würde, wollte man mich als mehrfachen Raubmörder festnehmen. Aber die Menschen im Wagen flüstern und tuscheln mit Seitenblicken auf mich, vielleicht fassen sie mein Experiment als Verhöhnung auf, vielleicht beneiden sie mich, weil sie glauben, dass ich, nicht ganz bei Besinnung, nach einer tollen Nacht eben heimkehre, während sie in die Werkstätte fahren, vielleicht hassen sie mich als einen Reichen, dem das Geld nichts bedeutet, während sie es mühsam erwerben müssen. Und mein Scherz kommt mir hier selber besonders deplatziert und töricht vor.

Der Flohmarkt
von Clignancourt

DER FLOHMARKT? Also sozusagen: Schauspielerbörse der Floh-
theater? Suchen hier Flöhe ein Engagement, Dompteure ihr Personal,
Bühnenagenten Gelegenheit zur Vermittlung?

Nein! Niemals kam Fernando Méstèque de Podsqualle, der große
Flohtheatermanager, Zeit seines Lebens her, seine Protagonisten und
Primadonnen anzuwerben, niemals einer seiner Kollegen.

Kämest du, veranlasst vom Namen ›marché aux puces‹, am Sonntagmorgen zum Festungstor Clignancourt, nur um Flöhe zu erstehen,
du müsstest unvollzogenen Kaufes wieder heimkehren. Allerdings ist
die Möglichkeit durchaus zuzugeben, dass du in einem oder dem
anderen Wäschestück, das hier feilgeboten wird, einen springlebendi-
gen Floh finden könntest, auch in den Fetzen von Vorhängen,
Teppichen und Tüchern, vor allem in den Decken, die der Verkäufer
auf der Erde vor sich als Unterlage für seine Schätze, als Auslags-
schrein, Verkaufstisch und Warenmagazin ausgebreitet hat. Sicherlich
fändest du sie in den Kleidern der Händler und Händlerinnen, und
davon hat wohl der Markt seinen beißenden Spitznamen, aber suche
dort nicht nach, wenn dich nicht dein Fell juckt – die Chiffonniers[42]
sind ein bissiges Volk.

Weh dem, der den Pariser Lumpensammlern auf den Leib zu
rücken wagt! Sie haben ihre eigene große Revolution hinter sich, fast
eine so große wie die Damen der Halle, sie haben im Jahre 1832 Barrikaden gebaut, und viel fehlte nicht, so hätten sie den Bürgerthron
Louis-Philippes in den Müllkasten gestürzt. Damals hat die Cholera
gewütet, und man wollte sie einzudämmen, den Schmutz und Abfall,
der sich tagsüber vor den Häusern ansammelte, unverzüglich von
Amts wegen auf Karren verladen und vor die Stadt schaffen. Aber
die Haderer haderten dagegen, wiesen darauf hin, dass jene
Kehrichthaufen zwar vielleicht ein Choleraherd, für sie jedoch der
Nährboden seien, den man ihnen nicht entziehen dürfe. Der Unrat

---

[42] *Chiffonniers (frz.): Lumpensammler*

der Straße sei ihr Servitut[43]. »Es ist sonderbar«, berichtet Heine damals nach Deutschland, »dass die Beweistümer, die sie in dieser Richtung hervorbrachten, ganz dieselben sind, die auch unsere Krautjunker, Zunftherren, Gildemeister, Zehntenprediger, Fakultäts-genossen und sonstige Vorrechtsbeflissene vorzubringen pflegen, wenn die alten Missbräuche, wovon sie Nutzen ziehen, der Kehricht des Mittelalters, endlich fortgeräumt werden sollen, damit durch den verjährten Moder und Dunst unser jetziges Leben nicht verpestet werde.«[44]

Der Vergleich ist so blendend, dass man übersieht, wie er hinkt. Denn immerhin ist noch ein Unterschied zwischen dem Vorrecht vornehmer Nichtstuer und jenem arbeitender Menschen; das Tätig-keitsfeld der Chiffonniers barg für andere den Tod, aber für sie das Leben. Und es ging nicht an, ihnen dieses Leben zu nehmen, ohne ihnen die Möglichkeit eines anderen zu weisen. Man muss für die Beseitigung des Kehrichts mitsamt den Kehrichtsammlern sorgen – auch verhungerte Leichen sind ein Krankheitsherd. Halbe Maßnah-men sind schlechter als gar keine, und es ist gut, dass Heine nicht noch drei Menschenalter gelebt hat, sonst wäre er schaudernd Berichterstatter eines sozialistisch-kapitalistischen Koalitionszeitalters geworden, das den Chiffonniers recht gegeben und die Erhaltung der Choleraherde beschlossen hätte, so wie es von der Aufhebung der Spielclubs, Pferderennen, Champagnersalons, reaktionären Buchdru-ckereien, Börsen, Wucherbanken und ähnlicher gemeinschädlicher Unternehmungen mit der Begründung Abstand nimmt, dass dadurch Arbeiter brotlos werden könnten!

Aber anno Louis-Philippe waren die Lumpensammler noch Lum-penproletariat, und sie bildeten keine konservative Gewerkschaft, deren Oberbonzen im Ministerfauteuil saßen, man konnte sie also nicht beschwichtigen, und auf die Idee, ihnen einen anderen Broter-werb zu bieten, kam man damals ebenso wenig wie heute. So gingen die Chiffonniers und die Revendeuses, die Verkäuferinnen der

---

[43] *Servitut (österr.): Dienstbarkeit, Recht etwas zu dulden oder zu belassen*

[44] *›Es ist sonderbar…‹: Heinrich Heine, ›Französische Zustände‹, Artikel VI (Paris, 19. April 1832)*

gesammelten Waren, auf die Straße, sie zerschlugen die Reinigungskarren, verbarrikadierten sich an der Porte St-Denis und fochten auf dem Châtelet. »Der Generalmarsch erscholl«, erzählt Heinrich Heine, »Casimir Périer[45] ließ seine Myrmidonen[46] aus ihren Budiken heraustrommeln, der Bürgerthron zitterte, die Rente fiel, die Karlisten jauchzten. Letztere hatten endlich ihre natürlichsten Alliierten gefunden: Lumpensammler und alte Trödelweiber, die sich jetzt mit denselben Prinzipien geltend machten, als Verfechter des Herkömmlichen, der überlieferten Erbkehrichtsinteressen, der Verfaultheiten aller Art.«

Die Zeiten ändern sich, an Stelle von Cholera und Monarchismus treten demokratische Republiken, aber noch immer gibt es Leute, die aus dem Kot der anderen ihren Lebensunterhalt bestreiten müssen. Die Chiffonniers bilden nun eine Gilde, sie erfreuen sich der kommunalen Anerkennung, Blechnummern, wie sie Schutzleute, Bahnhofsträger oder Dienstmänner haben, geben ihnen die Legitimation, von acht Uhr abends bis Mitternacht und von fünf bis sieben Uhr früh die in den Häusern zur Abholung durch den Mistbauer bereitgestellten Unratkisten und Ascheneimer nach Schätzen zu durchwühlen. Das Gesetz von der Erhaltung der Quantität der Materie, allnächtlich steigt es in verschiedener Gestalt aus den Staubwolken des häuslichen Abfalls in den Rückenkorb des Lumpensammlers: Rien ne se perd![47] Der Haderngrossist zahlt für hundert Kilogramm schmutzigen Papiers oder hundert Kilo sackleinener Fetzen acht Franken, für hundert Kilo zerschlissenen Linnens vierunddreißig Franken, für feine weiße Leinwandlappen vierundvierzig; die reinwollenen Lumpen kaufen chemische Fabriken zentnerweise, um daraus Salmiaksalz zu erzeugen, sonst kehren die meisten der zu Ende gelebten Stücke wieder an ihren Ursprungsort zurück: zerbrochene Salben- und Konservenbüchsen in Metallwarenfabriken, Papierfetzen in

---

[45] *Casimir Périer (1777–1832), französischer Staatsmann und Bankier*

[46] *Myrmidonen: Ursprünglich Angehörige eines südthessalischen Volksstammes, der nach der griechischen Sage mit Achilles vor Troja kämpfte*

[47] *Rien ne se perd (frz.): nichts geht verloren*

Papiermühlen, Scherben in Glasbläsereien, Alteisen in Schmelzöfen, aus dem zerrissenen, vergilbten Wechselblankett wird wieder eine Banknote, aus dem abgenagten Knochen ein Hundekuchen, aus der verrosteten, verbogenen Ofentür ein Offizierssäbel und aus dem Manuskript eines Dichters gar Klosettpapier.

Aber all das, was von der Beute des Chiffonniers eine noch so geringe Chance für individuellen Verkauf, die Möglichkeit der unmittelbaren Verwertbarkeit an sich trägt, all das, was sich irgendwie unter den Sammelbegriff ›Trödel‹ subsumieren lässt, das taucht auf einem der Pariser Tandelmärkte auf, die Tabakreste und die Zigarrenstummel auf dem nächtlichen Mégotmarkt, die Bücherfragmente auf den Karren der Bouquinistes und alles andere, noch Schlimmere auf dem Marché pouilleux, dem ›lausigen Markt‹ von Bicêtre, oder auf dem Marché aux puces.

Der ›lausige Markt‹ von Bicêtre und der ›Flohmarkt‹ von Saint-Ouen, sie weisen nicht so viel Unterschiede auf wie ihre beiden Paten aus dem Insektenreich. Da wie dort ist die bizarre Mischung der Armseligkeit, die Diskrepanz des Feilgebotenen das besondere Kennzeichen des Marktes. Auf dem Boden des umgestülpten Korbes, auf dem Glacis am Rande des Festungsgrabens und vor ihren Häusern, den mit Dachpappe gedeckten, unendlich wüsten Holzkabinen von schräger Basis, und auf den Bauplätzen an der Rue Michelet, deren Trottoirs für die Verkäufer von neufabriziertem Jahrmarktsschund reserviert sind, haben Hunderte von Chiffonniers ihr Vielerlei ausgebreitet, das Strandgut der Haushalte, das sie werktags gefischt haben, Hosenträger neben einem Damenhöschen, eine Grammophonplatte neben einem Kissen, ein Porträt Gambettas in Farbendruck neben einem Zahnbürstchen, einen Schlüssel neben einem Suspensorium, eine Kohlenschaufel neben einem Gummilutscher für Säuglinge, eine Kasserolle neben einem Katzenfell, einen zerbrochenen Spiegel neben einer Fußprothese, schweinische Ansichtskarten neben einem Stemmeisen.

An demselben Stand kauft ein Soldat eine Schnurrbartbinde, an dem eben ein fünfzehnjähriger Vorstadtfratz wegen des Preises eines

Irrigators[48] feilscht, dessen Blechgefäß eingetepscht und dessen Gummischlauch zerrissen ist. Pioupiou und Midinette kommen ins Gespräch und beraten einander beim Kauf ... Zerlumpt sind die Verkäufer und Verkäuferinnen, zerlumpt die meisten der Käufer und Käuferinnen, Familiarität vereinigt die Gruppen, man duzt einander, lockt den Vorübergehenden an: »Eh, mon vieux, c'est-y des godasses, qu' tu veux? Prends un pair; j'te les laisse à six sous!«[49]

»Laisse les moi pour vingt centimes«[50], erwidert der Angerufene nicht unwillig, denn er hat sich inzwischen die Schuhe gründlich angesehen, das durchbrochene Oberleder, die schiefe Ebene der Absätze, die Reste der Sohlen, die aufgerissenen Ösen, die fehlenden Senkel. Aber der Schuhwarenhändler würdigt ihn keiner Antwort, und so sucht der Käufer dreißig Centimes aus seinen Taschen zusammen.

Nicht jeder Schuhhandel kommt so glatt zustande: Ein struppiger Rotbart hat ein Paar Zugstiefel ausgewählt, denen der Zug vollständig und die Stiefel fast vollständig fehlen. Sechzig Centimes will der Verkäufer. »Was? Sechzig Centimes? Du bist wohl toll? Für das Geld kriege ich sie in der Rue de la Paix!« Es ist ein Gedanke nicht ohne Phantasie, sich die zerfetzten Stiefeletten in einem Schaufenster der Rue de la Paix vorzustellen!

Eine reinliche Arbeiterfrau wird von ihrem vierjährigen Sprössling zu einer Schachtel gezerrt, in der rote und gelbe Bausteine durcheinandergeworfen sind, damit man nicht auf den ersten Blick sähe, wie viel davon fehlen. Sie fragt nach dem Preis: »Combien ça?«[51] Die Verkäuferin (nachdrücklich): »Cette boite de construction? Quatre sous.«[52] Die Arbeiterin entfernt sich, die Hände ihres Buben sind in

---

[48] *Irrigator: Flüssigkeitsbehälter für Darmspülungen, Scheidenduschen und ähnliche Anwendungen*

[49] *He, alter Junge, das sind Latschen, willst du welche? Nimm ein Paar davon; ich lass sie dir für sechs Sous.*

[50] *Lass sie mir für zwanzig Centimes.*

[51] *Wieviel kostest das?*

[52] *Dieser Baukasten? Vier Sous.*

ihren Rock gekrallt, sein Köpfchen ist nach hinten gewendet, seine Augen sind, gefeuchtet, noch in die roten und gelben Würfel und Prismen gebohrt. »Dis ton prix alors!«[53] ruft die Händlerin der Frau nach. – »Deux sous.«[54] – »Emporte la, va!«[55] Glückstrahlend greift ein Kind aus Saint-Ouen nach einem Baukasten, den ein Pariser Kind weggeworfen hat.

Ein anderes Weib kann seinem Kind nur eine Puppe kaufen, der die Schädeldecke fehlt; mit einem Sou ist sie überzahlt. Man stelle sich die Eleganz eines Damenhutes vor, der bereits »an Asch'n« war und jetzt für fünf Sous zu haben ist! Dort der Rosenkranz kostet bloß zwei Sous und findet keinen Liebhaber. Das Portemonnaie daneben – es ist zerrissen, zerschlissen – vier Sous, denn es trägt eine Freiherrnkrone. Für ›Riflards‹, alte, total unbrauchbar gewordene Regenschirme, gibt es eigene Käufer; sie zahlen einen Franken für je drei solcher stangenloser, durchlöcherter Schirmkrüppel auf dem Lausmarkt oder dem Flohmarkt und stellen sie in ihren Werkstätten zu unschönen, schäbigen Schirmen zusammen, die sie für anderthalb Franken immerhin noch verkaufen können. Der Nachttopf ohne Henkel, fünfundzwanzig Centimes sein Preis, ist schnell losgeschlagen. Der Vogel Phönix hat hier Konkurrenz: Alles erwacht – so wie er – aus der Asche zu neuem Leben.

Streitigkeiten brechen los, ein betrunkener Mann will von seiner Frau einen Franken, den freien Sonntagvormittag weiterzechen zu können, die Gattin aber, wütend über den Lumpen von Lumpensammler, der von der Morgenernte noch nicht nach Hause gekommen ist, während sie sich mit dem Verkauf der ›Brocante‹ abrackern muss, schreit: »Sale cochon ivre, va!«[56] Als er bedrohlich auf sie zutorkelt, hebt sie den Hirschfänger, den er gestern im Kehricht aufgelesen hat, gegen ihn. Sie sind ein wüstes Volk, die Pariser Chiffonniers, und auch der gestern in den Müllkasten geworfene

---

[53] *Sinngemäß: Wieviel willst du bezahlen?*

[54] *Zwei Sous.*

[55] *Da nimm ihn schon!*

[56] *Dreckiges, betrunkenes Schwein, du!*

Hirschfänger kann heute wieder eine gefährliche Waffe sein. Deshalb flüchtet der besoffene Ehemann, so schnell er kann.

Heinrich Heine, der diese Zunft mitsamt den Großkopfeten aller Staaten in den Kehricht verdammen wollte, liegt nun nicht weit von der Porte Clignancourt. Oft hat er sich die Frage nach dem Ort seines Grabes vorgelegt:

> *Wo wird einst des Wandermüden letzte Ruhestätte sein?*
> *Unter Palmen in dem Süden,*
> *Unter Ulmen [korrekt: Linden] an dem Rhein?«*

Das aber hat er sich doch nicht gedacht, dass er sie ganz nahe von den Pariser Lumpensammlern finden werde, die er so beschimpft hat!

Erkundungsflug über Venedig

DAS PFERD sprengt über die blaue, nasse Steppe, der Wind spritzt mir den Schaum des Pferdemaules ins Gesicht, kühl treffen mich Klumpen der Reitbahn, von den Hufen aufgewirbelt.

Plötzlich bäumt sich das Ross, die Luft erbebt von seinem Wiehern, einige Sprünge auf den Hinterfüßen, und dann, dann hebt sich der ganze Leib des Hippogryphen von der Erde, seine Flügel straffen sich, und er schwebt mit mir dem Olymp zu.

Um wieviel herrlicher ist es im Flugboot als im Aeroplan! Kein Motor vor mir, der mir seine Auspuffgase in Nase und Augen bläst, kein Propeller verstellt die Aussicht. Weit hinter mir sitzt der Pilot, und über ihm rattert der Druckmotor, und wenn wir niedergehen wollen – wir hätten es nicht nötig, erst lange nach einem freien Feld zu suchen, unser Landungsplatz ist glatt und unendlich und immer bereit. Wo wir auch auf dem Meer niedergingen, das Fahrzeug sprengte weiter mit motorischer Kraft.

Wir fliegen niedrig, nur vierzehnhundert Meter. Ein geripptes Sprungtuch ist unter uns gebreitet: die See. Azurfarben, mit dunkleren Streifen durchwirkt. Über den Stoff jagt ein schwarzes Ungeziefer – unser Schatten. Am Rande liegt eine Landkarte, grell koloriert. Alles sieht beinahe wie wirkliches Land aus, nur vielhundertfach verkleinert, und die Kinderhände haben die nett ausgeschnittenen Kartons zu schräg aneinandergefügt, als dass die Illusion eine vollkommene sein könnte. Dargestellt ist eine Halbinsel von der Form eines gleichseitigen Dreiecks. Es erinnert ein wenig an Istrien; wirklich, so müsste die Karte von Istrien aussehen! Maßstab 1:1.400. Die Ähnlichkeit ist so frappant, dass man auf die Projektion eines ins Meer vorgeschobenen elliptischen Städtchens hinuntersieht, ob nicht ein Kreis mit einem dicken Punkt darin und in Nadelschrift der Name ›Rovigno‹ darunter steht. Dann müsste ja gleich die Mündung des Kanals Lerne kommen und dann die große Stadt Parenzo und dahinter, an der anderen Dreiecksseite, der Tschitschenboden. Auf Ehre, da ist der Kanal, da liegt auch schon die große Stadt, und tief, tief unter uns sehe ich auch das Gebirge. Wahrhaftig, es ist Istrien!

Nur am dunklen Grün erkennt man, wo Zypressen sind, als Nuance bloß unterscheidet sich das Gelb des Kornackers vom Grün des Haferfeldes. Leuchtend durchschneidet die Helle der Landstraßen die Farben. Fischerkähne, an einem Landungsplatz vertäut, sind wie Korallen auf eine Schnur gereiht, das Torpedoboot in Fahrt schaut wie ein Perlhuhn aus mit einem Silberschweif, und nur ein kleiner Milchglassplitter scheint die Segeljolle. Das Schönste aber ist das smaragdene Band, das die Kontur der Küste bildet: Es ist das untiefe Meer, das so glänzt. Wir sehen bis auf den Grund. Der ist pointilliert, die Pünktchen sind Steine und Felsblöcke.

Links und höher fliegen wir. Sagten es uns nicht der Höhenmesser und die Schleimhäute der Nase, so müssten wir es an den Schiffen unter uns erkennen, die so klein waren und nun immer kleiner und kleiner werden. Die Insel San Giovanni di Pelago, ein Felsenriff, auf dem nur ein Leuchtturmwärter mit seiner Familie Platz hat, lassen wir backbords.

Jetzt ist die blaugrüne Grenzenlosigkeit vor uns, Windstreifen durchziehen die Fläche. Sind das Wolken, dort an der Grenze der Sehkraft, oder sind es schon die Gipfel des Apennins?

Unter dem Wasser schwanken Polypen. Wir wissen, dass es Minen sind, doch kümmern sie uns nicht. Nach Minen, U-Bomben und gefahrdrohenden Annäherungen zu spähen ist Sache der Nahaufklärung. Unsere Ziele sind heute weiter gesteckt, wir sind Fernaufklärer.

Das Maschinengewehr ist drehbar vor mir und für dringende Verständigung der Radio-Apparat, dessen Antenne von Bord hinabhängt. Aber meine Hauptwaffe liegt zu meinen Füßen: die Kamera, dreizehn mal achtzehn. Wenn nur der Apparat klappt, ist meine Mission schon zur Zufriedenheit gelöst. Vorausgesetzt, dass ich zurückkomme. Oder wenigstens die belichteten Platten.

Der Pilot gibt Vollgas. Eigentlich noch nicht ganz, bis an die äußerste Grenze des Möglichen schiebt er den Gashebel doch nicht vorwärts, der Motor wird noch für den Bedarfsfall gedrosselt. Wir fliegen mit eintausenddreihundertachtzig Touren per Minute, auf eintausendvierhundert kann man die Tourenzahl erhöhen. Die zwanzig Drehungen sollen uns herausreißen?

Vierzig Minuten lang steuern wir schon gegen Nordwest. Ein langes Eiland wird sichtbar und dahinter eine schöne, schöne Stadt.

Die schmale, waldumsäumte Insel ist der Lido, und auf dem Lido sind Forts. Wir sehen schiefe Stangen, und in der nächsten Minute sind aus ihnen kreisrunde Löcher geworden: senkrecht aufwärts gerichtete Kanonen, die Flugzeugabwehrgeschütze des Forts San Nicole.

Zwanzig Reservetouren, unsere letzten, schalten wir ein.

Wir sind oberhalb der nördlichen Lidoeinfahrt, vor dem Wellenbrecher. Ein Kind hat Streichhölzchen nebeneinander auf das blaue Tischtuch gelegt. In Wahrheit sind es die Hafenbarrikaden, stattliche Klötze.

Fünfzig Schritt neben und sehr tief unter uns zerplatzt ein brauner Körper in viele, wie die Strahlen einer Fontäne sprühen sie nach allen Seiten. Ich beuge mich steuerbord aus dem Boot. Zehn solcher Springbrunnen wirbeln empor, und aus den kreisrunden Löchern von Nicole zucken kurze Lichter auf.

Seltsam, kein Laut dringt zu uns. Unten donnern die Geschütze, die Morseapparate klappern das Aviso unserer Ankunft an alle Geschützstellungen, die Venezianer laufen durcheinander, manche verstecken sich vielleicht in bombensichere Unterstände, und Tausende, Tausende schauen zu uns herauf. Wir aber, wir sehen keinen Menschen und hören nichts als das Rattern unseres Motors.

Keine Betrachtungen! Zu solchen Dummheiten ist jetzt keine Zeit. Rechts das Arsenal, die Nordostspitze der Lagunenstadt. Selbst eine Stadt. Rings um das quadratische Bassin graue Särge, die Dächer der langgestreckten Werkstätten, im äußersten Winkel ein durchschnittener Seidenkokon mit der Puppe in der Mitte, ein Trockendock; die verpuppte Raupe ist ein Schlachtschiff, Typ Sardegna; im Becken vor den Scali da Construzioni[57] vertäut: ein Kreuzer, drei Torpedoboote und ein Zerstörer – wahrscheinlich zur klinischen Behandlung nach der Begegnung mit der ›Balaton‹. Vor den Volksgärten, den Giardini, ankern auch zwei Torpedoboote.

Das krieg ich auf eine Platte. Ich neige die Kamera, ziele gegen Nordosten und exponiere, indem ich den revolverartigen Hahn knipse.

Und schon wendet der Flugzeugführer, der darauf gewartet hat, nach links. Es ist auch höchste Zeit! Vom Lido steigen Landflieger auf. Ein besorgter Blick nach unten: zwei Nieuports, sie sind noch weit und noch tief.

Abschiedsblick nach rechts. Winzige Borstenhärchen am Rande der Riva degli Schiavoni sind friedliche Gondeln, Bekannte aus vergangener Zeit. Vom Campanile sehe ich nur das Dach, aber er streckt mir mit Grandezza seinen Schatten weit ausladend entgegen. Markuskirche, Dogenpalast, Zecca, Bibliothek, Procurazien! Euch sehe ich nicht, ihr glockenschlagenden Riesen auf der Torre d'Orologio; Zwerge seid ihr! Oder habt ihr euch verkrochen? ... Ein ›S‹ schlingt sich durch die Stadt: der Kanal.

Seit meiner Aufnahme sind schon fast zwei Minuten vergangen. Nun blitzen aus Fort Santa Elisabetta, ganz nahe an den Stabilimento Bagni, und weiter südlich aus Fort Alberoni die Mündungsfeuer gegen den Himmel, die braunen Wölkchen aus platzenden Raketen fallen ganz nahe. (Zu Hause werden wir sehen, dass die linke Tragfläche ein Loch abbekommen hat.)

Bei der südlichen Hafeneinfahrt in die Lagune, bei Malamocco, fotografiere ich zum zweiten Mal: Kriegsschiffe, die zwischen dem Littorale di Malamocco und der toten Lagune liegen.

---

[57] *Scali da Construzioni (ital.): Schiffswerften*

Auf dem Bahnhof, im Bassin für Marinetransporte, ist nichts Besonderes festzuhalten. Ich hebe die linke Hand, und schon macht der Hydroplan eine kühne Kurve, wir flüchten noch tiefer ins Firmament, aber in anderer Richtung: gegen Südosten, heimwärts. Ein dienstlich forschendes Auge schaut nach Chioggia, ein privat besorgtes nach den beiden Eindeckern. Ich schiebe die Mitrailleuse[58] zurecht. Allein die Landflieger dürfen nicht zu weit über das Meer ...

Nach zwei Stunden führt man das Pferd, dessen Nüstern noch ein wenig beben, in seinen Stall.

Totenfeier in Kopenhagen

GOTT GEBE IHR den ewigen Frieden, der Witfrau Johanne Jörgensen! Er rechne es ihr nicht schlimm an, dass sie bereits um elf Uhr vormittags keifte, weil ich noch im Bett lag. Er verüble es ihr nicht, dass sie es nicht gern sah, wenn ich Besuche empfing. Sie hat es zu Lebzeiten schwer gehabt – möge ihr der Himmel leichter werden. Ihr Mieter war beileibe kein solider Herr, mit ihrer Tochter und ihrem Schwiegersohn, die im Stadtteil Nörrefaelled ein großes Fleischgeschäft innehaben, war sie seit Jahren verfeindet. Übrigens schmerzte sie das kaum, ich habe sie einmal gefragt, ob es ihr leid tue, mit den Enkelchen nicht verkehren zu können, da zuckte sie nur geringschätzig mit den Mundwinkeln. Auch den lieben Gott hat sie nie besucht und, soviel ich weiß, nie zu ihm gebetet. Vorgestern Abend, als der Geistliche kam, lag sie schon in Agonie, sonst hätte sie ihn gewiss beschimpft und hinausgeworfen. Schimpfen war überhaupt ihre ..., aber man soll doch nichts Übles von einer Toten sagen, über der sich noch nicht der Grabhügel wölbt.

Sie wurde ja erst heute beerdigt. Die Tochter und der Schwiegersohn haben seit vorgestern Abend die Wohnung von oben bis unten durchsucht, den Auktionator überall herumgeführt und wegen jedes Möbelstückes – sogar in meinem Zimmer und in meiner Gegenwart – mit ihm gehandelt und gefeilscht. Von Trauer, von Pietät war nicht

---

[58] *Mitrailleuse: Maschinengewehr, Salvengeschütz*

viel zu spüren. Trotzdem haben sie ihr ein Begräbnis ausgestattet, erstklassig, das muss man sagen.

Ich habe lange genug bei Frau Johanne Jörgensen gewohnt und bin daher zur festgesetzten Stunde in der Kapelle des Assistens-Kierkegaard[59] gewesen. Der Schwiegersohn in umflortem Zylinder und Gehrock, erschüttert, aber gefasst. Die Tochter ganz in Schwarz, das Gesicht verhüllt, der Körper in den üblichen Zuckungen des Schmerzes erbebend. Die Enkelkinder neigten folgsam ihre Gesichter. Auch sonst waren Leute zugegen, alle sichtlich bewegt, eine Deputation der Fleischerinnung und zwanzig bis dreißig alte Frauen. Nie hätte ich gedacht, dass meine Zimmerwirtin so viele Freunde besessen hat. Kränze waren da, mit Schleifen. Sie lagen auf dem weißlackierten glatten Sarg, der in Dänemark viel getragen wird. Von der Galerie, die verhängt war, drang ein gemischter Choral:

> *»Laer mig, o Skov, at visne glad*
> *Som sent i Höst dit gule Blad*
> *Et bedre Foraar kommer« (dän.)*

> *»Lehre mich, o Wald,*
> *warum deine gelben Blätter im Herbste fröhlich verwelken:*
> *Ein besseres Frühjahr kommt!«*

Ein langes Lied, es hat etwa acht sechszeilige Strophen, aber ich ließ es über mich ergehen – ich habe lange genug bei der Witwe Johanne Jörgensen gewohnt, um ihr dieses Opfer bringen zu müssen. Spät, sehr spät verstummte der unsichtbare Chorus, und ich dachte, es würde zu Ende sein. Fehlgedacht! Es erschien ein Geistlicher in schwarzem Talar, weißer Halskrause und gelbem Spitzbart und begann zu reden. Zuerst altbekannte Tatsachen vom Glück des Familienlebens, von der Unabwendbarkeit des Todes und dergleichen, dann Neuigkeiten: von der hingebenden Liebe der Verblichenen, von ihrer Güte und Fürsorge, von ihrem unerschütterlichen Glauben an

---

[59] *Der Assistenzfriedhof (dänisch Assistens Kirkegård) ist ein parkartiger Friedhof in Kopenhagen, auf dem Gräber zahlreicher international bekannter Persönlichkeiten zu finden sind, u. a. auch das Grab von Søren Kierkegaard*

die Gerechtigkeit Gottes und von vielem anderen Schönen und Edlen, was ich nicht gewusst hatte.

Aber schließlich muss er es besser wissen, sonst könnte er es doch nicht so öffentlich behaupten vor Gott und der Welt. Wirklich dringt oftmals ein tiefer Seufzer der Bestätigung aus dem schwarzen Schleier der tiefgebeugten Tochter, wenn die erhabenen Herzens- und Geisteseigenschaften der Dahingeschiedenen besonders hervorgehoben werden. Ich bin dem Sprecher nicht böse, nicht eine Sekunde denke ich daran, dass man ihn und seinesgleichen, die da leeres Stroh dreschen, vor eine Abteilung Soldaten stellen und diesen den Befehl zum Feuern geben sollte. Nicht im Traum fiele mir so etwas ein. Ich habe eine Abneigung gegen die Phrase, ich bin ein Fanatiker der Sachlichkeit – doch auch der Mann auf der Kanzel ist ein Mensch, er will leben, er muss seines traurigen Amtes walten, er muss reden, und was soll er denn über meine Wirtin Johanne Jorgensen aussagen?! Wenn er sich nur etwas kürzer fassen wollte. Er spricht entschieden zu lang. Schade, dass man in einer Friedhofskapelle nicht rauchen darf. Eigentlich habe ich gar nicht so lange bei Frau Johanne Jorgensen gewohnt.

Also schleiche ich mich aus der Halle und gehe draußen spazieren, verliere mich in den Reihen der Gräber vom Assistens-Friedhof. Fast neben jedem Hügel steht ein Gartensessel, oft zwei. Auf manchem sitzt eine alte Frau und liest die Zeitung. Ich gehe vorbei und schaue die Grabsteine an. Merkwürdig, ein so großes Land, dieses Dänemark, und so wenig Namen: Alle Toten heißen Hansen, Nielsen, Andersen, Larsen, Sorensen, Baggesen, Nansen, Michaelis, Jacobsen, Jensen, Petersen.

Aber wie viele Träger dieser spezifisch dänischen Namen haben in der Welt Klang gewonnen, wie viele besondere Assoziationen rufen diese Wald-und-Wiesen-Namen hervor: Bei ›Andersen‹ denken wir an jenen feinen Satiriker, dessen vermeintliche Märchen wir den Kindern zu lesen geben, weil die Erwachsenen sie nicht verstehen, Baggesen hieß der göttliche Akrobat, der hundert Teller zerbrach und sich des Fliegenpapiers doch nicht entledigen konnte, Nielsen ist uns die schönste Vollenderin des miesesten Gewerbes, einer des Namens Nansen dichtete den ›Gottesfrieden‹ (während sein norwegischer

Namensvetter durch Nacht und Eis zum Nordpol zog), Karin Michaelis erfand die Ausrede des ›Gefährlichen Alters‹, Sophus Hansen von Kobenhavn Boldklubben ›Frem‹ zeigte uns, was ein Goalman alles können kann, Sörensen schrieb das beispiellose Abenteuerbuch ›Die Fahrt der Jomsburg‹ (Verlag Erich Rein), Inge Pedersen hieß das komische Mädchen in Berlin, das mich lieb hatte, von Jacobsen ist ›Niels Lyhne‹, und so weiter – übrigens weiß ich gar nicht, ob das alles Dänen sind, deren Namen mir da zwischen den Friedhofszeilen assoziiert auftauchen, und ich weiß auch gar nicht, ob sie tot sind.

Aber ich kenne andere Menschen, die bestimmt aus Dänemark stammen und bestimmt tot sind und die auch außerhalb Dänemarks noch leben. Ich will gar nicht von Hamlet reden (der ein Reaktionär war und die Verabreichung von Kaviar fürs Volk verhöhnte), nicht von Ritter Oluf (dem Spießer, der an seinem Hochzeitstage nicht mit einer anderen tanzen wollte und deshalb von der verschmähten Elfkönigin mit einem Herzkollaps bedacht wurde) und nicht von Tycho Brahe (der ein glückliches Eiland gegen die dumpfe Hofluft des rudolfinischen Prag vertauschte und sich von der Lues seine Nase abfressen ließ); aber Holberg zum Beispiel ist liebenswert, weil er den Satz schrieb: »Alle Welt sagt, dass Jeppe trinkt – aber niemand sagt, warum er trinkt«, und Hermann Bang, der mit den Fingerspitzen dichtete, und Thorvaldsen, der uns zwar heutzutage ein wenig langweilt, aber der doch immerhin ein nordischer Hellene war, und Holger Drachmann, der viel vertrug und nachdem deshalb hier eine Weinstube heißt, und Graf Bernsdorff, der dem vergessenen deutschen Klassiker H. P. Sturz (siehe ›Klassischer Journalismus‹) hier eine Zufluchtsstätte bot, aber selbst aus dem Lande musste, als Dr. Struensee mit der Königin ein Verhältnis anfing und darum geköpft wurde (siehe Film), und Gjellerup, der den Nobelpreis bekam – aber mir scheint es, dass ich ihn mit Geijerstam verwechsle, der ein Schwede ist, und so weiter und so weiter.

Ist es nicht wirklich erstaunlich, dass eine Gemeinschaft, ein Land von so wenig Namen der Welt so viele Namen schenken konnte? Wie starben sie? Ob ihnen auch ein Pastor mit weißem Stuartkragen, schwarzem Roquelor[60] und gelbem Spitzbart eine so langatmige Rede auf den letzten Weg gegeben hat wie meiner seligen Hauswirtin, der Witib Johanne Jörgensen? Ob er noch immer in der Kapelle spricht, indes ich, eine Zigarette rauchend, durch Grabstraßen Dänemarks gehe, an Tote denkend und an Lebende? Ich stehe vor dem Grab einer Frau, die Kierkegaard heißt, das ist ›Friedhof‹. Und Kierkegaard hieß auch der Größte dieses Landes. Richtig, auch er war ein Eingeborener dieser vom Kattegat gekühlten Insel, vielleicht dachte ich nicht an ihn, weil er so unnordisch glühend streiten konnte. Und er liebte die Bibel, da sie für ihn so war wie Shakespeares Dramen: »Dort fühlt man doch, dass es Menschen sind, dort hasst man, liebt man, mordet seinen Feind, verflucht dessen Nachkommen in alle Geschlechter, dort sündigt man.«

Sören Kierkegaard hat wegen einer Leichenrede die ganze dänische Kirche verflucht, wegen eines Satzes, in dem ein Niemand als Zeuge der apostolischen Wahrheit bezeichnet wurde – er hätte sich auch über den Mann erregt, der eben am Sarg der lieblosen Witwe Johanne Jörgensen seine Suada leuchten lässt. Während ich mich gar nicht aufregte und einfach hinausging in die Avenuen der Kopenhagner Leichen. Und jetzt verstehe ich, warum er schwor, das Kommando zum Feuern geben zu wollen, wenn alle Journalisten füsiliert würden. Nicht wegen der Phrase, denn es gibt sachlichere Menschen unter uns als in anderen Berufen (welch ein ödes Geschwätz eines Universitätsprofessors habe ich doch heute Nacht gelesen!). Nein, aber wegen unseres Mangels an Hass, an Empörung, an Erregung. Wir sind ärger als Phrasendrescher, denn wir sind freiwillig zu Dienern der Phrasendrescher geworden, zu Knechten des Kompromisses, zu Leibeigenen des eitelsten Spießertums, zu Sklaven des Heute.

Ich beginne den Bannfluch zu verstehen, hier vor dem Grabe der Frau Kierstine Nielsdatter Kierkegaard geborener Royon, gestorben 23. März 1796, achtunddreißig Jahre alt, das in einem Winkel liegt, etwas abseits von den Gräberstraßen, und zu dem mich der Zufall geführt hat. Übrigens liegt die Frau Kierstine nicht allein, es ist ein Familiengrab. Auf den Grabstein sind andere Tote dieses Kirchhofs-

---

[60] *Roquelor (frz.): schwerer Wollmantel*

namens gemeißelt, und noch zwei Marmorplatten sind angelehnt mit eingehauenen Daten später verstorbener Familienangehöriger. Und unter Michael Pedersen Kierkegaard († 1838) und Anna Kierkegaard geborene Lund († 1834) finde ich Sören Michael Kierkegaard und Maren Kierstine Kierkegaard (geboren 1797, gestorben 1822) und ganz unten auf derselben Steintafel – Sören Aabye Kierkegaard, född 5. Mai 1813, död 11. November 1855. Siehe da, ich stand also wirklich an seinem Grab, ohne dass ich es wusste. Unter seinen Namen ist noch ein Vers gezwängt von plumpen Reimen und billigem Inhalt:

> *»Det er en Liden Tid*
> *Saa har jeg vundet*
> *Saa er den ganske Strid*
> *Med eet forsvundet ...«*
>
> *»Noch eine kleine Zeit,*
> *So ist's gewonnen!*
> *So ist der ganze Streit*
> *Ins Nichts entronnen.«*
>
> *(Übers. von E. Krüger und E. Geismer,*
> *in: E. Geismer, Sören Kierkegaard, Göttingen 1929)*

Nein, der ganze Streit ist nicht verschwunden. Noch lange nicht. Nur der Halskrausenmann hat eben in der Zeremonienhalle seinen Sermon beendet. Man trägt den Sarg hinaus, und ich eile, der Witwe Johanne Jörgensen drei Erdschollen ins Grab zu werfen, wie es sich für jemanden schickt, der lange genug bei ihr gewohnt hat.

Versteigerung von Castans Panoptikum am 24. Februar 1922

EIN PODIUM, auf dem der Auktionator, nach rechts gewendet, vor einem Tisch agiert. Dahinter auf Postamenten die Wachsfiguren Goethes, Sternickels[61], Rothschilds und King Edwards VII.

Der Auktionator: ... Zum Ersten, zum Zweiten – bietet niemand mehr für Napoleon? – und zum Dritten. (Mit dem Auktionshammer zuschlagend.) Verkauft! Der Name des Käufers, bitte?

Stimme: Schaubudenbesitzer Klein.

Der Auktionator (den Namen notierend): Danke. (Verkündend.) Die Auktion ist für heute beendet, die restlichen Figuren werden morgen versteigert. Beginn acht Uhr vormittags. (Er geht vom Podium und zündet sich eine Zigarette an.)

Der Prokurist des Hauses A. Rothschild (ein alter Herr mit Zylinder, weißen Handschuhen und Silberstock): Gestatten Sie die Frage, ob man noch eine der Figuren kaufen könnte?

Der Auktionator: Kaufen? Unmöglich! Aber Sie können sich doch Morgen an der Versteigerung beteiligen.

Der Prokurist: Das wollte ich eben vermeiden. Es handelt sich, hm, um die Figur einer Persönlichkeit, die, hm, unserem Hause nahesteht. Und wir wünschen nicht, dass die Zeitungen darüber berichten, um welchen Preis sie losgeschlagen wurde. Wenn es ein zu geringer Betrag wäre, so wäre uns das, hm, peinlich. Sie begreifen: eine Persönlichkeit, die, hm, unserem Hause nahesteht. Andererseits, hm, möchten wir auch keinen allzu hohen Preis bezahlen.

Der Auktionator: Es handelt sich wohl hier um die Figur des seligen Herrn Sternickel?

Der Prokurist: Nein, ich kann leider nicht sagen, hm ...

---

[61] *August Sternickel (* 11. Mai 1866 in Mschanna, Oberschlesien; † hingerichtet am 30. Juli 1913 in Frankfurt an der Oder) war ein berüchtigter Krimineller, Brandstifter und Mörder*

Der Auktionator: Ach so, ich weiß schon; es handelt sich um den alten Rothschild?

Der Prokurist (etwas betroffen): Wie gesagt, hm, ich darf keinerlei ...

Der Auktionator: Ja, wenn sich's um Nummer 222 handelt, den alten Rothschild – da ist die Sache ganz anders!

Der Prokurist: Wieso?

Der Auktionator: Ja, da kann ich, hm, leider keinerlei Angaben machen, hm, Amtsgeheimnis, hm.

Der Prokurist (zieht die Brieftasche, entnimmt ihr eine Banknote und hält sie in der Hand): Wenn ich Sie, hm, aber bitte?

Der Auktionator (nimmt die Banknote): Na, wenn Sie mich so bitten, kann ich es Ihnen wohl sagen. (Flüsternd.) Also, die bisherigen Besitzer von Castans Panoptikum haben in Erfahrung gebracht, dass das Bankhaus Rothschild den Maier Anselm dahier kaufen will.

Der Prokurist: Verteufelt! Unser ganzes Unternehmen ist voll von Spionen. (Mit scheuem Blick auf die Figur Rothschilds schlägt er sich auf den Mund. Gleichsam zur Figur.) Das heißt: In allen Bankhäusern verraten jetzt die Angestellten die Beschlüsse und Tipps an die Spekulanten ... Bei uns ist's noch verhältnismäßig besser ...

Der Auktionator: ... na, und da haben eben die bisherigen Besitzer von Castans Panoptikum beschlossen, den alten Maier Rothschild hinaufzulizitieren[62], damit sie recht viel Geld herausschlagen. Ich weiß sogar, bei welchem Betrag die Castan-Gesellschaft Ihnen die Figur in der Hand lassen will.

Der Prokurist: Nun? Bei welchem Preis denn?

Der Auktionator (achselzuckend): Amtsgeheimnis!

Der Prokurist (Brieftasche, Banknote): Wenn ich Sie aber bitte!

Der Auktionator (Banknote nehmend): Na, wenn Sie mich so bitten, kann ich's Ihnen wohl sagen: Sie haben beschlossen, den Preis bis auf dreißigtausend Mark hinaufzutreiben.

Der Prokurist: Verflucht! Und wie viel ist denn eine solche Wachspuppe de facto wert?

---

[62] *reizen, den Preis nach oben treiben*

Der Auktionator: Das ist eine Liebhabersache, fünfzehnhundert bis fünftausend Mark etwa. Sehen Sie, für den Goethe da hat sich zum Beispiel noch gar kein Interessent gefunden. Der wird wahrscheinlich morgen an eine Seifenfabrik losgeschlagen. Der olle King Edward da ist auch schon keine Attraktion mehr für eine Schaubude. Seine Zeit scheint vorbei, aber eine Freundin interessiert sich für ihn, die war schon zweimal hier, um sich nach seinem Befinden zu erkundigen, und wird ihn vielleicht kaufen. Viel wird sie ja dafür nicht bezahlen müssen. Na, und der Rothschild ist auch nichts mehr für ein Panoptikum. Den Stinnes hätten sie modellieren sollen; aber vor dem haben sie wohl Angst gehabt, dass er dann die ganzen Nummern verschiebt. Wenn sich nicht Ihr Bankhaus für den Rothschild interessiert hätte, so würden sich wohl schon nächste Woche ein paar Leute mit ihm die Hände waschen. Der Sternickel da, das ist ein anderer Kerl. Um den raufen sich die Panoptikums und die Schaubudenbesitzer ...

Die Besitzerin der Diele ›Zur feschen Böhmin‹ (ist eingetreten): Guten Abend wünsch ich. (Sie knickst vor Edward VII.)

Der Prokurist (zum Auktionator): Also ich danke Ihnen vorläufig für die Informationen. Gute Nacht! (Ab.)

Der Auktionator (zum Prokuristen): Gute Nacht! (Zur feschen Böhmin.) Sie wünschen, mein Fräulein?

Die fesche Böhmin: Sie wissen ja, Herr Versteigerungspräsident, ich komm wegen Seiner Majestät, meinem goldenen Edi. (Sie streichelt die Figur Edwards.) Mein Schnuckichen, mein Bubi, mein Süßer! Kennst du noch deine kleine Inaff[63]? Wie hat sie dich immer gestrechelt, deine süße Inaff!

Der Auktionator: Sie haben ihn wohl persönlich gekannt?

Die fesche Böhmin: Gekannt? Geliebt hab ich ihn. (Zur Figur.) Hab ich dich geliebt? Inaff, Inaff? Wissen Sie, so hat er mich nämlich immer genannt, wenn ich ihn abgebusselt hab. »Inaff, Inaff!«

Der Auktionator: Wie haben Sie ihn denn kennengelernt?

---

[63] *Inaff: phonetisch für das englische Wort ›enough‹ (genug)*

Die fesche Böhmin: In Marienbad hat er mich einmal angesprochen, ganz unvermutet hat er sich erlaubt, mich anzusprechen – mir nix, dir nix! (Zur Figur, drohend.) Du Schlankerl!

Der Auktionator: So? Er hat Sie angesprochen?

Die fesche Böhmin: Ja, denken Sie sich, ganz als ein Fremder spricht er da eine fremde Dame an! (Zur Figur.) Du bist mir ein Feiner!

Der Auktionator: Wie kam denn das?

Die fesche Böhmin: No, ich bin ihm eben ein bisserl nachgelaufen, eine Woche lang oder vierzehn Tage, sehr diskret, wissen Sie, ganz unauffällig bin ich so neben ihm gegangen oder zwei Schritte vor ihm und hab mich so hie und da ein bisserl nach ihm umgedreht – aber wissen Sie, ganz unauffällig, so zum Beispiel –, no, und eines Tages hat er mich einfach zu sich herangewinkt, mir nix, dir nix – bitte, eine ganz fremde Dame! Und nachmittags bin ich zu ihm hinaufgekommen ins Hotel Savoy – wissen Sie, das war ein feines Hotel, ich bin schon in meinem Leben in vielen Hotels gewesen, das können Sie mir schon glauben, aber so ein feines Hotel hab ich noch nicht gesehen! – Also ich bin zu ihm hinaufgekommen in das Hotel, und ich war sehr freundlich zu ihm, sehr leutselig, und schon nach einer halben Stunde hat er mich so gerne gehabt, dass er zu mir gesagt hat: Inaff!

Der Auktionator: Wissen Sie denn auch, was das heißt: enough!?

Die fesche Böhmin: Nein, das weiß niemand auf der ganzen Welt, das wird ein Wort aus Indien sein, (flüsternd) aus Hinterindien vielleicht – Sie entschuldigen schon – er war ja auch Kaiser von Indien, mein Bubi, mein Kleines! Damals, wie wir uns geliebt haben, war er noch nicht Kaiser, nicht einmal König, damals war er noch Prinz von Wales. Und wie er dann König geworden ist, ist er wieder nach Marienbad gekommen, no, und ich wollt ihn ansprechen und bin so um ihn herumgeschlichen beim Kreuzbrunnen, und er hat mich wiedererkannt, ich hab's ganz deutlich gehört, wie er gesagt hat ›Inaff‹ – aber diese Gauner, diese Detektive haben mich weggewiesen. Na, ich hab ihm aber einen Brief geschrieben –!

Der Auktionator: Auf den haben Sie wohl keine Antwort erhalten?

Die fesche Böhmin: Aber da täuschen S' Ihnen groß! Er hat mir fünfzig Dukaten geschickt, und dafür hab ich mir die Weinstube aufgemacht hier in Berlin, ›Zur feschen Böhmin‹, eine Diele mit Sektzwang – inaff! – Jägerstraße 14. Wenn S' amal zu mir kommen, Herr Auktionspräsident, kriegen S' Regiepreise, morgen Abend können Sie zu mir kommen, ich lade Sie ein, da brauchen S' überhaupt nichts für den Sekt zu zahlen, und eine Kellnerin schick ich Ihnen ins Séparée, ein Mädel, sag ich Ihnen, bildhübsch und sehr geschickt.

Der Auktionator (geil und rasch): Also gut, ich komme! Morgen Abend!

Die fesche Böhmin: Aber da müssen S' morgen schnell mit dem Hammer klopfen, dass ich ihn billig bekomme, meinen Bubi da. Ich will mir ihn nämlich neben mein Bett stellen, damit meine Freunde und meine Gäste sehen, was ich für noblichte Bekanntschaften hab.

Der Auktionator: Machen wir, machen wir! Und morgen Abend komm ich zu Ihnen, Jägerstraße 14. (Er streckt ihr die Hand hin.) Gut?

Die fesche Böhmin: Aber, wie gesagt. (Zur Figur.) Gute Nacht, Königliche Hoheit (Hofknicks), mein Zuckerbubi (sie küsst die Gestalt). Inaff? Inaff?

Der Auktionator: Gute Nacht, mein Fräulein!

Die fesche Böhmin (abgehend): Gute Nacht. Und klopfen Sie nur recht schnell mit dem Hammerl.

Der Auktionator: Enough! (Er zieht den Paletot[64] an, setzt den Hut auf, verlöscht das Licht, geht ab. Man hört, wie er die Tür abschließt. Die vier Figuren bleiben im Halbdunkel allein.)

Goethe: Mehr Licht!

Rothschild: Wie Sie wünschen, Herr Geheimrat! (Zu Sternickel.) Möchten Sie nicht die Freundlichkeit haben, Herr Sternickel, mir für einen Augenblick die Blendlaterne zu borgen, damit ich den Schalter gleich finde.

Sternickel: Nee, oiler Rothschild, een Juden jeb ick meene Instrumente nich in die la maing[65]. Ick dreh mir meine Dinger lieber alleene. (Er knipst das elektrische Licht an.)

Edward VII.: That's terrible! Da werde ich jetzt ewig bei diesem schrecklichen Weibsbild stehen müssen, in ihrem Schlafzimmer.

---

[64] *leicht taillierter, zweireihiger Herrenmantel*

[65] *In die la maing: verballhorntes Französisch: in die Hand*

Rothschild: Sein Se froh, dass Se nix zu Seife verarbeitet werden, wie mein Landsmann da, der Herr Geheimrat Goethe.

Goethe:

> *Denn alles, was besteht,*
> *Ist wert, dass es zugrunde geht.*

Sternickel: Na, Sie hätten doch ooch vorjezogen, hier noch een paar Jährchen uff dem Sockelchen zu stehn. Bei mir is det was anderes: Ick bin froh, det ick wechkomme. Hier wird man in eenem fort an die Schattenseiten von sein' Beruf erinnert. Lauta Andenken an den Scharfrichter, lauta Fallbeile, Richtschwerter, Folterinstrumente – und det eenzige Frauenzimmer hier is de eiserne Jungfrau.

Rothschild: Ausgerechnet für Herrn Sternickel wird man e Prinzessin mit Reizwäsche hereinstellen.

Sternickel: Halt man die Schnauze, alter Itzig![66] Mit dir redet doch keener! Ick unterhalte mir mit Herrn Joethe. Sagen Se mal, es is doch janz schön hier ...

Goethe: Es möcht kein Hund so länger leben ...

Sternickel: Wieso denn nich? Freun Sie sich jar nich, wenn die Onkels mit die Kataloge komm' und nachblättern, Nummer 165, der berühmte Dichterfürst Joethe?

Goethe:

> *Oh, sprich mir nicht von jener bunten Menge,*
> *Bei deren Anblick uns der Geist entflieht.*

Rothschild: Gar so bunt war die Menge auch nix in die letzten Jahre. Während des ganzen Tages hab ich mir den Kopf zerbrochen und kalkuliert, wie sich das Unternehmen rentieren soll. In so e teuern Gegend! In der Friedrichstraße, bei die hohen Mieten! Das ist nix e so wie bei uns in Frankfurt, was, Herr Geheimrat? »Ja, mein Frankfurt lob ich mir, es is e klein Paris und bildet unsere Leut!«

Goethe (entrüstet verbessernd): Mein Leipzig lob ich mir.

Rothschild: Was heißt »mein Leipzig«? Sie sind doch aus Frankfurt, ich hab Sie doch noch gekannt, wie Sie noch e klaaner Rotzbub

---

[66] *Itzig: veralteter Scherz- und Schimpfname für Schlauberger, ›gerissener Hund‹, aber auch abwertend für Jude*

waren. Wenn Sie mich auch nix erwähnt haben in Ihrer ›Wahrheit und Dichtung‹. Ich war Ihnen zu wenig nobel! Sehn Se, und Morgen werden Sie doch zu Seife verarbeitet, und ich werd in mei Bankhaus aufgestellt, als Denkmal ...

Goethe:

> *Es kann die Spur von meinen Erdentagen*
> *Nicht in Äonen untergehn ...*

Sternickel: Det is aber doch schade um Sie. Der einzige Mensch, mit dem man sich geistig unterhalten konnte.

Edward VII.: Aoch ich bin very sorry, that Sie verarbeitet werden. Hoffentlich werden Sie eine Seife for really gentlemen.

Rothschild: Schad, dass ich nix mehr am Leben bin, sonst hätt ich Sie angekauft für unsere Frankfurter Filiale ...

Goethe:

> *Macht nicht so viel Federlesen*
> *Setzt auf meinen Seifenstein:*
> *Dieser ist ein Mensch gewesen,*
> *Und das heißt: ein Kämpfer sein.*

Edward VII.: Excuse me, Mister Sternickel, sind Sie ooch in Frankfurt geboren?

Sternickel: Nee, Majestät, nur hinjericht' worden bin ick in Frankfurt.

Goethe u. Rothschild (gleichzeitig): Frankfurt an der Oder.

Sternickel: Geboren bin ick in Nieder-Mechanna, Kreis Rybnik, am ... am, (er nimmt den Katalog vom Auktionstisch und blättert) aha, Nummer 310, geboren am 11. Mai 1866, gelernter Müller, hat im Januar 1903 zu Ortwig in der Mark an seinem Dienstherrn Kallies, an dessen Ehefrau und dessen Magd seinen ersten Raubmord ...

Edward VII.: Enough!

Sternickel (weiterlesend): Seine nächste Bluttat verübte Sternickel ...

Edward VII.: Enough! Enough!

Goethe:

> *Ihr lasst den Armen schuldig werden,*
> *Dann überlasst Ihr ihn der Pein ...*

Rothschild: Sehr gut gesagt, Herr Geheimrat, sehr gut!

»Ihr lasst den Armen schuldig werden.« Die Armen waren mir von jeher immer etwas schuldig.

Edward VII.: Bitte, keine Anspielungen, Mister Rothschild. Ich habe mir zwar von Ihrem Neffen, Sir James, Geld ausgeborgt, aber das ist doch hoffentlich ein Unterschied.

Rothschild: Ob das ein Unterschied ist! E Armer borgt sich aus aus Not, e Reicher borgt sich aus aus Übermut.

Edward VII.: Stellen Sie sich vielleicht auf den Standpunkt from the sozialen Ausgleich?

Rothschild: Wenn Se so fragen, is es schon e Unrecht, dass es gar e so grobe Unterschiede gibt zwischen arm und reich.

Sternickel (zu Rothschild, gehässig): Vielleicht jar keen Unterschied, nich? Mit dein Gemauschel von de soziale Jerechtigkeit kannste mir blob jiftig machen. Det muss Reiche und Arme jeben: Wo kommen wir sonst hin? Wo soll ma denn da einbrechen? Wen soll man denn da ausrauben, wenn se alle jleich haben ...

Rothschild: Man soll auch nicht!

Sternickel: Det möcht dir so passen, du vermanschte Wachsfigur!

Goethe: Ein garstig Lied! Pfui! Ein politisch Lied!

Sternickel (noch immer ärgerlich): So 'n Quatsch. »Soziale Jerechtigkeit.« Wat soll 'n dann werden!

Goethe:

> *Es gibt mehr Dinge zwischen Himmel und Erde,*
> *Als unsre Schulweisheit sich träumen lässt,*

Rothschild: Das is doch nix von Ihnen, Herr von Goethe!

Goethe (erstaunt): Nicht von mir?

Sternickel: Von mir ooch nick!

Goethe: Nicht von mir? Ich Ebenbild der Gottheit, und nicht einmal von mir? Von wem denn?

Edward VII.: That's from Shakespeare.

Sternickel: Aha – Shakespeeareh, sprich Schecksbier, Nummer 152, det is der, was neben die Schneewittchengruppe, Nummer 142, steht.

Goethe (noch immer erstaunt): Von Shakespeare?

Edward VII.: Yes, from Shakespeare.

Goethe: Perfides Albion![67]

Sternickel (hat zum Fenster hinausgesehen; pfeift): Achtung, Lampen! Die Jäste komm'.

Goethe: Ihr naht euch wieder, schwankende Gestalten!

Alle stellen sich eilig auf ihre Postamente, auch Sternickel, nachdem er das Licht ausgelöscht, den Katalog wieder auf den Tisch gelegt hat. Man hört lärmendes Kommen.

Der Auktionator (öffnet die Tür, legt Hut und Paletot ab, tritt zum Auktionstisch, klingelt): Also, letzter Tag der Versteigerung. Zum Angebot steht: Katalognummer 310, der gefürchtete Massen- und Raubmörder August Sternickel. Mindestgebot 1500 Mark! Ich bitte um Angebot.

Stimme: Hier.

Der Auktionator: 1.500 Mark zum Ersten ...

Andere Stimme: 2.000 ...

Der Auktionator: 2.000 Mark zum Ersten ...

Stimmen (der Auktionator jeweils wiederholend): 3000, 4000, 5000, 7000, 7500, 9000, 10 000.

Der Auktionator: 10 000 zum Ersten ...

Stimme: 11.000 ...

Der Auktionator: 11 000 Mark zum Ersten, zum Zweiten...

Andere Stimme: 11.500 ...

Stimme: 12.000 ...

Der Auktionator: 12 000 Mark zum Ersten, zum Zweiten – ist denn sonst kein Angebot für den berühmten Sternickel? – und zum Dritten. (Schlagend.) Verkauft! (Notierend.) Ihren Namen, bitte ...

Stimme: Teschke, Jahrmarktsaussteller.

Der Auktionator: Zum Angebot steht: Katalognummer 34, King Edward VII. von Großbritannien, Mindestgebot 1.500 Mark. Ich bitte um Angebot!

Die fesche Böhmin: Hier.

---

[67] *Albion: antiker Name für Großbritannien, neuzeitlich nur noch dichterisch für England (bei Shakespeare zu finden)*

Der Auktionator (sehr schnell): 1.500 Mark geboten, zum Ersten, zum Zweiten, zum Dritten. (Zuschlagend.) Verkauft.

Männerstimme: 2.000.

Der Auktionator: Schon verkauft. (Unwilliges Gemurmel der Bieter.) Namen, bitte.

Die fesche Böhmin: Zdenka Prochâzkovâ, Weinstube ›Zur feschen Böhmin‹, Jägerstraße 14, Telefon Zentrum 1 30 59, Zigeunermusik, Damenbedienung.

Der Auktionator: Zum Angebot steht: Katalognummer 165, der hervorragende Dichterfürst Johann Wolfgang von Goethe. Mindestgebot 1.500 Mark. Ich bitte um Angebot. (Pause.) Der deutsche Dichterfürst Johann Wolfgang Goethe. Mindestgebot 1500 Mark. Bietet denn niemand? Mindestgebot also 1.300 Mark, (nach Pause) 1.200 Mark, (nach Pause) 1.000 Mark, soviel sind ja allein die Kleider wert ...

Stimme: 900 Mark.

Der Auktionator: 900 Mark zum Ersten, 900 Mark zum Zweiten, 900 Mark zum Dritten. (Hammerschlag.) Verkauft. Namen, bitte.

Stimme: A. B. Schaum & Co., Fettsiederei, Moabit.

Der Auktionator: Zum Angebot steht: Katalognummer 222. Rothschild, Maier Anselm, Mindestgebot 1.500 Mark.

Castans Stimme: 3.000 Mark.

Der Prokurist: 4.000 Mark.

Castans Stimme: 10.000 Mark.

Der Prokurist: 20.000 Mark.

Castans Stimme: 30.000 Mark.

Der Auktionator: 30.000 Mark zum Ersten, 30.000 Mark zum Ersten, (zögernd) 30.000 Mark zum Ersten – bietet denn niemand mehr? – (aufgeregt ins Publikum schreiend) 30.000 Mark zum Ersten, (resigniert kopfschüttelnd) 30.000 Mark zum Zweiten und Dritten. (Langsam zuschlagend.) Zum Dritten. Verkauft. Der werte Name, bitte.

Castan: Direktion Castans Panoptikum GmbH.

Der Auktionator: Danke, Schluss der Versteigerung!

Die Menge geht unter lebhaftem Rhabarber ab. Castan und der Prokurist disputieren erregt. Hinter ihnen ›die fesche Böhmin‹, die sich an der Figur Edwards zu schaffen macht.

Castan: Sie können die Figur zum Versteigerungspreis haben, Herr Prokurist.

Prokurist: Danke. Ich weiß ja Herrn Rothschild bei Ihnen in guten Händen, und darum war es uns hauptsächlich zu tun.

Die fesche Böhmin (zu Edward VII.): Bist bei mir auch in guten Händen, mein Schnuckichen, bleibst jetzt bei mir, Inaff?

Castan: Ich gebe Ihnen also die Figur um 20.000 Mark.

Prokurist: Danke, nein.

Castan: Aber bis 20.000 haben Sie doch mitgeboten!

Prokurist: Ich wollte nur, dass unser Gründer nicht allzu billig verschleudert werde. Das hätte dem Prestige unseres Bankhauses geschadet.

Castan: Aber, zum Teufel, was soll ich denn mit der alten Wachsfigur anfangen? Ich gebe sie Ihnen für 15.000 Mark, (da der Prokurist den Kopf schüttelt) für 10.000 Mark.

Prokurist: Danke, ich habe keinen Bedarf.

Castan: Ich kann doch, um Gottes willen, nicht die ganzen 30.000 Mark verlieren!

Prokurist: Wozu haben Sie denn mitgesteigert?!

Castan: Ich bitte Sie, machen Sie mir doch irgendein Angebot, damit ich wenigstens die Figur loswerde.

Prokurist: Ich bin eventuell bereit, Ihnen das Mindestgebot zu bezahlen.

Castan: 1.500 Mark?

Prokurist: Jawohl, nicht einen Pfennig mehr.

Castan: Na, besser als nichts. Eingeschlagen! (Der Prokurist schlägt ein.)

Maier Anselm Rothschild (klopft dem Prokuristen auf die Schulter): Bravo, junger Mann! Sie handeln in meinem Geiste.

Der Prokurist, die fesche Böhmin, der Auktionator und Castan erschrecken und stehen mit offenem Munde da, wie zu Figuren erstarrt, während die vier Figuren einander zulächeln.

Ada Kaleh, Insel des Islam

DIE TRAUER DES KLEINEN UJHAZI wird noch bitterer, da er vergeblich auf der Landkarte nach Ada Kaleh sucht und sein Lehrer Christopolos ihm sagt: »Die Insel, auf der du wohnst, Joan, steht nicht auf der Karte.« Umso schmerzlicher empfindet es der Knabe, der Held von Bangs »Die Vaterlandslosen«, wenn ihn die Straßenjungen von Orsova wegen seiner Heimatlosigkeit verspotten.

Nein, Ada Kaleh ist auf dem Globus und auf den Landkarten nicht verzeichnet. Kaum zwei Quadratkilometer – das ist ein zu kleines Gebiet für die große Geographie. Nicht aber für Politik und Krieg. Es ist ein Fleckchen Erde, exponiert wie kaum ein anderes. Der vorgeschobene Posten des Balkans.

Hier stießen drei Staaten zusammen: Ungarn, Rumänien, Serbien. Der Schnittpunkt der Grenzen aber war ein Stückchen türkischster Türkei, lag im Strome des Christentums als Insel des Islam. Nicht nur bildlich der Strom, nicht nur bildlich die Insel: Die Donau schützt das Stück Orient um und um mit starken Wellen, und als ob sie die okzidentale Gefahr von dem Eiland in möglichst weiter Distanz halten wollte, hat sie sich hier, zwischen ihren Stromengen von Kazan und dem Eisernen Tor, eigens zu einer Breite von neunhundert Metern gedehnt. Genau in der Mitte liegt Ada Kaleh, die Festungsinsel.

Denn seit dem Mittelalter war hier eine Festung, auf der die Fahne des Propheten wehte; als Gibraltar der Donau beherrschte sie die Wasserstraße, versperrte sie den Zugang zum Morgenland. Noch steht das alte solide Gemäuer, aber die Kultur, die sich in der Erfindung kriegerischer Neuerungen erschöpft, hat den Zinnen und Türmen die Macht genommen, und nur mit Neugierde, nicht mehr mit Schrecken sah das zwanzigste Jahrhundert auf die putzige Bärbeißigkeit der greisen Zitadelle.

Der Weltkrieg modernisierte dieses unzeitgemäße Idyll.

Mit Schützengraben, Stacheldraht und Maschinengewehrstand, wie es sich gehört. Siebenundfünfzig Landstürmer vom Königlich Ungarischen Honvéd-Bataillon Nr. 8 wurden beordert, hier die Wacht an der Donau zu halten. Ganz nahe war Lugos, die Heimat, und doch fast unerreichbar weit – Rumänen und Serben konnten jedes Boot mit einem Kanonenschüsschen vernichten; selbst bei Nacht war man nicht sicher – vom Scheinwerfer konnte man ertappt werden. So waren die alten Landsturmmänner eingeschlossen, auf sich selbst angewiesen. In einem Kuhstall, den sie sich gezimmert hatten, melkten sie abwechselnd, sie gruben einen Brunnen, legten ein kleines Kartoffelfeld an. Da sie im Gesichtskreis der Vorposten waren, besorgten sie diese friedlichen Dinge nur nachts. Um die Peinigung der Kreatur zu vollenden, überschwemmte die Donau das Eiland. Die Deckungen standen unter Wasser, und im Wachhaus konnten die Soldaten nicht bleiben, denn die serbischen Patronen zerschnitten dessen Wände wie Butter. In Wind und Wetter mussten sich die armen Kerle auf die Ziegelwälle legen, nur durch eine improvisierte Brustwehr vor Schüssen geschützt. Der Posten der Ostspitze fuhr nach Sonnenuntergang auf einem Kahn über die inundierte[68] Insel zu seinem Standplatz, mit Brot und Speck für einen ganzen Tag versehen; lag er doch in seiner windigen, feuchten Stellung vierundzwanzig Stunden lang – erst bei Anbruch der Dunkelheit konnte die Ablösung heranrudern.

Als die Bulgaren und die Armee Mackensen 1915 das Königreich Serbien besetzten, kamen ruhigere Zeiten für die Insulaner von Ada Kaleh. Touristen fuhren hin wie einst, Kurgäste aus Herkulesbad, die sich die wohlfeile Gelegenheit zum Besuch des Orients nicht entgehen lassen wollten. Der Weg hatte sich freilich verändert. Die Landstraße, die vom Hafen Altorsovas längs der Donau gegen Vodicza und Verciorova führt, war nicht mehr bloß durch das alte Holzgeländer und die Hecke von der Donau getrennt, sondern auch durch dichtverfitzten [verknäult] Drahtverhau. Nahe am Ufer schaukelten Wracks im Wasser, Schleppschiffe, die entweder bei nächtlichen Unternehmungen zusammengeschossen worden oder gestrandet waren.

Die Höhle, von den Fährleuten in die Uferböschung gehackt, ist jedoch keine Errungenschaft des Krieges. Hier haben sie schon immer gehaust, schon in Friedenszeiten, seit Generationen. Sie hocken da in dem Erdloch, brauen ihren Kaffee, wärmen sich am Herdfeuer, spielen Trick-Track und warten auf Passagiere. Winkt

---

[68] *inundiert: überflutet*

einer, so springen der Ruderer und der Steuermann in die Barke und holen ihn über. Es scheint, dass sie nun ununterbrochen stromaufwärts lenken, trotzdem die Inselspitze gerade gegenüberliegt. Sie ist von brüchigen Ziegeln so rot, als umrankten sie Korallenriffe. Warum fahren die Ruderer nicht direkt auf das Ziel los? Warum steuern sie in entgegengesetzter Richtung? Weil sie seit Jahrhunderten wissen, dass aus der Strömung und dieser verkehrten Fahrtrichtung die Verbindungslinie zwischen Abfahrtsstelle und dem roten Inselhafen resultiert. Vertrackt ist die Strömung: Bis hierher nordöstlich fliehend, nimmt die Donau plötzlich Direktion nach Südosten, und genau, wie sie sich biegt, ist auch die Insel gebogen. Die Kolonie des Halbmonds hat eines Halbmonds Form.

Der Park am Westzipfel ist winterlich kahl; auch die Kastanienallee ist entlaubt. Zunächst (da wir über die Vierecke der verfallenen Festung gehen, in denen Moos und Gras und Ginster wuchern und manchmal ein Springbrunnen schwach ejakuliert) glauben wir in eine ausgegrabene Siedlung der Dazier geraten zu sein. Doch kommen uns Türken entgegen mit rotem Fez samt schwarzer Quaste, weißem Turban, braunem Bart, grüner, goldbestickter Jacke, blauen Beinkleidern mit herabhängendem Hosenboden und gelben Sandalen. Frauen, die so tief verschleiert sind, dass man von ihrer Schönheit nichts sieht als die O-Beine. Bist du's, Scheherezade?

Der Friedhof hat schiefe Grabsteine, blau und golden bemalt, die ornamentalen Lettern durch allerhand Schnörkel noch mehr verornamentalisiert, manchmal ist die Denksäule mit einem steinernen Fez verziert. Das Ewige Licht auf der umgitterten Gruft des Wunderimams Miskin Baba war ein Jahr lang verloschen – jetzt brennt das Lämpchen wieder, Allah sei Lob und Dank. Die Grabstätte des Mustapha Beg wird von den Magyaren in Ehren gehalten: Er hat in stürmischer Nacht durch die tückischen Katarakte von Orsova nach Vidina den Nachen gerudert, in dem der vogelfreie und verfolgte Ludwig Kossuth[69] saß.

---

[69] *Lajos Kossuth (1802–1894), Führer der demokratischen Unabhängigkeitsbewegung und der bürgerlichen Revolution 1848/49 in Ungarn*

Ein Kaffeehaus, Eigentum der Herren Munepé und Omer Ahmed Bechi. Am magischen Holzkohlenherd kann man die Bekanntschaft der Würdenträger machen, die auf der autonomen Insel das Wort führen: Teffik Suleiman Bekket ist Bürgermeister, Polizeipräsident und Postdirektor zugleich, während Osman Niazzi über die mohammedanischen Interessen wacht und sein Gehalt aus Konstantinopel bezieht, vierundzwanzig Pfund monatlich.

Ein Basar. Tabakläden mit goldenem Pursitschan. Enge Gassen, zwischen altersgrauen, morschen Zäunen verlaufend oder an fensterlosen Hinterwänden von Häusern vorbei. Auf dass niemand einen lüsternen Blick in das Innere werfe, wo die Blume des Harems sprosst. Nur die reichsten Türkinnen kauern zeitlebens auf dem Diwan, bis sich die Beine wölben. Die Ärmeren helfen ihrem Gatten beim Tabakschneiden, beim Zigarettendrehen, beim Kneten türkischen Honigs und in der Seidenraupenzucht.

Auf dem Wall, einem Postament von vier Metern Höhe, steht die Moschee; einst war sie eine Franziskanerkirche, aber seit zwei Jahrhunderten dient der Bau den Muselmanen zum Gottesdienst. Sechsmal am Tage treten sie ein, nachdem sie draußen auf den Majolikakacheln des Schandarwans ihre Füße gewaschen haben. Koransprüche über der mekkawärts gerichteten Nische, Koransprüche auf der Minbarkanzel[70] und Koransprüche auf den Ampeln sind der Schmuck der Moschee. Und: Der funkelnagelneue Gebetteppich (fünfzehn mal neun) aus der Fabrik von Haidarpascha, ein Geschenk Abdul Hamids – als Gegengabe bat sich der Sultan nichts weiter aus als den uralten Perser, der schon seit dem Mittelalter in der Dschamih[71] von Ada Kaleh lag. Das Minarett trägt eine Granatwunde; von oben ruft der Muezzin in alle Windrichtungen nicht bloß den Glaubensgenossen auf der Insel, nein auch den Gjaurim in Rumänien, Serbien und Ungarn, die einst die Türkei von hier verdrängt haben, hartnäckig und laut den Protest zu: »Allah ist groß, es gibt keinen Gott außer Allah, und nur Mohammed ist sein Prophet.«

---

[70] *Minbarkanzel: Predigerkanzel in den Moscheen*

[71] *Dschamih: Hauptmoschee*

Sie sind noch in Kontakt mit dem Mutterlande: Rachatlokum[72] und Tabak bekommen sie aus der Türkei, und sie zahlen keine Steuer und keinen Zoll für Kaffee und Zucker. Am Skelahmarkt, der drüben in Orsova dreimal in der Woche abgehalten wird, verkaufen sie die ihnen unbesteuert gelieferte Ware. Als die Insel während des Balkankrieges der österreichisch-ungarischen Monarchie inkorporiert wurde, fragten die Magyaren ihre neuen Landsleute mit einem spöttischen Wortspiel: »Ado kell e? – Steuern brauchst du?« Aber die Ada-Kalehsen ließen das Privileg ihrer Steuerfreiheit nicht antasten, und sogar inmitten des Bombardements übten sie ihren Verschleiß aus. Im Zollamt von Orsova, wohin sie nächtlicherweile ruderten, verkauften sie die Waren gleich weiter, die sie dort ausgehändigt erhielten. Auch zum Kriegsdienst wurden sie nicht eingezogen. Erst als die Fahne des Propheten entrollt wurde, zum Dschihad akbar[73], mussten sich die wehrfähigen Bewohner der Insel ›freiwillig‹ zum Militär melden.

Verfallene Forts, Reste von Contre-Escarpen[74], Ruinen massiver Torbögen, noch sichtbare Scharniere einstiger Zugbrücken, Schießscharten für Musketen, Laufgräben, Schanzen, Pulvertürme und Geschützstände aus den Zeiten Prinz Eugens durchstoßen erbarmungslos die Orientalik.

Es sind nicht die einzigen militärischen Erinnerungsstücke: Auf das Mauerwerk sind Autogramme von Soldaten gekritzelt, Tausende. Seit dem Frieden von San Stefano bis zum Jahr 1919 (da Rumänien von dem Inselchen Besitz nahm) lag hier eine österreichisch-ungarische Besatzung von siebenundfünfzig Soldaten, die alle drei Monate abgelöst wurde; und jeder Wachtposten hat mit seinem Taschenmesser in dieses steinerne Fremdenbuch sein Monogramm oder sein Nationale eingeschrieben, sich die Zeit zu vertreiben und dem Verewigungstrieb des Individuums zu genügen, Lôfasz Istvân, Dragotin Jebié, Boul Futulescu und Wladislaw Chrstiwaczki – ganze Generationen.

---

[72] *Rachatlokum: türkische Süßigkeit*

[73] *Dschihad akbar (arab.): Feiertag des Heiligen Kriegs der Moslems*

[74] *Contre-Escarpen: Wallanlagen, Befestigungen*

Manche taten es ungelenk, manche gravierten kunstvoll. Aber höher und deutlicher als alle anderen Namen steht in weißgetünchten Lettern ›KYSELAK‹ auf der Außenmauer eines Turmes, hingemalt von jenem kleinen Wiener Steuerbeamten, der seinen Namen unbedingt berühmt machen wollte. Wäre er ein großer Wiener Beamter gewesen, so hätte er zu diesem Zweck sicherlich einen Weltkrieg anzuzetteln versucht. Da er aber eben nur ein kleiner Wiener Beamter war, so musste er sich damit begnügen, seinen Namen auf alle Felsengipfel, auf alle Festungswälle und auf alle Abortwände zu schmieren.

Meine Tätowierungen

MEIN ZIMMERKOLLEGE HEINRICH, dessen vierzig Schlägermensuren und fünfunddreißig Säbelpartien sein Gesicht in ein Pepitamuster, seine Schädeldecke in Hackepeter und seinen Körper in die Bilderbeilage eines chirurgischen Lehrbuchs verwandelt haben – mein Zimmerkollege Heinrich also schüttelt verächtlich besagten Hackepeter, wenn ich mit entblößtem Oberkörper am Waschtisch stehe. »Es ist mir unerfindlich«, sagt er, »wie man sich so zurichten lassen kann!«

Auch der pensionierte Postverwalter Anton Schißling, der von Gewissensbissen zernagt ist, weil er sich einst beim Briefmarkenverkauf zum Schaden einer Partei um fünfzehn Pfennig verrechnet hat, hält meine Tätowierungen für unklug. Im Dampfbad beteuerte er mir, er würde sich niemals so etwas machen lassen. »Wenn ich einmal einen Mord begehe oder etwas Ähnliches, so würde mich jede Polizeibehörde der Welt sofort agnoszieren[75] können.«

Ganz dasselbe äußert der Hasenschartenwilly, der wirklich mit der Polizei zu tun hat, ist er doch in Rom und Stockholm wegen Falschmünzerei, in New York wegen Scheckfälschung und in Berlin wegen Hehlerei und Betrugs verurteilt worden, insgesamt zu achtzehn Jahren. Wenn er heranhumpelt – zum Glück hört man seinen Klumpfuß schon von der Ferne aufs Straßenpflaster schlagen, und das Muttermal auf seiner Wange funkelt auf fünfzig Meter –, weiche

---

[75] *identifizieren, erkennen*

ich ihm schnell aus, denn er verhöhnt mich beständig: »Haha, ich bin nicht so dumm, mich tätowieren zu lassen, um's der Polizei leicht zu machen.«

Meinem Kompaniechef, der vom Tage seiner Geburt an ein Medaillon als Amulett am Halse trägt, war es unbegreiflich, wie man sich tätowieren lassen könne. »Schon der Gedanke, zeitlebens das gleiche Ding auf dem Körper zu haben, würde mich rasend machen.«

Allgemeingültige Grundsätze hat meine Freundin Lu. »Am Körper, den uns Gott gegeben hat, soll man nicht herumbasteln.« Dabei rümpft sie ihr herziges Stumpfnäschen, für das sie im vorigen Jahre dem Professor Josef, ohne mit der Wimper zu zucken, hundertfünfzig Dollar bezahlt hat, während sie es unverschämt findet, dass der junge Arzt in der Charité fünf Mark dafür verlangte, dass er die Ohrläppchen ihres Töchterchens durchbohrt hat. »Zwei winzige Löcher für die Ohrringe! Ist das nicht ein Nepp?!«

Herr Sigmar Wreschowinsky ist böse auf mich, weil ich von seiner Empfehlung an einen Enttätowierer keinen Gebrauch gemacht habe, ja, mich von Neuem tätowieren ließ. »Sie werden es schon bereuen! Ich habe auch solche Dummheiten gemacht, als ich noch Pferdehändler in Frankfurt an der Oder war und Schaubudenbesitzer in Perleberg; sogar, wie ich mich schon zum Stadtreisenden in der Konfektionsbranche emporgearbeitet hatte, ließ ich mir noch Blusenmodelle auf die Brust tätowieren, weil die Kundschaften, die Dienstmädchen, am liebsten vom lebenden Körper aussuchen. Aber jetzt musste ich mir alles herauskratzen lassen, trotzdem ich zuckerkrank bin – schickt es sich denn für einen Berliner Kunstbeirat, mit tätowiertem Körper herumzulaufen, wie sieht denn das aus?«

Meine erste Tätowierung ist schon alt, ihr Sujet hat viel Beachtung erregt, obwohl ich an diesem unschuldig bin. Ich saß im Arrest neben einem Lithographen, der sich erbötig machte, mir ein Stillleben auf den Rücken zu tätowieren. In Wirklichkeit aber stach er mir das porträtähnliche Bild unseres Obersten ein, wie mir dieser, kopfabwärts und mit herausgestreckter Zunge, den Buckel hinunterrutscht, tief den Buckel hinunter ... Es war wohl meines Zellengenossen eigener Wunschtraum, den er mir da auf meine Reversseite applizierte, ohne dass ich die Unterschiebung merkte. Die anderen Häftlinge lachten sich halbtot über meine Ahnungslosigkeit, sie umstanden den Graphiker und betonten unausgesetzt, wie gut die Weinflasche, der Gansbraten und die Blumenvase gelungen seien. Als das Werk fertig war, bedauerte ich, es nicht besehen zu können, leider stand kein Spiegel in unserer Zelle. In der Nacht schwoll das Gemälde – es war mit Stiefelwichse eingestochen – dergestalt an, dass ich mich zur Marodenvisite melden musste. Der Regimentsarzt erkannte sofort, wen das Porträt vorstelle, und erstattete die Anzeige. Die Offiziersversammlung trat zusammen, und ich musste vor ihr das Kunstwerk enthüllen. Meiner Angabe, ich hätte nicht gewusst, was hinter meinem Rücken auf diesen gezeichnet werde, wurde kein Glauben geschenkt. Auch der Lithograph konnte nicht leugnen, dass es der Herr Oberst sei, der da rotgeschwollen auf meiner Haut prangte. Der Oberst selbst fand sich zum Sprechen ähnlich und war so empört, dass er einen Schlaganfall erlitt. Das Tribunal sprach mir die Eignung zum Offiziersanwärter ab und verlängerte meine Haft.

Bald aber musste ich freigelassen werden, da der Oberst gestorben war und man für die Trauerfeier ein Porträt brauchte; außer auf meinem Rücken war keines vorhanden. Ein Maler kopierte die Zeichnung, während ich auf dem Kopfe stand. Die Kopie misslang. Und wenn die Witwe das Bild ihres Gottseligen sehen wollte, kam sie zu mir, küsste die teuren Züge und benetzte sie mit ihren Zähren[76].

In einem Geschäftslokal am Galatakai in Konstantinopel ließ ich mir 1906 einen Excentric auf den rechten Arm tätowieren. Ich habe es getan,

1. weil ich gerade vom Militärdienst kam und mich nun tätowieren lassen konnte, wo und wie ich wollte, ohne dass mir eine Offiziersversammlung hineinzureden hatte;

2. weil ich wissen wollte, ob das Tätowieren ohne Stiefelwichse weniger schmerzhaft sei, und

3. hauptsächlich, weil mich das Plakat überzeugte. Es war englisch und deutsch:

---

[76] *Tränen (mittelhochdeutsch)*

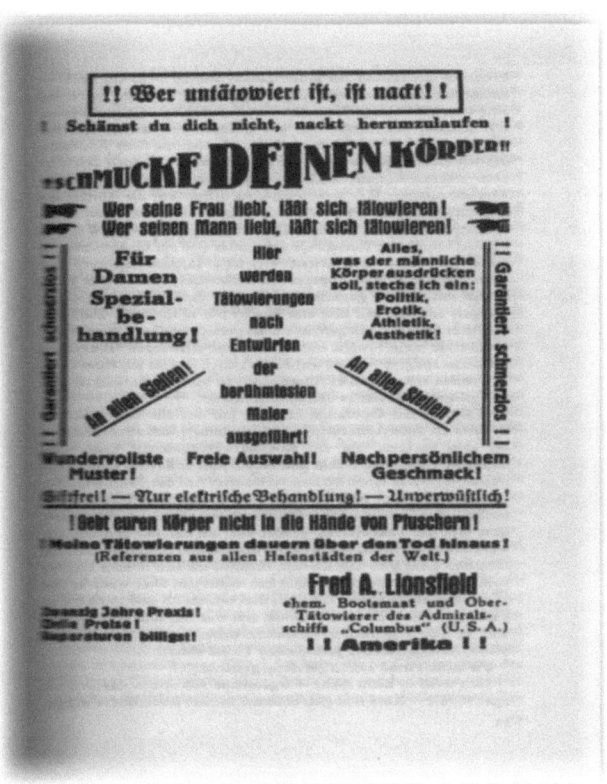

Dieser Yankee imponierte mir! Der verstand es, seine See-Erfahrungen zu verwerten! Der kannte die Psyche der Seamen und Docker aller Nationen! Solch eine Verschwendung an Rufzeichen und Superlativen – echt amerikanisch! Es war der Entschluss eines Augenblicks, und ich stand dem ehemaligen Bootsmaat und Obertätowierer des Admiralsschiffes ›Columbus‹ (USA) – !Amerika! – persönlich gegenüber. Ich bat ihn, mir seine wundervollsten Muster zu zeigen, zur freien Auswahl, nach persönlichem Geschmack – so wie es auf dem Plakat stand. Zu seinem allergrößten Leidwesen hatte Herr Alfred Löwenfeld aus Proßnitz das Album vor einer halben Stunde – so ein Pech! – einem Schiffskapitän zur Ansicht geschickt. Er habe heute nur eine einzige Vorlage hier, den berühmten Negerartisten Bimbo. Ich schaute mir Bimbo an; ein widerlicher Varieténeger mit einem Maul wie ein Schimpansengesäß und mit einer Krawatte, die wie eine verfaulte Erdbeere aussah. Bevor ich noch den Versuch machen konnte, mich zu verabschieden, hatte Alfred Löwenfeld meinen Arm bereits gepackt, schon war die Kontur des ekelhaften Excentrics von der Vorlage auf meine Haut abgedruckt, eine trübe Fabriktusche aus ihrem Günther-Wagner-Fläschchen in eine Reibschale geschüttet und ein Elektrisierapparat eingeschaltet. Mit etwas, was halb Injektionsspritze, halb Hohlnadel war, vom Apparat mit Elektrizität und aus der Farbschale mit Tusche gespeist wurde, fuhr er nun den Umriss des Niggers entlang, dass Blut und Tusche nur so spritzten. Die Hose wollte er schwarz anlegen, allein ich verzichtete energisch. Dagegen nützte mein Protest nichts, als er die schwarzen Glotzaugen grün umränderte – sonst würde man doch in dem schwarzen Gesicht nicht sehen, dass es Augen sind! Er hatte recht, und ich ließ mir giftgrüne Kreise in den Arm stechen.

Während der Operation erzählte mir der alte amerikanische Bootsmaat vom Admiralsschiff ›Columbus‹, dass er in Pronnitz bis zum vorigen Jahr ein Kolonialwarengeschäft hatte, aber bankrott wurde. Bei Nacht und Nebel fuhr er davon, wollte nach Palästina, wo er einen Neffen vermutete. Auf der Fahrt wurde er so seekrank, dass man ihn hier in Konstantinopel ausschiffen musste. »Na, und da habe ich einen Norweger kennengelernt, dem hier die Tätowiererei gehört hat. Ich hab mir gedacht, das wäre etwas für mich, und weil mir der Eskimo eingeredet hat, das Geschäft geht gut, hab ich ihm erzählt, ich soll in eine Exportfirma in Jerusalem als Kompagnon eintreten, aber wenn er mir sein Geschäft übergibt, trete ich ihm meines ab und noch meine Fahrkarte. Er war einverstanden, ich war mit ihm beim Notar, weil er eine regelrechte Vollmacht haben wollte, dass ich ihm meine Anteile von der Jerusalemer Firma abtrete ...«

»Welche Firma haben Sie denn genannt?«

»Ich weiß es nicht mehr – irgendeine Adresse – das ist doch egal, nicht? – Kurz und gut, er ist mit meiner Schiffskarte weggefahren – zur Sicherheit habe ich noch die Anzeige gegen ihn erstattet, damit er nicht zurückkommen kann –, und ich bin hiergeblieben. Aber kein

Mensch ist in den Laden gekommen – ich bitte Sie, wer ist heutzutage noch so dumm, sich tätowieren zu lassen – es war eine Pleite – der Ganef hat mich hineingelegt, nur diese rostige Maschinerie hat er mir dagelassen, mit der ich die schönste Blutvergiftung herbeiführen kann« – er stichelte gerade den verfaulten Erdbeerschlips, dass Karmin und Blut und Tusche eine schöne Schweinerei ergaben –, »denken Sie sich meinen Verdruss mit den Behörden, wenn eine von meinen Kundschaften an Blutvergiftung stirbt! Niemand wäre in den Laden hereingekommen, wenn ich nicht das Plakat hätt machen lassen – auf das fällt doch hier und da ein Trottel herein!«

Die Erschaffung Bimbos war zu Ende, es tat weh, viel mehr als eingestochene Stiefelwichse. Garantiert schmerzlos, dachte ich schmerzlich. Nach acht Tagen werde das vergehen, beruhigte mich Mister Lionsfield, ich müsse nur den Arm den ganzen Tag nach oben halten und viel Vaseline daraufschmieren. Tatsächlich ging nach längerer Behandlung durch einen hervorragenden Dermatologen die Geschwulst zurück, nur die grünen Augen werden alljährlich rezidiv[77]. Aber gerade wegen dieser stechenden Augen – oh, wie sie stechen, ich weiß es am besten! – haben die Frauen den tätowierten Nigger so lieb. Noch nach Jahren fragen sie mich: »Was macht dein Bimbo, ist er noch immer so oft entzündet?« Ich habe solche Erkundigungen in Gesellschaft nicht gern, weil man wissen will, wer dieser Bimbo ist, und ich dann das schwarze Scheusal mit den grünen Augen herzeigen muss.

Die Tätowierung meines linken Unterarmes stellt den Schädel eines Mandarins dar, in dessen Schläfe ein kunstvoll geschmiedetes Krummschwert steckt; auf dem verzierten Knauf hockt ein Schmetterling, der Zopf ist auf den Mund des Toten gelegt, Blut tropft von der Schläfe, blutig ist die Schnittfläche des Halses, blutig die Schwertspitze und das Bändchen des herrlich geflochtenen Zopfes. Auch der Schmetterling auf dem Säbelgriff ist zweifarbig, rot und blau sind seine Flügel. Ich habe mir im Chinesenhaus der Triestiner Città vecchia[78] diese Zeichnung aus den vielen hundert Bildchen des Muster-

---

[77] *rezidiv: Krankheit, die wieder auftritt (Rückfall)*

[78] *Città vecchia (ital.): Altstadt*

buches ausgesucht, das mir der berühmte Tätowierer der Adria vorlegte. Einen Moment lang schien es mir, dass der gelbe Meister überrascht sei, dass sich seine geschlitzten Augen noch mehr einkniffen und dass Ironie in seiner Frage liege: »Why do you want even this?«[79] Mir gefalle dieses Bild, erwiderte ich, worauf er die Drachentusche anrieb, in einem zweiten Schälchen das Merveilleuxrot auflöste und mir nun mit der Hohlnadel den Schädel mit den Blutspuren, das feine Geflecht des Zopfes, das Geäder des Schmetterlings, die Ziselierarbeit des Schwertknaufs unter die Haut stach, exakt, lautlos. Nur am Schluss, als er seine Arbeit prüfend besehen hatte, wandte er sich – wieder mit dem heimtückischen Lächeln – an mich, ob ich wisse, was das vorstellt. – Ich verstand nicht, was er mit seiner Frage meinte. – »That's the picture of a murdered chinaman.« – Esel, dachte ich, was soll es denn sonst sein! Mehr war aus ihm nicht herauszukriegen, und ich zweifelte nicht daran, dass ich mir das Abzeichen eines geheimen chinesischen Ordens, eines Bundes revolutionärer Boxer oder gar eines Flammenordens ausgewählt hatte.

Aus diesem Wahn wurde ich erst einige Jahre später gerissen, als ich mit einigen Freunden, Londoner Reedern, eine Exkursion nach Pennyfields unternahm, dem Bezirk der Westindia Docks. Wir zogen zum alten Gauner Tschang Tu-Tao, der nicht bloß ein »Chinese Seamen licensed Boarding House«[80] innehat, sondern auch eine weniger licensed Opiumhöhle und einen Handel mit chinesischen Bric-à-brac[81]: mit Vogelbildern auf Seide und Chimären aus Bronze, Götzen aus Jade, geschnitzten Elfenbeindosen, Nippespagoden aus Porzellan oder schwarzem Bernstein – Andenken oder Amulette, die Emigranten aus dem Reich der Mitte hier als Pfand für ein Nachtlager oder an Zahlungs statt für ein Kügelchen Opium zurückgelassen hatten, oder Mitbringsel des ›Jack Tar‹, des englischen Seemanns, der sie nach der Themselandung verkaufen musste, weil die Heuerung für die erforderliche Zahl von Gläsern Gin nicht reichte. Meine Freunde

---

[79] *Warum wollen Sie gerade das haben?*

[80] *Chinese Seamen licensed Boarding House (engl.): behördlich zugelassene Pension für chinesische Seeleute*

[81] *Bric-à-brac (franz.): Trödel*

hatten auf der Schiffsbörse in Erfahrung gebracht, dass ein Schoner aus Peking heute sechs Geishas gelöscht habe, die bei Tschang Tu-Tao Quartier genommen hatten; wir wollten sie besichtigen, bevor Scotland Yard sich für diese Einwanderung interessiere.

Über die Holztreppe stiegen wir in den ersten Stock hinauf, wo in einem Zimmer an dreißig Chinesen auf der Erde hockten, Pfeifen im Mund, Schnapsgläser und Teebecher vor sich, die gelben Gesichter dem Holzkohlenherd zugekehrt; die Mädchen saßen bei ihnen. Bei unserem Eintritt sprangen alle Männer auf, umringten uns und schrien auf uns ein:»Firemen? You want firemen?« Nein, wir brauchten keine Heizer, enttäuscht schlichen die armen Teufel wieder zu ihren Sitzen neben die Mädchen. Auch die sollten ihnen genommen werden. Tschang Tu-Tao kam hinter der Theke hervor und führte uns – ohne viel nach dem Begehr zu fragen – in die zweite Etage, an einigen Kammern vorbei, aus denen der süßlich-beizende Geruch des Opiums in die ohnehin sengende Hitze des Hauses drang; darin lagen Raucher, drehten liebkosend eine weiche Masse zu Kugeln, hielten sie über das Öllämpchen und schmierten sie in die dickröhrigen Pfeifen ...

Im ›Saloon‹ setzte uns der Chef des Hauses ab und nahm die Bestellung entgegen: echten Tee, von ebensolchen Geishas serviert. Er verschwand nach unten, wo die Unterhaltung verstummte – wahrscheinlich erfuhren jetzt die Arbeit suchenden Firemen, weshalb wir hierhergekommen waren und dass die Mädchen sie verlassen müssten, um den weißen Herren zu dienen. Die jähe Stille wirkte erschreckend. Die Teedamen traten ein, scheu und devot, sie neigten sich dreimal tief, mit den Händen den Fußboden berührend, halfen uns aus Rock und Weste und – plötzlich hielt das Mädchen, das mir behilflich war, inne, starrte fassungslos auf die Tätowierung meines linken Armes. Aha, dachte ich, jetzt merkt sie, dass ich ein mächtiger Mann bin. Aber schon kreischte sie auf und lachte. Die anderen Mädchen kamen herbei und kreischten auch und lachten, lachten. Prustend sprangen sie aus der Tür, die Holzstiegen hinunter, in den Wirtsraum – die unheilschwangere Stille ging in ein brüllendes Gelächter über.

Verdutzt warteten wir auf die Wiederkehr der Mädchen, wir riefen den Wirt, er kam nicht. Nur das Gelächter hörten wir, im Bass und Diskant. Wir zogen unsere Röcke wieder an und wollten gehen. Da erschien Tschang Tu-Tao, mit Mühe ernste Miene bewahrend. Was denn meine Zeichnung bedeute, fragten wir ihn. Nach langem Zögern rückte er mit der Sprache heraus: Jeder Mann, der in den Dienst für die kaiserlich chinesischen Frauenpaläste aufgenommen wurde, wurde – gleichgültig, ob Asiate oder Europäer – bei seiner Kastrierung auch tätowiert – mit dem abgeschnittenen Schädel, zur Mahnung an die Strafe, die bei einer Pflichtverletzung seiner harre, und zu seiner Kenntlichmachung im Falle einer Flucht. Schon im kaiserlichen China waren die Männer mit dem ›Win‹, dem Eunuchenzeichen, Gegenstand geheimen Hohnes, in der Republik werden sie öffentlich verspottet, und niemand verkehrt mit einem ›Win-ho‹. Auf der Treppe grinsten dreißig quittengelbe Gesichter, die Mädchen zeigten mich ihren Landsleuten. »Der ist es, der ist der Win-ho.«

Die schönste Tätowierung, die ich je gesehen, besitzt Admiral Horthy: Einen Drachen in Grün und Gold, der die ganze linke Brustseite einnimmt. Horthy erschien täglich im Polesaner Marinebad, die linke obere Trikothälfte heruntergelassen, damit jeder die Zeichnung bewundern könne; er ließ sich von jungen Seeoffizieren und Badegästen umringen, denen er – fast immer in den gleichen Worten – die Details erklärte. Außerdem war er an einer anderen Stelle des Körpers tätowiert, und von Offizieren des Admiralstabes aufgestachelt, bat ich ihn am 10. Juni 1918, nach dem Abendbrot auf der ›Viribus unitis‹[82], während der einzigen Ausfahrt der österreichisch-ungarischen Dreadnought-Flottille[83], mir auch seine andere Tätowierung zu zeigen. Er willfahrte meinem Wunsch. Wenige Stunden später war Alarm – der ›Szent Istvân‹, der größte und neueste Dreadnought der Wehrmacht, der backbords gestaffelt hinter uns dampfte, war torpediert worden, war ein Wrack, das unterging. Alles musste auf Deck, um nach feindlichen U-Booten auszuspähen. Horthy unterließ es, der schiffbrüchigen Mannschaft zu Hilfe zu kommen, mit der Begründung, er könne nicht auch das Admirals-

---

[82] *Viribus unitis (lat.: mit ›vereinten Kräften‹): Name eines Schlachtschiffs der k.u.k.-Kriegsmarine (Stapellauf 1910)*

[83] *Dreadnought (engl.): ›Fürchte nichts‹. Name des ersten britischen Großkampfschiffes (1906); später auf andere Kriegsschiffe dieses Typs übertragen*

schiff der Gefahr einer Torpedierung aussetzen. Erregt ging er auf und ab, als er mich sah, kam er auf mich zu. »Ich hätte die Zeichnung nicht zeigen sollen, Herr Oberleutnant – immer, wenn ich das tue, gibt es ein großes Unglück.« Das Unglück war tatsächlich groß – die Zahl der Toten ist niemals bekanntgegeben worden, geborgen wurden nur vierzehn Leichen, die wir am übernächsten Tage auf dem Marinefriedhof begruben.

Erzherzog Franz Ferdinand war auf der rechten Hüfte tätowiert, und zwar mit einer Ibisschlange, die in Ägypten als Schutzsymbol gilt. Dieselbe Tätowierung hatte auch Kronprinz Rudolf über dem Herzen, doch war der Schlangenkopf nach innen statt nach außen gerichtet. Deshalb hätte das Totem den Kronprinzen vor dem Todesschuss nicht geschützt; der Araber habe vielleicht absichtlich dem Giaur das entgegengesetzte Symbol eingestochen, pflegte Erzherzog Franz Ferdinand zu erzählen. Übrigens sei auch seine eigene Tätowierung nicht ganz vollkommen, die Schlange züngle aufwärts, doch schade das nicht, weil sie an ungefährlicher Stelle – einer Weichseite der rechten Körperhälfte – liege. Der Obduktionsbefund des ermordeten Thronfolgers ergab später, dass die tödliche Kugel »oberhalb des rechten Hüftenbeins, mitten durch eine Tätowierung« gedrungen sei.

Albert Londres erzählt in seinem Buch ›Le Bagno‹, dass sich die französischen Sträflinge in den Deportationsstationen ganze Perücken auf die Glatze und Brillen rund um die Augen einstechen.

Das geschieht aus Langeweile beim Militär und in den Strafanstalten oft. Bei den Wahlen in die Nationalversammlung des jugoslawischen Königreichs wandte sich ein Kandidat heftig gegen den kroatisch-agrarischen Gegner, der früher zu »Sr. Majestät allergehorsamster Opposition« gehört habe und sich nun als Republikaner aufspiele, während er, Redner, die Monarchie von Jugend auf bekämpft und so weiter. Der Agrarier war geschlagen, er konnte kaum zu Worte kommen; als es ihm schließlich doch gelang, knöpfte er den Kragen ab, schob sein Hemd etwas zurück und erklärte, er anerkenne die größere Konsequenz seines geschätzten Herrn Vorredners und sei bereit, von der Wahl zurückzutreten, wenn sich der Gegenkandidat gleichfalls mit entblößter Brust vor die Versammlung stellen würde. Damit hatte er gewonnen – denn auf den Busen des anderen war ein prächtiger österreichischer Reichsadler tätowiert.

Eine Nacht beim Türmer
von St. Stephan

FREUNDE, ICH BIN EUCH SO NAHE! Wenn ihr das Fenster öffnen würdet, könntet ihr mich rufen hören. Ihr könnt mich nicht sehen, aber ich sehe euch. Oh, was sehe ich nicht alles!

Freunde, ich bin euch so fern! Bei den Feuerwächtern sitze ich, dreihundertdreiundvierzig Steinstufen hoch, das Ausgedingsstübel der taubstumm gewordenen und auf Krücken gestützten Bummerin ist tief unter mir, tief unter mir ist die Galerie, von der vor dreihundert Jahren Starhemberg[84] nach den Polen und 1848 die Freiheitskämpfer nach den ungarischen Bundesgenossen ausschauten.

Ein Turmverlies wie nur eines. Achteckig, spitz gewölbt, düster trotz der Himmelsnähe, eiserne Falltür im Boden, Säulen, Kanonenkugeln aus der Türkenzeit. Hier muss es gewesen sein, wo Johannes Buchsbaum, der Baugehilfe, in das Zimmer seiner Verlobten sah, die nun bald sein eigen werden sollte, denn der Turm war vollendet; aber da er heißen Herzens ihren Namen ruft, der auch der der Gottesmutter ist, steht auch schon der Leibhaftige vor ihm und stürzt ihn aus dem Fenster; hatte ihm doch Hannes geloben müssen, keines Heiligen Namen zu nennen, wenn ihm Satanas beim raschen Bau des Turmes helfe.

Hier herauf kam Meister Tod, nahm dem greisen Türmer den Glockenstrang aus der Hand, die nicht mehr die Kraft verspürte, die Bummerin zu schaukeln: Der Tod läutete selbst zur Vesper und dann – das Sterbeglöcklein.

Und hier kegelte er mit dem Türmergesellen Lukas Nimmergenug und wettete, *alle Neune* zu schieben. Lukas, schlau zu sein, warf einen Kegel aus dem Fenster. Der Tod schob die Kugel, die acht Kegel fielen, und als Neunter wurde Lukas getroffen, dass er aus dem Fenster flog und zerschmettert neben einem zerschmetterten Kegel gefunden wurde.

---

[84] *Starhemberg: oberösterr. Hochadelsgeschlecht seit 1643*

Seit fast fünf Jahrhunderten hausen hier oben die Feuerwächter. Von der Wölbung hängt ein verrosteter, verstaubter Trichter herab, zwei Meter lang, das Sprachrohr, durch das man einst die Feuersbrünste angezeigt hat. Später trat eine hohle Messingkugel an die Stelle des Sprachrohres; die Hülse, in die man die Kugel mit der Meldung warf, führt noch jetzt von der Wächterstube an der Außenwand des Turmes bis in die Mesnerwohnung.

Heute ist die Einrichtung weniger primitiv und will auch nicht zur Kulisse passen. Zwei Telegrafisten von der städtischen Feuerwehr, hechtgraue Jacken, rote Egalisierung, silberne Rosetten, sind die Turmwächter. Statt des Sprachrohres versieht ein Telegrafentisch mit Radialleitung und zwei Telefonen den Meldedienst, und der Morsetaster des Senders, das Relais unter Glas, die Bussole[85], der Schreibapparat und die Korrespondenzglocken nehmen dem Gewölbe viel von seinem mittelalterlichen Gepräge. Ein Fernrohr ist da und ein Toposkop mit Tabellen in vier Büchern, für je ein Fenster ein Buch, in dem jede Straße und jeder Berg und jedes wichtige Gebäude sofort nach den Objektsgraden und Seitengraden festzustellen ist, die der auf den Feuerherd gerichtete Apparat zeigt.

Die beiden Wächter, die einander während ihres vierundzwanzigstündigen Dienstes abwechseln, haben Tag und Nacht einen ununterbrochenen Rundgang durch das Turmgemach zu vollziehen. Vom Ostfenster zum Nordfenster, von dort zum West- und dann zum Südfenster *ad infinitum*. Zwei Minuten lang muss der Feuerwehrmann aus jedem Fenster schauen und hierauf das Kontrollsignal der Stechuhr geben. Nur eine Konstatierung, Brand oder verdächtiger Rauch, darf das Ringelspiel unterbrechen. Solche Beobachtungen hat er zu melden. Nicht in so schön gesetzten Worten, in denen sich ihr Berufskollege Lynkeus über das Schadenfeuer der Philemonschen Hütte verbreitete, sondern knapp: »Großer Feuerschein sichtbar, Richtung Groß Enzersdorf!« oder »Dachfeuer Brigittenau, Wallensteinstraße bei Rauscherstraße!«.

Beim heutigen Stand des Feuermeldewesens ist es allerdings die Regel, dass zuerst die Feuerwehrzentrale von dem Brand erfährt, und

---

[85] *Bussole: Magnetnadelinstrument (Kompass)*

sie verständigt in derselben Minute das Observatorium von St. Stephan; von hier aus wird nun über die Ausdehnung des Brandes bis zu seiner schließlichen Löschung berichtet, damit die Zentrale wegen Absendung von Verstärkungstrains, Spritzen und so weiter Richtlinien habe. Ebenso wird die beabsichtigte Vornahme größerer Verbrennungen von Stroh oder Reisig oder verwelkter Kränze auf den Friedhöfen, Schmelzungen in Gießereien, Nachtarbeiten bei Fackellicht auf den Bahnhöfen, Ausbrennen von Fabrikkaminen und Sonnwendfeiern hierher gemeldet, damit nicht überflüssig alarmiert werde.

Nach vier Uhr nachmittags darf kein Besucher mehr auf den Turm. Bedauerlicherweise ist es nicht einmal Grillparzer geglückt, eine Nacht unter dem Turmknauf Sancti Stephani zu verbringen, vielleicht weil er zur Zeit dieses Wunsches zwar schon ein berühmter Autor des Theaters an der Burg, aber noch lange nicht k. k. Hofrat war. Es ist auch zu bezweifeln, dass jemand vor- oder nachher den Passionsweg bis zu Ende gegangen wäre, der zur Bewilligung der abendlichen Turmbesteigung führt. Der Mesner weist an die Turm-wächter, die Turmwächter an die Feuerwehrzentrale, die Feuerwehr-zentrale an das Pfarramt, das Pfarramt an das Kirchenmeisteramt und das Kirchenmeisteramt an das Chormeisteramt, und jeder, dem man sein Anliegen vorträgt, ist maßlos verwundert und kennt keinen Präzedenzfall, nach dem er sich richten könnte.

Und doch gibt es kein ergreifenderes Erlebnis, als mitten in der Stadt zu sein und so hoch über ihr, ihr in das Herz und in den Kopf zu schauen, zu sehen, wie sie ihr Abendkleid anlegt oder ihr Nacht-hemd, wie sie wirkt im Glanz der Lichter und in der Dunkelheit.

In jedem der vier Fenster ein anderes Gemälde, ein anderes Sujet, eine andere Farbentönung. Phantasien von Dächern, Giebeln, Kuppeln, Straßen, Mauern, Bergen, Wäldern sind in launischen Perspektiven auf eine grenzenlose Leinwand gepinselt, und im

Vordergrund greifen Fialen[86], Kreuzrosen, Krabben, Wimperge[87] und Wasserspeier nach dem Bild, um es in den grauen Steinrahmen zu pressen, der das Fenster ist und dessen Rippen jede Landschaft in ein Triptychon verwandeln.

Sechs Uhr abends ist es, Ostfenster. Die Landstraßer Hauptstraße, der Stadtpark und die Häuserlinie längs der Wien und die Donau beim Praterspitz, die Praterauen, die Schleppschiffe, die Einsegnungshalle des Zentralfriedhofs, die Ausläufer der Kleinen Karpaten, Thebener Kogel, Braunsberg, Schlossberg bei Hainburg und Hundsheimer Kogel – all das ist schon von der Sonne verlassen, nur Greco'sches Grau und Gelb sind die Töne.

Aber dafür blinkt und glitzert es in das Westfenster, dass die Augen geblendet sind. Die Sonne steht zwischen Steinhofer Kuppel und Eisernem Rathausmann auf dem Himmel, der ganz Sonne geworden ist, nein, nicht bloß der Himmel, alle Kirchenkreuze, die Glasur der Farbenziegel auf dem Dom, die Mansardenluken, die gläsernen Lichthofdächer, die Porzellanhütchen auf den Isolatorenanlagen, alles ist rotgolden. Das währt, bis der Wienerwald, den man vorher nur als dunkelgrüne Fläche sah, ein Gewirr von Details geworden ist, von Bäumen, Bäumchen, Ästen und Zweigen, die lodernd in Brand stehen. Dann verlöschen sie, nur ein zackiges rotes Gebirge auf dem Himmel ist die letzte Spur der Sonne, die Spitzen glätten sich zu Kuppen, die Kuppen flachen sich ab, sinken, und es ist Nacht.

Auch im Süden sind nun die roten Brände gelöscht, die ich erschreckt in allen Fenstern gesehen hatte.

Nachbar Turmfalke stoppt ab, gleitet in seinen Hangar: die Fensterrose unter mir.

Auf den Straßen, auf den Fahrzeugen, auf den Plätzen, in den Häusern erscheinen Lichter, da eines, dort zwei, bewegen sich voneinander, zueinander, reihen sich zu Geraden und Kurven, Lücken klaffen aber noch, unharmonische, unproportionierte Inter-

---

[86] *Fiale: steinernes, spitz auslaufendes, vier- oder achteckiges Türmchen zur Begleitung größerer Kirchtürme (Gotik)*

[87] *Wimperg: giebelartige Erhöhung über Türen und Fenstern (Gotik)*

valle, bis auch sie ausgefüllt sind und alles eine Intarsia ergibt von gigantischem Ausmaß. Die Fenster sind gelbe Rechtecke, die Trambahnen rote Scheiben, die Straßen, die radial gehen, Praterstraße, Kronprinz-Rudolf-Straße, Reichsbrücke, Kagraner Reichsstraße – ein einziger, ununterbrochener, leuchtender Strich.

Man stellt das Fernrohr mit dem Stativ an eines der Fenster, legt das Auge an und dreht; nach rechts oder links, nach oben oder unten, wie man will. Ein Riesenfilm rollt ab, in jedem Fenster eine neue Szene, alles haarscharf, man kann den Titel der Zeitung erkennen, die ein alter Herr in seiner Wohnung in der Alserstraße nur mit Brille lesen kann. Man sieht, dass die Hose grau ist, die der junge Mann (Untere Donaustraße, dritter Stock) höchst eigenhändig, in Unterhosen am Bügelbrett stehend, plättet, um in einem Nachtlokal als Baron aufzutauchen.

In ein Hotel der Annagasse kommt ein junges Ehepaar, schließt die Tür und fällt sich in die Arme. Fünf Minuten später kommt ein anderes junges Ehepaar ins Zimmer nebenan. Das scheint ein Hotel für Hochzeitsreisende zu sein.

Studenten sitzen vor Büchern, in einem Filmatelier, Ecke Singerstraße und Liliengasse, strahlen Jupiterlampen, in Dienstboten-kammern stricken Mädchen, Familien gehen zu Bett, in der Kunst-akademie wird ein Akt gemalt – der Film rollt, solange man Lust hat, das Teleskop zu drehen.

Warum die Leute nicht die Jalousien herunterlassen? Nun, wer am Donaukanal, an der Wien, am Stadtpark, auf einem breiten Platz oder im vierten Stock wohnt, also weiß, dass kein noch so neugieriges Gegenüber ihm in den Topf gucken kann, der glaubt keiner solchen Vorsichtsmaßregel zu bedürfen.

Aber man hat immer ein Gegenüber: die Türmerstube von St. Stephan.

Elf Totenköpfe auf
dem Katheder

SPIRITISMUS, ASTROLOGIE, GRAPHOPSYCHIK, Telepathie und
Physiognomik blühen im Westen Berlins in hundert Zirkeln von
gesellschaftlichem oder geistigem Geltungsbedürfnis, in den Proleta-
riergegenden hingegen hat sich eine Pseudowissenschaft etabliert, die
den nach Wissen und Wundern hungrigen Menschen das Geld aus
der Tasche zieht. Die Unternehmer dieser Geschäfte pflegen sich
selten selbst als die Veranstalter zu bezeichnen: Die Affichen[88] sind
mit hochtrabenden Namen unterfertigt, ›Hochschule für geheime Wissenschaften‹, ›Gelehrte Gesellschaft für okkultes Wissen‹ und so weiter.

Ein Plakat, das von einer ›Gesellschaft zur Erforschung angebore-
ner Talente auf phrenologischer[89] Grundlage in Deutschland‹ und
gleichzeitig von der ›Internationalen Akademie für Menschenkenntnis‹ signiert ist, gibt davon Kunde, dass es bald keine Heuchelei, kein
Leugnen, keine Verstellung, keinen Betrug und keine Untreue mehr
geben werde. Wann? Bis aus dieser neugegründeten internationalen
Akademie die ersten Doktoren ins Leben hinaustreten werden und in
ihrer Ordinationsstunde uns und unseren künftigen Gattinnen,
unseren künftigen Geschäftsfreunden und unseren Kindern auf den
Kopf – im buchstäblichsten Sinne des Wortes: auf den Kopf – zusa-
gen werden, wer, wie und was wir sind, wozu wir taugen und welche
Eigenschaften, Hintergedanken und Gelüste im Innersten verborgen
sind. »Des Menschen Schädel ist es, der den Menschen verrät.«

Und wenn wir erst aus der Schädelbildung die Bildung im Schädel
und die Bildung des Herzens zu beurteilen gelernt haben, dann
werden wir den Hamlet verachten, der den toten Freund seiner
Kinderzeit nicht erkennt und allerhand fünffüßige Betrachtungen
darüber anstellt, dass das Gebein nichts über den zugehörigen

---

[88] *Affichen (frz. affiche): Plakate, Aushänge*

[89] *Phrenologie: topologisch ausgerichtete Lehre, die versuchte, geistige Eigenschaften
und Zustände bestimmten Hirnarealen zuzuordnen. Begründer war der Anatom
Franz Joseph Gall (1758–1828)*

Menschen verrate. Um wieviel mehr werden wir aus Yoricks[90] Schädel weiszusagen wissen! Nicht bloß am Totenkopf, nein auch am lebenden werden wir die Menschen entlarven, nicht die Nervensträn- ge, nicht der dickste Skalp und nicht die höchste Damenfrisur werden uns zu täuschen vermögen!

Fünf Mark Eintrittspreis. Sechzig Menschen sind im Hörsaal versammelt. Frauen aus dem Volke, die möglicherweise im Interesse ihres schulpflichtig gewordenen Sprösslings die erwähnte Gesellschaft zur Entdeckung von Talenten konsultiert haben und nun die wissenschaftliche Begründung für den erhaltenen Ratschlag erfahren möchten, eine biedere Alte, die vielleicht die Hauswirtin des Dozen- ten ist und ihn bewundert, ein junger Mann mit langem Haar, anscheinend der erste Dichter der neuen Lehre; von den vielen ganz jungen Leuten sieht jeder aus, als ob er am liebsten das Kollegiengeld in Zehnpfennigbriefmarken entrichtet hätte, so wie sie in der Portokasse lagen – doch hüten wir uns, unsere Kommilitonen zu beurteilen, bevor wir nicht die Segnungen der wissenschaftlichen Menschenkenntnis in uns aufgenommen haben. Begnügen wir uns zunächst mit der Betrachtung der elf Schädel, die auf dem Vortrags- pult in zwei Reihen ausgerichtet liegen. An den Wänden hängen die Totenmasken Nietzsches, Beethovens und Wagners.

Der Vortragende erscheint und beginnt mit Lombroso[91] und der Lehre vom geborenen Verbrecher; diese Theorie sei verlacht worden, heute aber, heute bekenne er – der Vortragende – sich zu ihr, womit sie wissenschaftlich anerkannt sei. Er erwähnt nun Albertus Magnus, Lodovico Dolci und Galenus und kommt dann auf Franz Joseph Gall, den er den Altmeister der Phrenologie nennt und sogar über sich selbst stellt. Auch Gall habe man verhöhnt, hauptsächlich um zweier vermeintlicher Irrtümer willen: Einmal habe Gall, am Wiener Hofe um die Beurteilung eines Herrn befragt, offen erklärt, dieser Mann sei ein Mörder. Darüber grobes Entsetzen, denn der also Charakterisierte war ein ungarischer Magnat und mit einer öster- reichischen Erzherzogin verlobt. Gall fiel in Ungnade. Später jedoch,

---

[90] *Yorick: Figur aus Shakespeares ›Hamlet‹, 5. Akt, 1. Szene*

[91] *Cesare Lombroso (1836–1909), italienischer Psychiater, ›Irrenarzt‹*

später erwies sich der magyarische Aristokrat wirklich als Mörder ... Die zweite scheinbare Blamage erlitt Gall bei einem Besuch in einem Gefängnis, wo er in der Kanzlei einen Sträfling nach seiner Schädelform als technisches Genie diagnostiziert hatte. Darüber lächelte man, denn der Sträfling war ein simpler Flickschuster. Dass in seiner Zelle eine Uhr hänge, die der Schuster mit seiner Ahle kunstvoll verfertigt hatte, wusste man nicht. –

Der wissenschaftliche Wert der Phrenologie werde heute nicht mehr bestritten, nur behaupte man, sie erst am Totenschädel anwenden zu können. Das sei aber nicht richtig. Redner nimmt einen der Köpfe vom Tisch und beweist es. Obwohl diese Schädeldecke anormal stark sei, könne man die Abdrücke der Gehirnpartien deutlich erkennen. Also sei der Schädel durch die mehr oder minder kräftige Form der Gehirnprovinzen beeinflusst und demnach auch seine Beurteilung am lebenden Menschen möglich. Wenn noch vereinzelte Angriffe gegen Gall und seine Lehre erhoben werden, so richten sie sich gegen Behauptungen, die Gall gar nicht getan hat, und Vortragender habe einen solchen unwissenschaftlichen Wissenschaftler erst vor Kurzem tüchtig niedergebügelt.

Über die Anwendung der Phrenologie werden uns Hörern wichtige Verhaltensmaßregeln gegeben. Vor allem mögen wir unsere Kunst niemals am Biertisch ausüben, denn dort seien die Gedanken getrübt und man gebe nur Anlass zu Spott und Witzen. Frauen beurteile man nur dann, wenn ihr Haar aufgelöst und von allen fremden Einlagen (Heiterkeit) befreit sei. Am besten lässt sich der Charakter bei Herren mit Glatze konstatieren. (Neuerliche Heiterkeit.) Klar liege die praktische Wichtigkeit der Phrenologie zutage:

Erstens, bei der Berufswahl: Wir werden jeden warnen können, der sich dem technischen Studium zuwenden will, dessen Schädel aber alles eher als die Entwicklung eines technischen Sinnes zeigt, und wir werden andererseits unser Kind auf Grund der wissenschaftlichen Erkenntnis dem Musikstudium widmen, auch wenn noch keine Spur von musikalischem Empfinden bemerkt wurde.

Zweitens, bei der Gattenwahl: Keine Frau wird geheiratet, wenn ihr Schädel an den Partien, die der Sitz von Treue, Sparsamkeit und

Verträglichkeit sind, nicht nur keine Erhabenheiten, sondern geradezu Vertiefungen aufweist!

Drittens, im Geschäftsleben: Wir kraniologisch[92] geschulten Menschen werden jedem, der für uns als Sozius in Betracht kommt, vorher den Schädel abtasten – »Sie gestatten doch?« – und erst recht einem Kunden mit Kreditforderung. Wenn wir einen Angestellten suchen – werden wir den Mann wählen, bei dem die Gehirnpartie des Erwerbssinnes mit jener des Eigennutzes zusammenfällt? Bei solch äußerlicher Untersuchung sind Irrtümer selbstverständlich nicht ausgeschlossen, doch müssen wir uns damit begnügen, da im Allgemeinen weder ein Geschäftsfreund noch ein Stellungsuchender bereit sein werden, sich trepanieren[93] zu lassen.

Viertens, im Justizwesen: Ein Mensch, dessen rechte Hinterohrwölbung Gerechtigkeitsgefühl und Aufrichtigkeit beweist, ist unschuldig an der Tat, deren man ihn verdächtigt. Er hat sie nicht begangen, und hat er sie doch begangen, so ist er dennoch freizusprechen, denn er kann nichts dafür, er verübte sie bloß durch äußeren Zwang.

Einstweilen aber ist es dem Lehrer nur darum zu tun, uns in die Grundzüge der Phrenologie einzuweihen. Zu diesem Zweck nimmt er die Schädel zur Hand. Zuerst den kleinen einer Katze, an dem er zeigt, wie bei diesem Tier die Mutterliebe und die Putzsucht ausgebildet sind, während am nächsten Schädelchen – dem eines Katers – an der gleichen Stelle keinerlei Ausbuchtung zu finden ist. An einem Affenschädel wird uns der Sitz des Nachahmungstriebes vorgeführt, bei welcher Gelegenheit der Dozent erwähnt, dass die technische Begabung des Bibers an der Kopfform eklatant sichtbar wird.

Die übrigen Schädel rühren bloß von Menschen her. Der Kleinste von ihnen und ein etwas größerer erweisen uns (obwohl es nicht etwa die Schädel desselben Kindes in verschiedenen Lebensaltern sind), wie sich in der zartesten Jugend verschiedene Triebe erst entwickeln. Dann demonstriert der Meister die Gehirnschale eines Selbstmörders. Ach, wir würden ihn, auch wenn er nicht die kleine Schusswunde im

---

[92] *Kraniologie: Teilgebiet der Phrenologie*

[93] *Trepanieren: den Schädel durch Bohrer (Trepan) öffnen*

Schläfenknochen hätte, sofort als Selbstmörder erkennen, denn die Zentren der Lebensenergie und der Zuversicht sind gar nicht ausgebildet. Wir belächeln die Dummheit der Menschen, die bei einem Selbstmord aktuelle Motive vermuten, unglückliche Liebe, finanzielle Verluste, schwere Krankheit. Als ob der Mann sich nicht auch hätte das Leben nehmen müssen, wenn er das denkbar größte Glück in der Liebe, den prächtigsten Erfolg bei seinen Geschäften gehabt hätte und wenn er selbst kerngesund gewesen wäre! Nur des Menschen Schädel ist sein Himmelreich!

Das nächste Gehirndach: das eines Luetikers[94]. Narren, die ihr angesichts dieses zerfressenen Kopfskeletts glauben könntet, die Heuchelei der Gesellschaft, die Niedertracht einer verderbten Geliebten, ein unglückseliger Zufall oder eine jugendliche Unerfahrenheit seien an dem Schicksal des Toten schuld gewesen! Seht ihr denn nicht, dass bei diesem Mann die Gehirnpartien des Geschlechtstriebes allzu stark ausgebildet waren, seht ihr denn nicht, dass an der Stelle, wo sonst die Hoffnung wohnt, eine Abplattung zu finden ist, seht ihr denn nicht, dass jenem die Kinderliebe und die Geselligkeit fehlten? Wendet euch nicht mit Ekel von dem Schädel dieses Kranken ab – er ist sorgsam präpariert, und »mehr als einmal wurde aus dieser Schädeldecke Bier getrunken«. Das ist wörtlich der Satz, mit dem der Vortragende lächelnd allfälliges Grausen seiner Hörerschaft beseitigt.

Der nächste Gehirndeckel gehörte einst einem Verbrecher, der fünfzehn Jahre im Zuchthaus saß, jetzt gehört er dem Vortragenden, der uns an einer dicken Beule die Heimstätten des Erwerbssinnes und des Eigensinns und das Fehlen moralischer Zentren demonstriert. Aus der Feststellbarkeit von Feigheit schließt der Dozent für Menschenkenntnis, dass es wohl nicht unser Toter war, der bei dem Einbruch den Schutzmann erschoss, sondern sein Komplize. »Es sei denn, dass er sich nicht anders zu helfen gewusst hätte«, fügt der Lehrer einschränkend hinzu, »zu einem Angriff war der Mann jedenfalls zu furchtsam.«

In welchem Warenhaus die Totenköpfe von Verbrechern, Kranken und Selbstmördern samt zugehöriger Lebensbeschreibung zu kaufen

---

[94] *Luetiker (lat.: lues venerea): ein an Syphilis erkrankter Mensch*

sind, erfahren wir nicht, wogegen wir *ex cathedra* erfahren, dass der Professor bereit ist, uns Schädelmodelle aus Steingut zu verkaufen, auf denen die Gebiete der menschlichen Eigenschaften eingezeichnet sind wie Staaten auf einer Landkarte. Jedes der Länder ist mit einer Nummer bezeichnet, und ein beigelegtes Büchlein gibt an, welche Tugend oder Untugend in diesem Staat residiert. Nur hundert Mark kostet solch ein Globus.

Shipping Exchange

WAS DIE LEHRER in der Schule uns erzählen, das glauben wir ja doch nicht. Sie verwechseln noch am Schluss des Schuljahres die Schüler-namen, die uns gleich nach Beginn des Semesters geläufig waren, sie sehen nicht, wenn wir schwindeln, wenn wir einsagen oder abschrei-ben, sie können uns nicht imponieren. Was Wunder, dass wir ihnen von alldem nichts glauben, was sie vortragen! Die Gesetze vom Stoß elastischer Kugeln sind gewiss nur ausgedacht, weil es ohne dergleichen Dinge keinen Physikunterricht gäbe, die Jahreszahlen von Goethes italienischen Reisen und die endlosen Reihen von Logarith-men sind von den Schulmeistern der Welt willkürlich festgelegt worden, Landkarten sind phantastische Spielereien eines Zeichners, und es ist anzunehmen, dass in einem anderen Lehrbuch oder gar in einer anderen Auflage des gleichen Lehrbuches Amerika in Kreisform aufgezeichnet ist – wozu müssten denn sonst alle Schüler die gleiche Auflage haben?

Dieses Misstrauen hält nach. Und wir erstaunen maßlos, wenn wir – der Schule entwachsen – zufällig einmal die Ilias zur Hand nehmen und die Entdeckung machen, dass Homer nicht bloß ›Privatlektüre‹ und ein Thema für Schularbeiten, sondern ein Dichter war. Als ich einmal in den zoologischen Garten kam, war ich vor dem Käfig der Zibetkatzen viel verblüffter als mein Neffe. Selbstverständlich! Mein Neffe war noch nicht schulpflichtig, ich aber bin wegen der Zibet-katze in der Quinta durchgefallen. Wie oft hatte ich im nächsten Jahr mit Hass und Reue an die Zibetkatzen gedacht, ich wusste genau, dass sie auf Seite fünfundsechzig des Naturgeschichtsbuches stehen, ich kannte dann auch alle ihre besonderen Merkmale auswendig.

»Sehen Sie, hätten Sie das rechtzeitig gelernt, so hätten Sie ein Jahr erspart!« Häufig genug bekam ich das vom Professor zu hören.

Nie im Leben wäre ich jedoch auf den Gedanken gekommen, dass es leibhaftige Zibetkatzen gäbe. Und nun stand ich da vor einem Gitter, hinter dem die Zibetkatzen unbefangen und fröhlich spielten, als ob es niemals einen Quintaner gegeben hätte, der um ihretwillen durch das Examen gefallen wäre. Sie spielten arglos, als könnte nicht der Feind einen Revolver aus der Tasche ziehen und grausame Rache nehmen für das verlorene Jahr seines Lebens. Was holte ich hervor? Die ›besonderen Merkmale‹ der Zibetkatzen, die in einer Revolvertasche meines Gedächtnisses ruhten. Legte sie gegen die Tiere an, erbarmungslos. Drückte ab. Allein die Bestien spielten seelenruhig weiter, ich konnte ihnen mit meiner Salve von besonderen Merkmalen nichts anhaben, jedes Projektil prallte von der zugehörigen Stelle ab: die besonderen Merkmale stimmten! Da blieb mir nichts anderes übrig, als meinem Neffen die besonderen Merkmale der Zibetkatzen zu erklären, und alle Leute ringsumher waren bass erstaunt über meine zoologische Bildung. Am meisten wunderte ich mich selbst.

So ist es mir oft ergangen. Angesichts der Akropolis fiel mir ein: Es muss doch ein Altertum gegeben haben, so unwahrscheinlich es auch ist. Vor dem Manuskript des ›Candide‹ in der *Bibliothèque nationale* erfuhr ich, dass es Götter gab: Da sah ich die Handschrift Voltaires, er hat wirklich geschrieben, er hat wirklich gelebt!

Und jetzt habe ich gar die Geographie entdeckt. Ich bin in der ›Baltic Shipping Exchange‹, der Schifffahrtsbörse, die in einer Seitengasse der Londoner City steht. Von dieser Seitengasse aus wird der Handelsverkehr zwischen den Erdteilen und auf den Meeren geregelt, und wenn das Börsengebäude eines Tages niederbrennen würde, so müsste der Schifffahrtsverkehr – von einem anderen Lokal aus reguliert werden. Doch wären die alten Börsenmitglieder in einem neuen Saal mit ihren geographischen Kenntnissen verloren.

Im bisherigen Börsenhof ist nämlich die Geographie durch zwei Reihen schöner Marmorsäulen in drei Teile geschieden. Im linken Gang liegt Australien und der ›Far East‹, der Ferne Osten, worunter man die Gebiete von China und Japan bis zu den Straits Settlements[95] mit der Hauptstadt Singapore versteht. Der Mittelgang ist Amerika und der Osten, das heißt Indien, die Sundainseln bis zum Suezkanal und Afrika.

Im rechten Gang sind wir in Europa; hier bin ich meinem alten Rechnungsunteroffizier Beer Vogelkopf aus Rzeszow zufällig begegnet. Noch immer trägt er seine von semmelblonden Locken umrahmte Glatze, doch heißt er Billy Birdshead, und an Stelle des Deutschen ist es jetzt das Englische, das er mit Rzeszower Akzent spricht. Und während er früher als Reisender in Schuhoberteilen die Strecke Brody-Tarnopol befuhr, ist er nun mit nicht minderem Eifer beschäftigt, den Schifffahrtsverkehr aus dem Schwarzen Meer in baltische Häfen zu dirigieren, ohne deshalb dem Atlantischen Ozean seine Fürsorge ganz zu versagen.

Natürlich wird die Einteilung durch die Säulenmeridiane nicht immer streng eingehalten. Es ist die Welt großzügiger Menschen, und als der livrierte Boy von der Rostra herab den Namen des Mister Hilleary in den Saal rief, der am Telefon gewünscht wurde, sah man Mister Hilleary aus der Gegend von Tokio längs der pazifischen Küste, mitten durch San Francisco und Peru, hart an Hamburg vorbei in die Telefonzelle eilen. Es kommt häufig vor, dass jemand, der gerade in Melbourne ein Geschäft abschließen, aber den Ohren der anderen Australien-Interessenten nicht ausgesetzt sein will, seinen Partner ein wenig nach Marseille hinüberzieht, um dort alles unbelauscht zu besprechen.

Was besprochen wird? Das Frachtbedürfnis des Verschiffers und das Frachtangebot des Schiffsbesitzers werden ausgetauscht. Der Verschiffer (hier ›Charterer‹ genannt) sucht zum Abholen oder Versenden seiner Waren die Dampfer eines Reeders (in England ›Owner‹) zu mieten.

Wozu aber geht dann der Verschiffer auf die Börse? Warum schickt er nicht einfach dem Reeder eine Karte mit dem Auftrag, sechshundert Tonnen Salpeter aus Chile abzuholen und dem Käufer in Antwerpen abzuliefern? Das ginge ja alles sehr gut, wenn nicht die Hinreise nach Chile einige Pfund Sterling kosten würde; und auch die

---

[95] *Straits Settlements (engl.): wörtl. Meerengen-Niederlassungen; von 1826 bis 1946 britische Kronkolonien auf der Malaiischen Halbinsel*

Rückreise stellt sich erheblich billiger, wenn der Reeder in jenem Hafen von Chile oder sonst wo auf der Reise noch andere Fracht aufnehmen kann. Wie aber soll der Verschiffer ahnen, welche Kargodampfer sich gerade in der Gegend von Chile herumtreiben und ob sie Platz für seine sechshundert Tonnen Salpeter haben? Und wie kann ein Reeder, dessen Schiff zufällig in Chile sechshundert Tonnen Leinenwaren abgeliefert hat, davon Kenntnis haben, dass in Manchester ein Kaufmann wohnt, der glücklich wäre, wenn er in Chile jemanden wüsste, der ihm von dort sechshundert Tonnen Salpeter nach Europa brächte?

Wenn das Wasser, um dessentwillen die zwei Königskinder des deutschen Volksliedes zusammen nicht kommen konnten, noch so groß wäre, so groß wie der Ozean – das Lied würde auf der Shipping Exchange fröhlicher schließen: es käme ein Broker und brächte sie zusammen. Denn es ist der Beruf des Brokers (auf Deutsch: Makler), der *Deus ex machina* zu sein.

Der Broker dirigiert die Börse. Er hört mit bedenklichem Kopfschütteln den Wunsch eines Verschiffers an, der gern für seine Eisenladung aus Birmingham ein Schiff nach Indien haben möchte. Er hört es mit bedenklichem Kopfschütteln an, aber innerlich frohlockt er: Weiß er doch ganz genau, dass ihm ein doppeltes Geschäft winkt, denn der Reeder Landswood hatte sich schon mit dem Gedanken abgefunden, seine ›Amicitia‹ leer nach Indien zu senden, um die burmanische Reisernte abzuholen. Der Verschiffer glaubt vielleicht dem bedenklichen Kopfschütteln, wird dringlicher und bietet einen höheren Preis. Deshalb hat ja der Broker auch den Kopf geschüttelt. Manchmal aber ist der Verschiffer ein altes Mitglied der Schifffahrtsbörse und freut sich innerlich, wenn er den Broker scheinbar hilflos mit dem Kopf wackeln sieht. Dann sagt er: »Na, das macht nichts. Ich habe schon ohnedies ein anderes Tonnageangebot.« Da lächelt der Broker – ein Zeichen, dass ihm gar nicht zum Lächeln zumute ist.

Nicht alle irdische Macht hat der liebe Gott an den Broker abgetreten – er hat sich sein Vetorecht auf der Schifffahrtsbörse gewahrt. Seine Stellungnahme nennt man Witterung, Schiffsunglück oder Zufall, und erst dank dieser Hürden gibt es hier das, was das Wesen der Börse ausmacht: die Spekulation. Zum Erfolg der Spekulation trägt es wesentlich bei, dass man verlässliche Berichte und gute Tipps aus dem himmlischen Rennstall besitzt. Zwar weiß man viel, doch möcht man alles wissen. Man weiß, dass die Sonne von Nordamerika von August bis November das Korn zur Reife bringt; während schon im Juli die russische und die zentraleuropäische Ernte beginnt, man weiß auch, dass der indische Reis im Dezember eingebracht werden kann und dass das Zuckerrohr und die Getreidefelder von La Plata im April, im Mai und im Juni Früchte tragen.

Womit man aber nicht kalkulieren kann, ist die Tatsache, dass ein Elementarereignis, ein unangesagter Hagel oder eine unbefugt herandringende Hitzwelle, die schöne Tonnage vernichten kann, bevor sie den Ehrennamen der Tonnage verdient hat. Durch einen Seesturm oder einen Eisblock kann ein Cargo zu Wasser werden. Die grässlichste Katastrophe aber ist, wenn die Ernte in Europa so glänzend ausfällt, dass der Überseetransport von Getreide beinahe überflüssig wird. Hier setzen nun die Rennstallberichte ein: die Telegramme der meteorologischen Stationen, die Wetterberichte und -prognosen, die Ernteaussichten und alle die anderen Dinge, die ununterbrochen von livrierten Boys an den windschiefen ›Boards‹ – dem Schwarzen Brett der Börse – affichiert werden.

Über die technischen Gefahren liefert ›Lloyds Register‹ die Wahrscheinlichkeitsrechnung. Alle Schiffe samt Maschineneinrichtung sind geprüft und teils als Droschken erster Güte, teils als Droschken zweiter und dritter Güte klassifiziert worden. Niemand darf daher bei einem seine Ladung vernichtenden Schraubenbruch überrascht sein, wenn er ein Fahrzeug der Klasse 96 A I oder 96 B gechartert hatte. Warum hat er gespart, statt das verlässliche Vehikel der Klasse 101 A I zu wählen?

Nun kann er weinen – vorausgesetzt, dass er nicht hinreichend bei Lloyds versichert war. Dann allerdings ist die Assekuranzbank die Lloydtragende[96], und sie ist es, die den Unfall ins ›Book of casualties‹ eintragen lässt, das, ein überlebensgrober Foliant, auf dem eichenen Lesepult liegt. Und wenn irgendwo im Atlantik ein Schiff untergeht, so besteigt wenige Stunden später ein Clerk in schwarzem Talar die Kanzel und läutet ›Lutines Bell‹ – die rostige Schiffsglocke, die das Einzige ist, was von der vor hundert Jahren in der Zuidersee gesun-

---

96 Wortspiel aus leidtragend und Lloyds, der englischen Schifffahrts-Versicherung

kenen Fregatte ›Lutine‹ geborgen wurde; die ganze kostbare Ladung – ungeheure Goldbarren – war verloren, und Lloyds, bei der die ›Lutine‹ versichert war, hatte alles zu bezahlen. Zur Erinnerung an dieses Unglück setzt man noch heute bei jeder Schiffskatastrophe die Glocke in Schwingung, und fünf Minuten lang stockt der Betrieb, alle Underwriters von Lloyds und alle Beamten der Börse, alle Owners und Brokers und Charterers denken in frommer Pietät an den großen Material- und Geldschaden, den der mit hundert Menschen unterge-gangene Schoner der Börse verursacht.

Ein Schiffbruch mit Mann und Maus und eine gute europäische Ernte sind beileibe noch nicht das ärgste Malheur, das einen Schiffs-börsianer heimsuchen kann. Viel schlimmer trifft es den Reeder, der gestern fünf Steamer nach Kanada dirigiert hat, wenn er eben aus einem Hafenbericht von New York erfährt, dass sich sechs Waren-dampfer seines Konkurrenten gleichfalls nordwärts bewegen. Er muss – wenn es noch geht! – die Weisung ändern, sonst kommt er zu spät nach Kanada und findet morgen dort den Rivalen, den harmlos lächelnden Herrn, dem er jetzt ebenso harmlos die Hand schüttelt. Ja, ein Autotaxi riskiert weniger, wenn es um drei Viertel elf Uhr nachts unbestellt vor die Philharmonie fährt, um eilige Konzertbesu-cher nach Hause zu bringen!

Auf der Galerie werden an Müller, Fabrikanten und Kaufleute schon die Ladungen verkauft, deren Fracht vor zwei Minuten unten abgeschlossen wurde. Die Geheimnisse der Nebengeschäfte von Eignern, Versendern und Vermittlern, die oft an den gegenseitigen Firmen beteiligt sind, und die Geschichten über missglückte Spekula-tionen, vornehmlich des *Time Chartering*, würden Bände füllen, so dick und so tragisch wie das *Book of casualties*[97].

Oben, an der Stirnseite des Saales, steht immer ein nacktes Mädchen von wundervollem Ebenmaß der Formen. Der Lärm bran-det zu ihren Füßen und berührt die keusche Unschuld ihres Gesichtes nicht. Und auch die Members der Börse beachten sie niemals. Sie haben andere Sorgen, als eine Bronzefigur anzuschauen, die nicht verfrachtet werden soll.

---

[97] *Buch der Verluste; Liste der Gefallenen*

Das Nest der
Kanonenkönige: Essen

AHA, DAS IST DIE VORSTADT. Solches sagt man sich bei der Ankunft in Essen an der Ruhr. Denn die Gassen sind so eng, dass die Elektrische oft nur eingleisig fahren kann, wogegen das Postamt und das Bürohaus ›Handelshof‹ respektable Ausmaße haben. Der Menschenstrom ist so groß, dass wir wissen müssten, nicht in einer Kleinstadt zu sein, auch wenn wir nicht wüssten, in einer der größten Städte Deutschlands zu sein. Die Prestigebauten der Bankfilialen wirken wie einst die prachtvollen Gesandtschaften im armseligen Cetinje[98].

Schmal sind die Privathäuser, meist bloß eines, höchstens zweier Stockwerke teilhaftig geworden, gedunkelt von kohlenstaubhaltiger Luft, manche – schon in Voraussicht dieser unvermeidlichen Schwärzung – im Tudorstil aufgebaut, also schwarz von Geburt an. Wiederholt staunt man, hier, in der Kapitale des rheinisch-westfälischen Industriegebietes, hier, in der Hauptstadt der Montanindustrie, den Häuschen mit grotesk steilen Dächern, schieferbeschlagenen Fassaden und grasgrünen Fensterläden zu begegnen, die dem Wuppertal eigentümlich sind, nach Baum und Blumen rufen und hierorts nur von Rauch und Ruß beglückt werden.

Niedrig ist auch das Münster, offen die Plätze, engbrüstig und bucklig und schlotternd die Straßen. Affichen kleben an den Häuserwänden, der Christliche Gewerkschaftsverband plakatiert als Tagesordnung der nächsten Versammlung »Unsere Haltung zur Regierung Cuno«, die Kommunistische Arbeiterpartei[99] lädt vereint mit der

---

[98] *Kleinstadt in Montenegro mit ca. 15.000 Einwohnern*

[99] *Kommunistische Arbeiterpartei: Linksradikale Abspaltung der KPD; bildete sich 1920 aus den auf dem III. Parteitag der KPD ausgeschlossenen kleinbürgerlichen, sektiererischen Elementen und den von ihnen vorübergehend beeinflussten Arbeitern. Von Lenin in der Schrift ›Der linke Radikalismus‹ als ›Kinderkrankheit im Kommunismus‹ kritisiert.*

Allgemeinen Arbeiterunion[100] zur Stellungnahme über das Ultimatum der »Moskauer Rätegewaltigen gegen uns« ein, die moskauzugehörige Kommunistische Partei Deutschlands ruft: »Leset das Ruhr-Echo! Ein neuer Verrat der Sozialpatrioten!« Und das Meeting der Sozialdemokraten hat folgendes Programm: »1. die drohende Besetzung des Ruhrreviers durch die Entente. – 2. Organisationsfragen.«

Propheten anderer Art schlagen gleichfalls ihre Weisheit an: »Gibt es ein Weiterleben nach dem Tode?«, »Du selbst musst Gott werden!« Die Heilsarmee hat eine Brettsäge inne, der runde Holzbau eines hier ansässig gewordenen Wanderzirkus ist dunkelgrau, und dunkelgrau sind sogar seine Komödiantenkarren, die unbespannt rechts und links vom Eingang stehen. Zwischen Gertraudiskirche und Staatlicher Maschinenschule sieht's überhaupt aus wie am Rummelplatz äußerster Peripherien oder wie am Dorf, wenn die Komödianten kommen: grelle, ebenerdige Häuschen, von denen eines eine Schießbude ist, eines eine Eis- und Mokkastube, eines ein Hippodrom, eines (das größte allerdings) ein Kino und eines eine Spezialausstellung zur Bekämpfung der Geschlechtskrankheiten. Dörfisch oder kleinstädtisch heißen Gassen, die hier münden: Viehhofstraße, Kastanienallee, Pferdemarkt und Schützenbahn.

Das Plakat einer Firma ruft nach dem Westend, und der Fremde, das Wort ›Westend‹ lesend, wird sich klar darüber, dass der Westen das eigentliche moderne Essen sein muss, während er sich hier zwischen Hauptbahnhof und Nordbahnhof nur mit der Vorspeise plagte. Also, auf nach dem vornehmen Westen, dem goldenen Westen!

Falsch alle Diagnosen! Immer dunkler tönt sich das Grau der Häuserwände, immer dunkler, und bald sind sie beinschwarz. Nackte, kahle, rußige Ziegelmauern unendlicher Fabriken und unendlicher Arbeitshöfe sind die Seitenkulissen der Straßen, das Balkengewirr eines Förderturmes und Schlote von ungeahnter Breite mit eisernen Wendeltreppen an der Außenseite und ein unmutiger Himmel sind

---

[100] *Allgemeine Arbeiterunion: Der Kommunistischen Arbeiterpartei nahestehende kleinbürgerliche, sektiererische Gewerkschaftsorganisation*

ihr Hintergrund. Nirgends eine Zierde, nirgends ein Schmuck, außer dem Kuppelturm des Verwaltungsgebäudes, einem Mausoleum gleich. Kein Straßenlärm ist vernehmbar, denn alles übertönt der Schall, der aus den Fabriken kommt und aus den Öfen: fallendes Eisen, rollendes Eisen, schlagendes Eisen. Fast stundenlang geht man durch diese lärmende Öde westwärts.

Das ist die Vorstadt, die typische Fabrikvorstadt. Es hätte den Anschein, als ob das wirklich der Annex jenes unregelmäßigen Gassennetzes wäre, das man vorher durchwanderte, wenn nicht die Ausmaße dieses Abdomens so hypertrophische wären – und wenn wir nicht wüssten, dass wir in Essen sind, wenn uns nicht Stadtplan und Tafeln längst darüber belehrt hätten, wem all das gehört, dass wir im Reiche ...

›Kr.-Friedhof, Kr.-Lazarett, Kr.-Verwaltungsgebäude, Kr.-Konsumverein, Kr.-Denkmal, Kr., Kr. und wieder Kr. – das bedeutet nicht ›Kreis‹, nicht ›Krieg‹, nicht ›Krone‹, das alles bedeutet ›Krupp‹. Und diese ganze dunkle Stadt und ihre Bewohner und ihr Leben haben nur einen Namen: ›Friedrich Krupp, Gunstahlfabrik‹. Die Krupps haben ihr schlichtes Stammhaus hier, sie haben es inmitten der monströsen Bauten ahnenstolz konserviert und ließen sich auf den besten Plätzen der Stadt Denkmäler stellen mit goldenen Regierungszahlen: Krupp I. 1811 bis 1826, Krupp II. 1826–1887, Krupp III. 1887–1902. Der Erste der Dynastie ist noch mit dem Amboss abgebildet, auf dem er diese Stadt und ihre Bewohner und fremde Arbeiter festschmiedete, um mit ihrer Kraft seinen Lebenszweck zu erfüllen: Geld verdienen.

Der dritte Krupp aber hat ein besonderes, ein fulminantes Standbild aus Stein und Erz: überlebensgroß und geschmacklos fällt die Bügelfalte der bronzenen Salonhose auf die bronzenen Schnürstiefel; rechts und links an dem steinernen Rondeau huldigen ihm vier Arbeiter, deren Gesichter den stumpfen Ausdruck der Meunierschen Skulpturen haben, deren Körper aber nicht mehr dieser sozial anklagenden Kunst entlehnt sind, sondern den muskulösen deutschen Gigantengestalten Franz Metzners[101]. Es ist ein demonstratives

---

[101] *Franz Metzner: Österreichischer Bildhauer (1870–1919)*

Monument. Denn dieser Friedrich Alfred Krupp hat sich erschossen, als die Sozialdemokratie während einer Kampagne für die Aufhebung des Paragraphen 175 darauf hinwies, dass nur die Krankhaften der ärmeren Schichten von der Verfolgung betroffen seien, während zum Beispiel ein Krupp in Capri homosexuelle Orgien feiern könne, worüber die italienische und französische Presse bereits entrüstete Artikel veröffentlicht habe.

Trotzdem Kaiser Wilhelm noch kurz vorher gegen Krupps preistreiberische Ausbeutung des Vaterlandes eingeschritten war, trotzdem wenige Wochen vor dem Selbstmord auf Betreiben der Frau Krupp das Entmündigungsverfahren gegen F. A. Krupp eingeleitet werden sollte, trotzdem selbst die dem Toten nahestehende Presse in ihren Nekrologen ihn als ›nicht übermäßig bedeutende‹ Persönlichkeit charakterisierte, fuhr Kaiser Wilhelm II. zur Beerdigung nach Essen, um im dortigen Bahnhofswartesaal die berühmte Rede zu halten, in der er die Sozialdemokraten als Verleumder, Giftmischer und Mörder, ›niederträchtig und gemein‹ bezeichnete und die Arbeiter so apostrophierte: »Wer nicht das Tischtuch zwischen sich und diesen Leuten zerschneidet, legt moralisch gewissermaßen die Mitschuld auf sein Haupt.« Dann wurde von den Arbeitern ganz Deutschlands die Absendung von Adressen gegen die Sozialdemokraten erpresst, und im Reichstag kam es deshalb zur Präsidentschaftsdemission Ballestrems[102].

Aber Wilhelm hatte noch nicht genug, er hat dieses kolossale Denkmal veranlasst, das provokant und höhnisch auf dem Wege steht, den die Arbeiter um sechs Uhr früh und um sechs Uhr abends gehen müssen. Wilhelm hat auch der einzigen Leibeserbin Krupps den Bräutigam ausgesucht, den feudalen Legationsrat von Bohlen-Halbach, der bei der Hochzeit das Recht zur Führung des Namens Krupp erhielt, Krupp IV. Der soll nach der Verlobung von einem Kameraden der preußischen *Garde du corps* gefragt worden sein: »Sansemal, Kamrad, müssense nu die janze Klempnerei ooch übernehmen?«

---

[102] *Franz von Ballestrem (1834–1910), konservativer deutscher Politiker*

Er hat die janze Klempnerei ooch übernommen, und wenn Essen von den Franzosen dauernd besetzt worden wäre, so hätte er. – oh, natürlich erst nach scharfem und mutigem Protest, erst nach Hemmungen, erst nach Umstellungen und erst nach Jahren! – genauso grandiose Kanonen und Mörser und Torpedos und Munition und Panzerplatten anderen Armeen geliefert, wie er sie der deutschen geliefert hat. Denn dieser von Kaiser Wilhelm ausgewählte Gatte des Fräulein Berta Kr. wird die Tradition des Kr.'schen Hauses so hochhalten, als ob er ein geborener Kr. wäre: tadellose Ware, tadellose Lieferung.

Hier wurden all die tausendfachen Mordinstrumente geschmiedet, hier wurde der Rekord der Kriegsrüstungen erreicht, von hier aus wurde geliefert, geliefert, bis man geliefert war. Und Hunderttausende schufteten hier, von ihrer Kindheit an bis zu ihrem Ende am Kr.-Friedhof, in einem Leben, dem alle die (noch so mustergültigen, noch so berühmten) Wohlfahrtsinstitutionen keine Freude geben konnten. So entstand dieses neue Essen, diese neue Vorstadt, die das alte Zentrum unterwarf, so entstand diese schwarze Hauptstadt der schwarzen Erde … Kaum eine Schnellzugsstunde ist's nach dem wunderschönen, leuchtenden Düsseldorf, wo Heine dichtete, Richard Wagner komponierte und Achenbach malte, wo alles von Farben und Kunst blüht – trotz ungeheurer Fabriken. In Essen jedoch leiern abends in den beiden Kabaretts alte Komiker unveränderte Lieder aus den neunziger Jahren, von Bebel, der immer protestiert, vom Busen der Sarah Bernhardt[103], davon, dass jetzt alles sezessionistisch ist, und von den hohen Steuern, an denen die Regierung schuld ist; und der eingefrorene Wanderzirkus ist da. Bei Tag sieht man Menschen, die von der Macht des Gussstahls zertrümmert und vom Atem der Kohle vergiftet sind.

Und ihre Zwingherren? Wohl, er hat sein mächtiges Denkmal, der letzte Tote der Dynastie. Aber ist er nicht selbst geflüchtet aus dieser freudlosen Stadt, dieser sonnenlosen Gegend, von diesen ausgemergelten Menschen und von seinen unerreicht fabelhaften Gussstahler-

---

[103] *Sarah Bernhardt (1844–1923) war eine französische Schauspielerin. Sie gilt als die berühmteste Darstellerin ihrer Zeit und war einer der ersten Weltstars*

zeugnissen zur Massentötung? Nach dem Süden, auf eine Insel des Friedens ist er geflohen, wo eine frohlockende Sonne auf Korallen und gesunde Knabenkörper leuchtet, die nackt in das Wasser vor der Blauen Grotte springen. Hier vergaß er sein Reich, hier vergaß er, eben weil er als Industrieller »eine nicht übermäßig bedeutende Persönlichkeit« war, den Gussstahl und dessen Opfer, hier konnte er sich selbst vergessen. Er durfte davon träumen, immer wieder hierher zurückkehren zu können ... Als, man ihn aus seinem Paradies vertrieb, ihm auch dieses Eiland nahm, griff er zu einer der gussstählernen Waffen, die er geschmiedet.

Mit Auswanderern durch Frankreich

AUF DEN STUFEN des Bahnhofs Saint-Lazare oder oben im Wartesaal sitzen Gruppen von Europamüden aus der Slowakei. Sie passen so gar nicht nach Paris, die bunten Bauernfiguren nehmen sich unter den Wölbungen der Bahnhofshalle mehr als deplatziert aus. Wird dem Huhn man nichts tun? Ein Auto fährt gerade vor und bläst aus dem Auspuff den Auswanderern das Benzingas ins Gesicht, eine Dame steigt aus, mit Hutkoffern und Schrankkoffern und Kassetten, vom Bahnhof Saint-Lazare fährt man nach Deauville, nach Honfleur, nach Trouville, im Bahnhof Saint-Lazare sitzen die Slowaken, die aus der Slowakei fortwollen und aus Europa.

Um sieben Uhr früh sind sie in Paris angekommen, von Prag über Nürnberg–Kehl–Straßburg, eine lange Reise im vollgestopften Waggon. Nach der Ankunft hat man sie im Auto vom Ostbahnhof zum Bahnhof des heiligen Lazarus gebracht (wofür ihnen vier Franken berechnet werden), und nun hocken sie hier auf Fliesen und warten, bis ihnen am Abend von der Schiffsgesellschaft die umgeschriebenen, ins Französische übersetzten Reisepapiere gebracht werden, mit denen sie nach Cherbourg oder Le Havre weiterfahren können. Wagt sich einer ein paar Schritte vom Bahnhof fort, so geht er in eine Bäckerei oder in einen Obstladen, zeigt auf irgendetwas und reicht einen Zehnfrancs-Schein hin, damit man ihm darauf zurückgebe.

Aber die Händler in der Nähe des Bahnhofes kennen die Emigranten schon und geben nicht übermäßig viel Geld auf eine Banknote heraus. Umso misstrauischer sind die Slowaken gegen den, der sie da in Paris – unvermutet genug – in ihrer Sprache anredet und wissen möchte, wie es ihnen ergangen ist. Schließlich jedoch, wenn sie hören, dass man ihre Heimat kennt, in manchem der slowakischen Dörfer war, lassen sie sich in ein Gespräch ein. Besonders, wenn man mit ihnen im Abteil sitzt, eine Nacht lang. Um dreiundzwanzig Uhr fährt der Zug gegen Le Havre.

Zehn Leute sind wir im Coupé und neun rotgeblümte Ranzen und einige Laibe Schwarzbrot und etliche Federbetten. Ein alter Slowak, eine alte Slowakin, ein Sohn, eine Tochter, ein anderer Bursch und vier andere Mädel. Überhaupt fahren viele Mädchen hinüber. Wenn man in der Slowakei zweiundzwanzig Jahre alt geworden ist und keinen Mann gefunden hat, geht man übers Meer. Dort sind immer slowakische Jünglinge, die heiraten wollen. Vielleicht wartet schon einer auf Ellis Island; und wenn nicht – bis sie nach Wisconsin kommt, kann sie sicherlich gleich heiraten. »Véte citat po englicky?«[104] Und schon holt der Alte aus einem verknüpften roten Taschentuch den Brief heraus, den jeder slowakische Onkel aus Amerika schreiben lässt, wenn er sich ein paar Dollar erspart hat. Auch er sehnt sich in der Fremde nach Heimat, Familie und Muttersprache. In diesem Falle pflegen andere nach Hause zu fahren, der Slowak lässt aber Heimat, Familie und Muttersprache zu sich kommen. Das ist vielleicht nicht mehr slowakisch, das ist bereits amerikanisch.

In dem Brief, den er den Neffen und Nichten in das Dorf schickt, steht, dass er schon alles besorgt hat. Der Brief ist Englisch. Ein Slowak schickt ihn ab. In die Tschechoslowakei. Einem anderen Slowaken, der bloß in die magyarische Schule gegangen ist. Hier in Frankreich liest ihn jetzt einer, der in deutscher Sprache darüber einen Bericht schreiben wird. Was steht in dem Brief?

Der Onkel war in Massachusetts (USA) bei einem Schifffahrtsagenten und hat für die Verwandten im Trencsiner Komitat (USCz) eine

---

[104] *Véte citat po englicky? (slowak.): Können Sie englisch lesen?*

schöne himmelblaue Schiffskarte für fünf Personen gekauft und ihnen schicken lassen. Dann ist er zum Notar geführt worden, beschworen hat er, unterschrieben hat er – was er wahrscheinlich der Einfachheit und Frömmigkeit halber mit drei Kreuzen getan – ein ellenlanges Protokoll, das den spaßigen Namen ›Affidavit‹ führt, und hat seine tiefsten Geheimnisse bloßgelegt.

Das ist der amerikanische Brief des Slowaken. Der Herr nimmt die Seinen zu sich ins bessere Jenseits. Der Herr ist der Onkel drüben, die Seinen sind die Slowaken zu Hause, und das bessere Jenseits ist Amerika. Unser Zug aber, bisher über flaches Feld fahrend, rattert nun plötzlich über Eisen, die Konstruktionen einer Brückenbrüstung schlagen Rad vor dem Waggonfenster, und im Strome zittern Lichter eines großen Umschlagplatzes und vieler Seineschiffe. Man kann – wenn man schon einmal am Tage in Rouen war – die Stelle konstatieren, wo das Haus des großen Dichters eines großen Romans stand. Darin kommt auch eine Frau vor, die europamüde und fluchtbereit war, Gatten und Kind verlassen wollte; aber der Geliebte kam nicht, ihm graute vor der Reise, und Emma Bovary tötete sich.

Der alte Slowak packt den Brief wieder in sein rotes Taschentuch, macht den ersten Knoten und will den zweiten knüpfen. Aber dann reicht er dem Wissbegierigen noch ein ›pismo‹ hin, noch einen Brief.

Das ist ein Brief, der nicht von einem Slowaken ist, sondern von einer englischen Schifffahrtsgesellschaft. Und siehe da, gerade der ist in slowakischer Sprache geschrieben: »Wir haben für Sie und vier erwachsene Personen eine Schiffskarte dritter Klasse (Nr. 40126 M) von Prag über Le Havre und New York bis Bingtown im Staate Massachusetts von Ihrem Verwandten Frank (Frantisek, Ferencz) Csonka bekommen. Außerdem haben wir für Sie fünf Schecks von je fünfundzwanzig Dollar erhalten, mit denen Sie sich bei Betreten des amerikanischen Bodens laut dem dortigen Einwanderungsgesetz ausweisen müssen (Landingmoney[105]). Sie brauchen zu Ihrer Reise einen von Ihrem Zupan[106] ausgestellten, nach Amerika lautenden, noch gültigen PO; die Reise nach Prag, das amerikanische, deutsche und

---

[105] *Landingmoney (engl.): Einwanderungsgebühr*

[106] *Zupan: Gerichtsbeamter*

französische Visum und die Verpflegung auf der Eisenbahnfahrt nach Le Havre müssen Sie selbst bezahlen, wozu Sie im Ganzen für jeden Erwachsenen fünfzehnhundert Kronen, also zusammen siebentausendfünfhundert Kronen tschech. W. brauchen, die Sie sich von Ihrem Gelde mitnehmen müssen. In Prag werden Sie zumindest vier bis fünf Tage bleiben müssen; steigen Sie nicht in Prag selbst aus, sondern in der Station Lieben, wo Sie in der Nähe die Auswanderer-baracken finden werden. Kommen Sie dann sofort in unser Büro. Auf beiliegender Karte haben Sie auszufüllen, dass Sie alle Papiere in Ordnung haben und das erforderliche Geld besitzen und ob Sie den übrigen Bedingungen entsprechen, ob Sie lesen und schreiben können, ob Sie nicht krank sind, nicht vorbestraft und um welche Zeit Sie abzureisen imstande sind. Schicken Sie uns die Karte ausgefüllt zurück, und wir werden Ihnen dann mitteilen, wann Sie nach Prag zu kommen haben.«

Es wird einem schwindlig, wenn man den (hier gekürzt wiedergegebenen) Brief liest und sich vergegenwärtigt, wie viel diese unbeholfenen Menschen aufbieten mussten, um aus ihrem Dorfe fortziehen zu können, und was noch ihrer harrt. Es ist schon halb zwei Uhr nachts, unsere Eisenbahn fährt durch die schlafende Normandie. Die Slowakinmutter ist sitzend eingenickt, die beiden Burschen haben die Arme auf die Knie aufgestützt und schlafen auch, und die fünf Slowakenmädel, aneinandergelehnt, schnarchen ebenfalls. Nur der alte Slowak wartet, bis er den Brief zurückbekommen wird. In Yvetot wollen Leute in unser Abteil; als sie es aber mit Emigranten vollgestopft sehen, suchen sie ihr Glück anderswo. Es sollen so zufriedene Menschen sein, die Leute von Yvetot, ein

altfranzösisches Chanson erzählt wenigstens davon und von ihrem
König. Die Yvette Guilbert singt das Lied: [107]

> *Il était un roi d'Yvetot*
>
> *Peu connu dans l'histoire,*
>
> *Se levant tard, se couchant tôt,*
>
> *Dormant fort bien sans gloire,*
>
> *Et couronné par Jeanetton*
>
> *D'un simple bonnet de coton …*

Durch Alvimare geht die Fahrt weiter, durch Beuzeville-Bréauté. Der
alte Slowak hat seinen Brief wieder, und da er eine Zigarre
bekommen hat und rauchen muss, also nicht schlafen kann, erzählt er
weiter von seinem Leidensweg.

No ja, wie er den Brief da hatte, hat er seine Hütte verkauft. Zweit-
ausendzweihundert Kronen hat er für sie bekommen, ist die Ämter
abgelaufen um die Papiere, aber es hat nichts genützt: Für den
zweiten Sohn, den Miklos, hat er keinen Pass bekommen und musste
den Burschen daheim lassen, weil er noch militärpflichtig ist. »No ja,
und dann haben wir das Schwein geschlachtet und Würste gemacht,
und meine Alte hat zwölf Laib Brot gebacken, und wir haben unsere
Pinkel geschnürt und sind nach Prag gefahren. Mein Nachbar, der
Skalik, hat wollen, wir sollen auf seine Familie warten, bis sie aus
Amerika die Schiffskarte bekommen werden, aber ich habe gesagt,
das kann noch bis zum Winter dauern, und im Winter fahre ich
nicht.« Ihr glaubt, dass im Winter die Seereise böse ist? Oder dass ihr
dann drüben keine Feldarbeit finden würdet? »Ba né, das ist ganz
gleich. Aber man erzählt bei uns, dass man in Prag auch im ärgsten

---

[107] *Il était un roi d'Yvetot …: Erste Strophe des Liedes ›Le roi d'Yvetot‹*
von Pierre Jean de Béranger. Sie lautet in der Übertragung von Martin Remané:
Einst war –
es klingt wie eine Mär –
In Yvetot ein König,
Der konnte schlafen wie ein Bär,
Von Ruhmsucht hielt er wenig.
Man sagt, dass ihn gekrönt einst hätt'
Mit einer Zipfelmütz im Bett Jeanette …
(Pierre-Jean de Béranger, ›Lieb war der König, oh-la-la!‹, Berlin 1959)

Frost die ganze Nacht auf der Straße angestellt ist, damit man das Visum bekommt. Das soll ja schrecklich sein.«

Und er erzählt, von den inzwischen erwachten Familienmitgliedern unterstützt, die Abenteuer aus Prager Gassen und Nächten. Den ersten Schmerz haben er und die Seinen schon bei der Ankunft in Lieben durch den Herrn Diener der Kompanie erfahren müssen, der sie dort mit seiner mit Goldbuchstaben geschmückten Mütze erwartet hat. Von ihm erfuhren sie auf ihre erste Frage, dass sie nicht auf einem ›ctyrdamfy‹, nicht auf einem ersehnten Schiffe mit vier Schornsteinen, übers Meer fahren würden, sondern mit einem Schiffe von drei ›damfy‹ vorliebnehmen müssten. Dann hat die Schreibweise des Namens und eine Altersangabe im Reisepass nicht mit den Angaben in der eingesandten Schiffskarte übereingestimmt. Man musste nach Massachusetts kabeln und in Prag die Antwort abwarten.

Nun erst hatte er die berühmt komische Deklaration auszufüllen mit ihren vielen, vielen Fragen: Wie viel Geld er im Vermögen habe, ob er in der Tschechoslowakei Verwandte zurücklasse und wie sie heißen, ob er Kommunist, Anarchist oder Nihilist sei, ob er schon einmal im Gefängnis oder im Irrenhaus war, ob er die Ermordung von Regierungsbeamten gutheiße oder unterstütze, ob er die Absicht habe, die Regierung der Vereinigten Staaten gewaltsam anzugreifen, ob er sonst gesund sei, ob er lesen und schreiben könne, ob er ein Mann oder eine Frau, welches seine Körpergröße (in Zoll und Fuß anzugeben) und ob er Polygamist sei, und warum das alles? Ein Exemplar dieser Deklaration war für die Schifffahrtskompanie, ein zweites musste er in einem Schreibmaschinenbüro fürs Konsulat herstellen lassen.

Alle wurden vom Arzt untersucht, und die Ercsebét war trachom-verdächtig und sollte auf die Klinik. In der Niklasstraße, vor dem amerikanischen Konsulat, stellte man sich abends mit der ganzen Familie auf dem Trottoir an, um am nächsten Tag an die Reihe zu kommen. Zehn Dollar hat man für das Visum bezahlt und war noch froh, dass man's bekam – vielen Leuten wird es ohne Angabe von Gründen verweigert. Die haben dann die Reise nach Prag vergeblich gemacht und müssen in ihren Heimatort zurück, wo sie obdachlos sind. Freilich, wenn ein Abgewiesener nach ein paar Tagen wiederkommt und nicht erkannt wird, erzählt der Slowak, kann man das Visum doch erhalten. »Die Pavek Maria war viermal oben, und erst beim fünften Mal hat sie das Visum gekriegt!« Das französische und das deutsche Visum besorgt die Kompanie.

»Auf der Straße hat uns ein Mann angeboten, auch für den Miklos einen Pass zu verschaffen, und wollte dreihundert Kronen im Voraus und dreihundert Kronen nachher. Meine Alte hat wollen, ich soll ihm das Geld geben, aber ich hab gesagt, das ist sicher ein Schwindler, und hab's nicht gemacht. Ich weiß schon von diesen Gaunern: Vielen von uns haben sie alles Geld abgenommen und die Papiere dazu! No, und so lange haben wir mit all diesen Geschichten zu tun gehabt, dass wir keine Nummer bekommen haben.«

Was heißt das? »No, es dürfen jeden Monat nur dreitausend Leute aus der Slowakei wegfahren, und die dreitausend Nummern waren schon ausgegeben. Da haben wir bis zum nächsten Monat in Prag warten müssen.« – Das war bös, nicht? Die ganze Familie schmunzelt. No ja, es hat auch sein Gutes gehabt: Jetzt fahren wir doch auf einem Ctyrdamfy!«

Der Regen peitscht den Sonntagmorgen, als wir in Le Havre an kommen. Es ist fünf Uhr früh. Aus allen Waggons kriechen Slowaken mit verklebten, blinzelnden Augen. Sie sammeln sich um die Diener der Schifffahrtskompanie. Ein Autobus nimmt Sack und Pack auf.

Der Autobus mit den Slowaken fährt nicht nach dem Osten, wo der Hafen ist, sondern zunächst westwärts, in die Vorstadt Graville. Das sind Straßen, die oft ganz fensterlos sind: Ummauerungen von Lagerhäusern, Kohlenmagazine, Fabrikwände. Hie und da bettel-arme Arbeiterhäuser. Auf der Straße sind Eisenbahngeleise gelegt, und Lastzüge fahren zum Hafen. Die Fahrbahn ist ungepflastert. Eine Straße heißt *Rue de Blanqui*, nach dem Theoretiker des Putschismus. An den Wänden kleben Plakate, die *Société Générale des Travailleurs du Bâtiment*[108] erklärt den Streik, die Union des Syndicats beruft für zwanzig Uhr dreißig Minuten eine Réunion ein; Programm: die Lohnbedingungen der Verlader. Andere Plakate: Helft dem hungern-

---

[108] *Société Générale des Travailleurs du Bâtiment (franz.): Allgemeiner Gewerkschaftsverband der Bauarbeiter*

den Russland! Vive la troisième Internationale! Oberhalb eines kleinen Hoftores auf dem *Boulevard Sadi Carnot* hängt die Fahne der Schifffahrtskompanie.

Dort hält der Autobus, und die Slowaken klettern hinunter, ängstlich um ihre Ranzen besorgt, die sie einander vom Wagen reichen. Zwei betrunkene Neger, nicht solche, wie man sie in den Großstädten sieht, sondern magere, zerlumpte Burschen mit schlenkernden O-Beinen, Orang-Utans fast ähnlicher als Menschen, bleiben stehen und lachen zähnefletschend über das ungeschickte Aussteigen der Auswanderer und über die gestärkten, abstehenden Röcke der Frauen; unendlich exotisch kommen ihnen die Slowaken vor. Die Schwarzen rufen ihnen Verschiedenes zu, und die Auswanderer verschwinden erschrocken in der Tür.

Ein Hof. Der ist von einer ebenerdigen Baracke, einem einstöckigen Haus, einer Planke und – links vom Eingang – von Holzkabinen umschlossen, darin der Verwalter sein Büro hat und seine Wohnung. Das Ganze erinnert an das Gebäude eines Hundefängers; es ist aber eine Entlausungsanstalt, nobler gesagt: L'établissement de la Désinfection à Graville. Es regnet in Strömen, dieweil wir auf dem Hofe stehen und warten, bis die Dokumente eingesammelt sind. Die Regensträhnen geben den Wänden graue Lasur. Davor die müden, fröstelnden Slowaken. Wer je in der Slowakei war, dort eine Prozession sah von leuchtenden Farben, die kein Uprka[109] auf der Palette hat, Kronen aus gläsernem Silber auf Mädchenköpfen, jubelnde Blumen auf Kopftüchern, spiegelnden Lack hoher Stiefel und goldglänzende Kugelknöpfe, all das vor einer Kulisse reifen Kornes und guten Waldes – wer dort die Slowakei sah und sie hier wiedersieht, wird wahrhaftig trüb gestimmt wie Regenwetter.

Ein Riesensaal nimmt den Emigrantenstrom auf, ein Raum mit hundertfünfundsiebzig Bettgestellen von je zwei übereinander angeordneten Schlafgelegenheiten. Der obere Schlafgast muss, den Fuß auf das ›Bett‹ des untern stellend, in sein eigenes klettern. Man liegt keineswegs auf Matratzen, sondern auf Segeltuch, das zwischen vier Horizontalstangen des Gerüstes gespannt ist, sozusagen in breiteren

---

[109] *Joza Uprka (1861–1940), tschechischer Maler*

Hängematten. Am Fußende sind Gepäckhaken für die Ranzen befestigt. Unfreundlich und verdächtig ist dieser Saal, in dem die Neuangekommenen heute den Sonntag verbringen und nächtigen werden. Männer, Frauen, Mädchen, Burschen und Kinder gemeinsam. Es sind schon hundert polnische Emigranten da, gestern abends eingetroffen, und sie lagern im selben Gemach, mustern die slowakischen Ankömmlinge mit Missfallen.

Amerika hat in der Restrictions Bill die Emigration seit dem 3. Juni 1921 derart eingeschränkt, dass von jeder in Nordamerika vor dem Jahre 1914 angesiedelt gewesenen Nation jährlich bloß weitere drei Prozent einwandern dürfen. Aus der Tschechoslowakei dürfen demnach jährlich ›nur‹ vierunddreißigtausend Menschen ins Gelobte Land. Oder genauer: Für zweitausendachthundertvierundfünfzig Menschen gibt der Registration Officer in Prag monatlich je eine ›Registration Number‹ aus. (Mit dieser Zahl von Auswanderern marschiert die Tschechoslowakei an dritter Stelle aller Staaten – Großbritannien und Deutschland haben die Führung.) Wer später kommt – wie zum Beispiel unser Slowak –, muss in der Baracke in Lieben oder auf dem Hradschin bis zum nächsten Monat warten. Die genannte Zahl darf um zwanzig Prozent nur von Angehörigen nachstehender Berufe überschritten werden, die in der Reihenfolge des Gesetzes mitgeteilt seien: berufsmäßige Schauspieler, Künstler, Sänger, Pflegerinnen, Priester irgendeiner Religion, Universitäts- oder Mittelschullehrer und Leute, die einem Berufe von höherem Studiengang angehören. Dienstboten können jederzeit und in jeder beliebigen Zahl nach Amerika einwandern.

Im großen Schlafsaal der Graviller Desinfektionsanstalt möchten sich die neuangekommenen Slowaken scheu in jene Ecke drücken, die von den polnischen Leidensgenossen am entferntesten ist. Die Instruktion sagt jedoch nichts von einer Feindschaft zwischen Tschechoslowaken und Polen, sie ist vielleicht lange vor der Teilung Teschens verfasst worden, und die Slowaken müssen »aufrücken und anschließen«.

Man kann sich Sonntage vorstellen, die amüsanter und erfrischender sind als ein Sonntag in der Entlausungsanstalt. Schnell sind die Mahlzeiten vorüber, und endlos ist der Tag. Die Polen spielen Karten, streiten, machen Lärm, singen. Beieinander hocken die Slowaken, schauen sich das fremde Geld an und erzählen, was zu dieser Stunde jeder der zurückgebliebenen Dorfbewohner von Bycskâ Nova Ves machen mag.

An den Wänden hängen Tafeln: Was hat die Schifffahrtsgesellschaft zu zahlen, wenn bei den Eingewanderten eine Krankheit konstatiert wird? Für jeden Tuberkulösen 200 Dollar, für jeden Fall von Trachom 200 Dollar, für jeden venerisch Kranken 100 Dollar, Tabes 150 Dollar, Senilität 25 Dollar, Verkrüppelung 25 Dollar, Bruch 25 Dollar – sogar für Krankheiten gibt es also in Amerika fixe Preise.

»Ein Schnupfen kann kosten höchstens drei Cent«, kalkuliert ein jüdischer Bub, der zur Gruppe der Polen gehört und sich vor dieser Anschlagstafel die Nase putzt.

Die Affichen in allen Sprachen: Hommes, Uomini, Men, Männer, Hombres, Muzsky, Férfiaknak, Merczyzn, Alymny, griechische Buchstaben, türkische Buchstaben, kyrillische.

Am nächsten Tag: Vergatterung im Vorsaal der Desinfektionsabteilung. Von dort wird man in Gruppen, die Frauen extra, die Männer extra und die Kinder extra, in die Entkleidungssäle geführt. Hier muss sich jeder, jede und jedes nackt ausziehen, die Kleider werden mit der übrigen Habe in einen Sack gepackt, und der wandert in einen der beiden Desinfektoren. Bei hundertfünfundzwanzig Grad sterben darin die Flöhe, Wanzen, Kleider- und andere Läuse an Hitzschlag. Der glückliche Besitzer besagter Wertsachen aber zieht nackt in den Duscheraum und muss sich waschen und duschen, ob er will oder nicht.

Eingehüllt in weißes Linnen, werden nacheinander den Männern die Haare kahlgeschoren und die Bärte rasiert, den Frauen und den polnischen Juden die Haare strähnenweise minuziös nach Schätzen durchforscht. Hierauf untersucht der Arzt jeden einzelnen auf Herz, Nieren und so weiter. Hat man diese Prüfung bestanden, kriegt man seinen Sack wieder, darf seine Kleider anziehen, die jetzt allerdings noch etwas zerknitterter geworden sind, und bekommt eine gestempelte ›health card‹. Wer nicht so guter Zensur für würdig erachtet wird, muss repetieren und in Graville bleiben; es ist nicht so schön hier, als dass sich nicht jeder dieser Repetenten bemühen würde, seine Krätze oder dergleichen zu kurieren, um so schleunig, wie es geht, wegzukommen. Die übrigen aber, die mit der ›Gesundheitsbescheinigung‹, die sind – noch immer nicht amerikareif? Oh, noch lange nicht!

Die kommen jetzt nach Le Havre. Dort ist, gleich hinter dem Justizpalast, die Quarantänestation, offiziell ›Hotel des Emigrants‹ genannt. Für achthundert Menschen sind Schlafstellen in diesem Hause, und wir finden alle belegt. Welch ein Gewirr im Stiegenhaus, auf dem Hofe, im Speisesaal, in den Dortoirs[110]! Und wieviel Sprachen – die Arbeitergemeinschaft beim Turmbau von Babel muss im Vergleich zu diesem Gewirr ein einheitlicher Nationalstaat gewesen sein! Kinder rutschen die Treppengeländer hinab, Weiber spülen in den eingebauten Waschtrögen im Hofe Windeln, Kinderhemden, Kleidchen, Strümpfe. Kreuz und quer sind Wäscheleinen gespannt und lückenlos behängt, Jünglinge kneifen vorbeieilende Mädchen in den Popo, im Speisesaal rasselt ein automatisches Klavier, draußen spielt ein Bursche Ziehharmonika, unentwegt denselben Csárdás, von verzückten Frauen umringt. Im Speisesaal isst man an langen, ungedeckten Tischen, die Waschräume ähneln denen einer Kaserne.

Die Schlafsäle sind nach Geschlechtern geschieden, aber diese Anordnung lässt sich nicht strikt einhalten. Die Frauen wollen nun einmal nicht von ihren Männern getrennt sein. Wir sind in Le Havre, in Frankreich, in einer Hafenstadt, wo nachts mancherlei Unheil geschehen kann. Zwar ist das Meer auf der anderen Seite der Stadt, aber auch in sturmfreier Gegend kann man Schiffbruch erleiden, und es ist daher hier begreiflicher als anderwärts, wenn die Gattin den Gatten nächtlicherweile bei sich haben will. Solchen Gründen kann sich das Aufsichtspersonal schwer verschließen.

Übrigens ist hier, zum Unterschied von der Desinfektionsanstalt in Graville, eine Scheidung zwischen Passagieren zweiter und dritter Klasse durchgeführt. Die Zweiteklassepassagiere haben Räume zu neun bis zwölf Schlafstellen mit Wollmatratzen. Die Mahlzeiten aber sind für alle Bewohner der Quarantänestation gleich. Dreizehn

---

[110] *Dortoirs (franz.): Schlafräume*

Francs täglich werden für das Essen berechnet. Das ist auch für französische Verhältnisse ein äußerst hoher Preis, wenn man bedenkt, dass man in vielen Restaurants in Paris für drei Francs fünfzig schon ein gutes Menü bekommt und dass es sich doch hier um die Massenverabfolgung einer einheitlich hergestellten Mahlzeit handelt. Für den Bagagetransport wird eine Gebühr von zwanzig Francs eingehoben. Allerdings: Wenn die Emigranten in einem Hotel von Le Havre Kost und Quartier nehmen würden, kämen sie kaum billiger weg. Man betrachtet sie in den Auswandererhäfen als besonders wehrlose Objekte der Ausbeutung. Der Quarantänestation gegenüber sind zum Beispiel Verkaufsstände, wo man Kämme, Handtücher, Ansichtskarten, Obst, Schokolade und Eis zu unverschämten Preisen verkauft – von den Benachteiligungen beim Geldwechsel abgesehen. Die Quarantäne dauert zwölf Tage, in welche die Dauer der Schiffsüberfahrt eingeschlossen ist. Nach etwa acht Tagen fahren die Emigranten zum Molo, auf einem Brettersteg balancieren sie in den unteren Teil des Schiffsrumpfes, ohne das Oberdeck zu betreten. Die Matrosen bugsieren sie in Kabinen oder zu den Matratzen auf dem Zwischendeck. Dann wartet man, bis der Extrazug aus Paris ankommt, der auf dem Kai hält, hart an der Landungsbrücke, und die Passagiere erster Klasse bringt. Die steigen aus, elegante Lederkoffer werden ihnen nachgetragen, und der Dampfer sticht in See.

Vom Zwischendeck sieht der Slowak zu. Die Herren und Damen starrt er an, die vorgestern, vielleicht sogar gestern von zu Hause abgefahren sind und so bequem Anschluss haben, während seine Reise mit den Vorbereitungen so viele Monate, so viel Geld, so viel Mühe, so viele Gefahren und so viele Leiden gekostet hat, von denen man sich in der Heimat keinen Begriff machen kann. Die alte Heimat hat er verloren, und die neue hat er noch lange nicht gefunden. Aber der Slowak vergleicht nicht, und keinerlei soziale Erwägungen beschweren ihn auf seiner Fahrt auf dem lang ersehnten ›ctyrdamfy‹.

Bombardement und
Basarbrand von Skutarti

11. Mai 1913

DIE RAUCHSÄULE DORT, in die sich die Feuersäule heute Morgen verwandelt hat, ist unser Reiseziel:

Der Dampfer löst sich vom montenegrinischen Ufer und rollt durch die Mündung des Rijekaflusses, bis sich das Flussbett ins Ungemessene weitet: Wir sind im Skutarisee. Er ist ganz von Vegetation erfüllt, von Bäumen, die bis an die Kronen im Wasser stehen, von Blattpflanzen, die sich glatt an die Oberfläche schmiegen, und von hohem Schilf. Durch dieses Gestrüpp der Wasserflora sind dünne Gässchen gebahnt und mit Holzpflöcken markiert – das ist der Weg des Schiffes kreuz und quer, im Zickzack und in scharfen Kurven. In der Weite die Berge Albaniens, zwischen denen heute die irdische Wolke ist. An Lesandro geht's vorbei, wo vor 1877 die größte türkische Festung stand, an Grmosur, wo das Zuchthaus Montenegros steht. Nach zwei Stunden sind wir in Virpasar, steigen um und schwimmen auf der ›Neptun‹ gegen Skutari; das Krunjagebirge, steil, finster und zerrissen, steht rechts, und fern der Tarabosch, das Dörfchen Ckla, wo Kronprinz Danilo in dieser Woche die Parlamentäre Essad Paschas empfing, die Dörfer Zogaj und Sirocki Vir, über deren Dächer hinweg, von der letzten Position auf dem Tarabosch, bisher täglich Tausende von Schüssen krachten, die Bergkette Bardanjol und hinten das Berticagebirge.

Aus dem Wasser ragen zwei Kamine eines gesunkenen Dampfschiffes und das Heck hervor. Vom Topp eines starken Mastes verlaufen Dreiecke in den See – ein Segelschiff, das von den Bergen aus zusammengeschossen wurde. Dort wieder der Segelmast eines Wracks. Wieviel Menschen liegen auf dem Grund? – Kilometerlange Stacheldrahtanlagen haben die Türken aufgerichtet, bis hart an das Ufer und weit über das Ufer hinaus in den See, um das unbemerkte Herankommen von Schiffen zu verhindern.

Die Zitadelle Skutaris überschattet uns, der Mrnjacwicagrat über dem Bojano. Auf der Zinne ist der blau-rot-weiße Triumph gehisst, die Montenegriner Fahne. Darunter die Altstadt, aus der die letzten Flammen des Brandes emporschlagen, in Rauchmassen gehüllt.

›Neptun‹ wirft Anker, ganz nahe der Stelle, wo der Skutarisee als Bojano in die Adria abfließt. Grobe Barken mit schmutzigen Albanerbuben drängeln sich an das Schiff, keifend und zerrend versucht jeder in sein Fahrzeug die meisten der aussteigenden Dampferpassagiere zu locken, um sie gegen ein Fahrgeld von einem Piaster zur Bojanobarre zu rudern. Längs großer Maismagazine geht der Weg, bis er plötzlich in die Hauptstraße der ›Tepé‹, des alten Basarviertels, abbiegt.

Hier ist die ungeheure Brandstätte. Monatelang hatte der Basar, diese in Korridore und dumpfe Hallen eingepferchte Stadt von Geschäften und Verkaufsständen, das Feuer der Geschütze von Tarabosch und Bardanjol überstanden, eine Zeit, da es keine Wasserzufuhr und kein Löschgerät gab. Gestern aber, am zweiten Tag nach beendigter Belagerung, hat ein glimmendes Zigarettenstümpfchen oder der Funken eines Holzkohlenherdes die achthundert Kramläden in eine einzige Pechfackel verwandelt. So hochauf loderte die Flamme, dass sie uns auf der anderen, fernen Seite des Sees erschreckte.

Jetzt ist alles tot, was gestern noch Leben war, jetzt ist alles Schutt, was gestern Ware war. Ein Kordon von Soldaten sperrt die Zugänge in die rauchenden Reste der Gewölbe. Nichts steht von den Hallen als die Seitenwände. Zwischen ihnen Steine, zertrümmerte Ziegel, zerronnene Zinngefäße, verkohltes Leder, geborstene Schränke, rußige Scherben, stinkender Tabak, durchlöcherte Decken, zerfetzte Posamenten, vernichtetes Küchengerät – ein wertloser Brei von Dingen, die gestern noch den Käufer locken sollten und heute nicht mehr wert sind, vom letzten Bettler aufgeklaubt zu werden. Nichts hat das Feuer verschont, sogar der Blechverschluss eines Portemonnaies, das auf den Steinfliesen liegt, ist verbogen, und die zerschmolzenen Kupferstückchen daneben waren schwerverdientes Geld.

Überall glimmt es unter der Asche, und die Luft, als könnte sie es nicht glauben, dass ihr die Basarwölbungen nicht mehr wie seit Jahrhunderten den Ausgang verwehren, stockt in ihrem alten Käfig: Aus den Schuttvulkanen und den glosenden Holzresten steigen Rauchschwaden auf, aber sie wollen nicht fort, sie bleiben zwischen dem senkrechten Gemäuer. Alle Gassen, zweiunddreißig Häuserblocks sind so niedergebrannt, dass man nichts sieht als die Ziegelfassaden, oft selbst solche nicht – nur öde Abraumplätze, die Stellen, an denen hölzerne Häuser waren. Menschen, deren Habe hier in den letzten Rauch aufgeht, werden eingelassen in die Siedlung von Brandresten. Kein Wehklagen hört man. Weiber suchen hoffnungslos in den Scheiterhaufen nach irgendeinem Kleinod ihres Krames, Kinder sitzen auf den neuen schwarzen Hügeln und spielen mit merkwürdig zerlassenen Metalldingen.

Vor einem der feuerspeienden Kegel hockt ein Türke mit untergeschlagenen Beinen, schaut ins Leere und saugt tiefe Züge durch die Zigarettenspitze; Tabakdose und Seidenpapier liegen, zu schnellem Ersatz bereit, ihm zu Füßen. Quittengelb ist sein Gesicht, die Krähenfüße an den Augenwinkeln und die Falten von der Nasenwurzel zum Mund haben ihm Koffein und Nikotin gepflügt und die rivalen Lockungen seiner Frauen. Den hohlen Blick vererbten ihm jedoch sein Stamm und sein Glauben: Vorbestimmt ist dir dein Schicksal. Im Buche des Lebens war's von Anbeginn an verzeichnet, dass die Tepé von Skutari niederbrennen werde, gestern, am soundsovielten Tage des soundsovielten Jahres nach der Hedschra, am Tage, da es in die Hände der Ungläubigen fällt.

Erschöpft steht eine Feuerspritze da. Sie hat das Löschungswerk zu vollbringen versucht. Sie allein. – Rauch schnürt die Kehle ein, Gestank dringt in die Nase, Ruß in die Netzhaut. Ein verkohlter Hund fletscht das Gebiss ... Fort aus dem Bereich, in dem das Element zeigen wollte, dass es den verheerenden Wirkungen der Menschen noch verheerendere entgegenzusetzen vermag.

Aus der Stickluft führt der Weg durch einen moslemitischen Steinfriedhof, der an die berühmte Gräberstätte des anderen, des asiatischen Skutari erinnert. Mag die Totenstadt des albanischen Skutari auch kleiner sein, sie ist nicht minder betäubend. Du gehst durch einen heliotrop-farbenen Wald von Blüten, Schwertlilien sind es, die auf den Türkengräbern wachsen und die eingehauenen Suren verdecken. Die Hauptstraße der Stadt. Niedrige Häuser, ganz zusammengeschossen oder halb eingefallen vor Schreck über die Kanonade, aber noch immer bewohnt, geflochtene Fenster, ein Flüsschen führt Schmutz und Kot an den Häusern vorbei, doch ranken sich Rosen die Stiegen hinauf, und Akazien duften. Unter Ulmen: Kaffeehäuser, das Nargiléh[111] steht auf dem Tisch und vereinigt mit seinen Schläuchen alle Gäste zu einem einzigen überlebensgroßen Tier mit vielen Köpfen. Die Verkaufsläden haben keine Fenster, nur horizontale Bretter, auf denen die Inhaber und ihre Gäste kauern. Tabakläden überwiegen.

Vor braunen Hügeln von Zigarettentabak sitzen Händler, und eine herabhängende Kaufmannswaage ist ihr einziges Gerät. In offenen Bäckereien werden bizarre Kuchen und weißes Brot von wenig vertrauenerweckenden Händen gebacken. Schuster arbeiten *coram publico*, Krämer mit Feigen, mit Schafskäse, Datteln, Brennholz, Zwiebeln, Mais und den Blütenrippen des Sumachbaumes, der nur hier wächst und dessen Blüten zum Gerben und zum Schwärzen von Fellen, zum Säuern des Essigs und Aromatisieren des Tabaks verwendet werden. Durch die ganze Stadt läuft das Geleise einer schmalspurigen Förderbahn, aber sie fährt nicht, die Strecke ist zerschossen. Achttausendfünfhundert Artilleriegeschosse hat die Stadt während der Belagerung abbekommen.

Auf dem enormen Hof, der von drei Kasernentrakten und jenseits der Straße von dem im Bau begriffenen Spital gebildet wird, stehen die montenegrinischen Truppen in Reih und Glied zum Gebet. Mit einem Aviso zum Zivio-Ruf[112], den tausend Stimmen wiederholen, wird weggetreten. An die niedere Wegmauer gelehnt sind Türken und Albaner und schauen staunend zu.

Achttausend montenegrinische Soldaten sind in Skutari, die meisten in braungrünen Felduniformen, aber auch der krapproten Duschanka mit den zugehörigen blauen Leinwandhosen begegnet man auf Schritt und Tritt; viele Landstürmer mit blau-rot-weißen Dienstschleifen und Gewehren, Patrouillen zu Fuß und zu Pferde, abgemagerte und zerlumpte Türkensoldaten in der moosgrünen Montur, montenegrinische Offiziere mit Goldepauletten und grauen Tellerkappen, mit dem ›Grb‹, türkische Offiziere mit ihren Säbeln

---

[111] *Haschisch-Wasserpfeife*

[112] *Zivio-Ruf: ›Hoch‹-Ruf*

und den hohen Pelzmützen, reiche Albanerinnen mit rosa-silber-durchwirkten Blusen, goldgestickten Haarbändern, weiten, geblümten Tuniken und fassartigen Pluderhosen, Haremsfrauen in Schwarz und verschleiert, türkische Bäuerinnen mit weißen Männerhosen aus Leinwand unter dem kurzen Rocke, Skipetaren[113], Arnauten[114], Malissoren, helle Gegen und negerfarbene Tosken[115], die Männer in weißer Fustanella, einem plissierten Frauenrock, Strümpfe aus gegerbter Schafshaut und Schnabelschuhe, Zigeuner in Lumpen und Zigeunerinnen in Teppichstoffen. Aus einem Geographiebuch, betitelt ›Das Land der Skipetaren‹, sind die Buntdruckfiguren zum Leben erwacht und wandeln und reden, reden alle Mundarten, die man von der Adria bis zum Pindus[116], von Skutari bis zum Golf von Arta spricht, man hört aber auch Türkisch, Griechisch, Serbisch und Italienisch. Auf ein Goldstück bekommt man vielerlei Geld zurück: Piaster, Dinare, Lire, Kronen und so weiter.

In Skutari gibt es zwei Hotels, jedoch auch im dritten finde ich keine Unterkunft. Während ich mit dem Portier verhandle, kommt der abgesetzte türkische Polizeipräsident und Stadthauptmann von Skutari, Suleiman Bey, und bietet mir an, bei ihm zu übernachten. »Oh, je suis charmé, mon président!« – »Vous me connaissez?«[117] – Er hat mich gestern bei der Hoftafel König Nikitas[118] in Cetinje nicht beachtet, sich zumindest meine Physiognomie nicht gemerkt, und scheint jetzt nicht sehr erfreut, dass es ein Bekannter, noch dazu einer aus dem Konak ist, dem er zufällig ein Nachtlager angeboten hat. Warum? Und was hatte er eigentlich in diesem letztrangigen Gasthof zu suchen? (Allerdings fielen mir diese Verdachtsmomente erst später ein.)

---

[113] *Skipetaren: Albaner*

[114] *Arnauten: Türkische Bezeichnung für die Albaner*

[115] *Malissoren, Gegen, Tosken: Volksgruppen der Albaner*

[116] *Der Pindos (auch Pindosgebirge) ist ein Hochgebirge in Südosteuropa*

[117] *Oh, ich bin entzückt, Herr Präsident! – Sie kennen mich?*

[118] *König Nikita I. (1841–1921), von 1860 bis 1910 Fürst, von 1910 bis 1918 König von Montenegro*

Wir gehen zu seiner Villa, die vor der Stadt liegt, durch Straßenzüge von Ruinen. Unterwegs erzählt mir der bewegliche, korpulente Herr, dass er vor drei Tagen, nach der Einnahme der Stadt, von einer montenegrinischen Eskorte nach Cetinje gebracht, aber vom König sehr leutselig aufgenommen worden ist; nach Abgabe seiner Loyalitätserklärung wurde er zur Hoftafel eingeladen und ihm die Bewilligung erteilt, unbehelligt zurückzukehren. Seine Villa ist zwar von Montenegrinern besetzt, doch der Gartensalon ist frei geblieben, und es stehen zwei Betten darin. Ich frage ihn, ob er verheiratet ist. – »Marié? Moi et marié! Non, monsieur, pas du tout!«[119]

In diesen Gassen, wo ihn einst alles furchtsam und ehrerbietig grüßte, schaut man dem wegen seiner goldstrotzenden Uniform Auffallenden nur verächtlich, höhnisch nach. Suleiman Bey weist auf ein Café, in dem montenegrinische Offiziere beim Mokka sitzen. »Hier tranken wir in Eile einen Kaffee, wenn wir einen Augenblick Zeit hatten. Jetzt sitzen diese Cochons[120] den ganzen Tag da!«

Er lässt es sich deutlich anmerken, dass ihm furchtbar zumute ist, weil in seiner Machtsphäre die Feinde herrschen. »Mais, que faire[121], am Schlusse waren bloß acht türkische Bataillone hier, Konstantinopel ließ uns im Stich.«

Die Stadt bleibt hinter uns, wir kommen zur ummauerten Villa. Der Gartensalon ist eine Rumpelkammer geworden – vollgepfropft mit Möbeln aus allen Räumen. Die beiden Betten sind wirklich vorhanden. Der Herr Präsident will mir beim Auskleiden behilflich sein, aha, die berühmte orientalische Gastfreundschaft, denke ich, und bloß durch Entschiedenheit kann ich mich seiner Liebenswürdigkeit entziehen. Müde falle ich ins Bett. Aber der Herr Polizeipräsident, der doch heute die gleiche anstrengende Landpartie über die Felsenstraßen Montenegros und die gleiche Fahrt über die Wellen des Skutarisees gemacht hat, scheint durchaus nicht schläfrig zu sein. Er setzt sich auf mein Bett, streichelt mir Wangen und Hals, was

---

[119] *Verheiratet? Ich und verheiratet! Nein, mein Herr, ganz und gar nicht!*

[120] *Schweine*

[121] *Aber, was (kann man schon) tun?*

unmöglich die berühmte orientalische Gastfreundschaft sein kann. Plötzlich springt er auf und geht zur Tür, um nachzusehen, wer über die Treppe gehe. »Natürlich montenegrinische Offiziere«, brummt er, »die Kerle trampeln wie die Pferde!«

Er will die Tür hinter sich abschließen, aber ich bitte ihn, sie unversperrt zu lassen. Ich bitte ihn sehr energisch, denn ich habe den Augenblick benützt, um aus meiner Hose den Browning zu nehmen, entschlossen, meine Unschuld zu verteidigen. Suleiman Bey hat das wohl bemerkt, denn er lässt achselzuckend den Schlüssel wieder los. Indigniert legt er sich zu Bett.

Sicherlich bedauert er, mir das Nachtlager angeboten zu haben.

Ich auch.

Übungsplatz zukünftiger Clowns

WEN EIN ANMUTIGES SCHICKSAL nach dem Mittagessen in den Bois de Vincennes[122] hinausführt, der kann sich auf der Insel Dumesnil mannigfach belustigen: Er kann sich in einen der Büsche am Seeufer legen, auf den weichen Rasen und sich einfach seines Schicksals freuen. Oder er kann den Knaben zusehen, die aus dem Gymnasium direkt ins Gymnase[123] hierher geeilt sind, um unbeaufsichtigt und unkommandiert und unbekleidet (bis auf Schwimmhose) zu turnen. Oder kann sich der obbemeldete Glückliche an den unterschiedlichen Vergnügungsautomaten ergötzen, zum Beispiel am Elektrisierapparat, dessen Strom allerdings sein eingangs erwähntes anmutiges Schicksal aufkreischen lässt, damit die Aufmerksamkeit der vorübergehenden Herren erregt werde.

Auf einem Rasenplatz treiben dreizehn Burschen in Hemdsärmeln allerhand unvernünftiges Zeug. Der eine versucht, auf einen werten Freund hinaufzuklettern, ein anscheinend noch werterer Freund zieht

---

[122] *Der Bois de Vincennes ist einer der beiden teilweise als englische Landschaftsparks gestalteten Stadtwälder von Paris*

[123] *Sportplatz*

ihn am Hosenboden und fällt selbst auf den Allerwertesten. Einer läuft auf den Händen, überschlägt sich aber plötzlich und bleibt nach einigen verzweifelten Zuckungen leblos liegen. Anlauf zum Sprung nimmt ein dritter, stolpert dabei und stürzt hin. Anfangs glaubt der Passant, einige besonders ungeschickte Parterregymnasten vor sich zu haben. Es stellt sich jedoch bald heraus, dass die jungen Männer den Ehrgeiz, Akrobaten zu werden, einmal besessen haben mögen, aber nun von einem anderen beseelt sind. Ihre gekrümmte Haltung ist Absicht, ihr Gang mit durchgedrückten Knien ist Absicht, und Absicht ist ihr Stolpern und Liegenbleiben. Man erkennt es, wenn sie bei einem Sturz mit Fistelstimme »o la la« rufen oder sich hinten an den eigenen Beinkleidern wieder in die Höhe zu ziehen versuchen: die dreizehn ahmen Zirkusclowns nach.

Wenn sie müde sind vom Handstand und vom Hinfallen, dann holt jeder seinen Hut von dem Kleiderhaufen, neben dem sehr viele grobe Geschäftsschlüssel liegen, und sie werfen den *Chapeau melon* in die Höhe, um ihn mit dem Kopfe aufzufangen, o la la!, oder lassen ihn den Arm hinabgleiten und fangen ihn mit der Fußspitze auf, o la la! Zwei proben die Parodie des Boxkampfes zwischen Clown und dummem August: wie der Clown nach jedem gelandeten Hieb ›stopp‹ ruft und der gerade zum Stoß ausholende August daraufhin die Arme hochheben muss, bis der Kampf in eine Prügelei ausartet und schließlich damit endet, dass die beiden Champions weit voneinander entfernt auf der Erde liegen, beide halbtot, nur noch unsäglich matt mit den Händen in die Luft schlagend. Zwei andere spielen die Duo-szene, in der sich der dumme August mit dem Clown ›telefonisch‹ unterhält, bis ihn der Clown um hundert Franken anpumpt; da hört er plötzlich zu hören auf, der Apparat funktioniert nicht mehr, o la la! Und was der infantilen Scherze mehr sind, die uns im Zirkus so gefallen, weil sie eben infantil sind, derart überraschend blödsinnig, dass man lachen muss.

Die dreizehn jungen Leute sind samt und sonders Handlungsdiener. Sie sind Pariser und lernen diese alten Manegewitze im Tonfall der englischen Sprache und mit großem Ernst. Aus der inneren Stadt sind sie in der Mittagspause mit der Untergrundbahn hierher nach Vincennes gefahren, drei Viertelstunden nimmt die Reise hin und zurück in Anspruch. Eine Stunde lang können sie üben. Sie sagen, dass sie das nur zum Sport tun. Aber aus Sport kann man wohl einen Sport betreiben, aber nicht die Parodie eines Sports. Und sicherlich wird jeder von ihnen eines Abends dem Buchhalter die Ladenschlüssel hinwerfen und in einem Vorstadtzirkus als Diener Beschäftigung suchen, dort wird ihn der Clown als Zielscheibe seiner Witze bald herausgefunden haben, und einst wird kommen der Tag, an dem der heutige Geschäftsdiener in grellseidenem Narrengewand, die Kegelkappe über weißgepudertem Gesicht und kugelglattem Schädel, in die Manege tappt.

Er wird kein so berühmter Clown werden wie Little Pitch oder Chaplin oder Mr. Chocolade oder die Frattelini oder ein anderer der Großen, die in Paris populär sind: Die können das alles wirklich, was sie parodieren, die sind gewiss schon als zweijährige Kinder von Papa den Zirkusgästen vorgeführt worden und kennen ihr Publikum und bringen ihm, was es will. Doch die dreizehn Handlungsdiener sind gelernte und geborene Handlungsdiener, und was sie hier allmittäglich am Ufer des Dumesnilsees im *Bois de Vincennes* tun, ist nichts als eine mehr oder minder gute Kopie abgebrauchter Zirkusscherze, von denen dreizehn auf ein Dutzend gehen.

In allen Schichten gibt es Sehnsucht nach Kunst. Der Arbeitersohn hat oft den Ehrgeiz, ein berühmter Koch zu werden. Der junge Geschäftsdiener will es zum meisterhaftesten Akrobaten bringen. Und der Gymnasiast träumt davon, unsterbliche Dramen zu dichten. Nichtsdestoweniger wird zumeist jener Arbeitersohn nicht mehr als ein Kellner in einem kleinen Gasthaus, jener Geschäftsdiener nur ein Clown im kleinen Zirkus und jener Gymnasiast bloß ein Reporter, der über die kleinen Clowns einen Artikel von fünfundachtzig Zeilen schreibt.

Die Hochschule für Taschenspieler

EINE HOCHSCHULE FÜR TASCHENSPIELKUNST? Natürlich gibt es das in Berlin! Sie zählt jetzt vierzehn Hörer. Der redselige Rektor hat es mir erzählt, als ich mich inskribieren ließ. (Sonst wüsste ich es nicht, denn der Unterricht ist individuell, jeder einzelne wird einzeln ausgebildet.) Zehn Mark für die Stunde. Im Dutzend billiger: hundert Mark. Aber dafür ist man – garantiert! – nach zwölf Stunden ein Mann, der sich sehen lassen kann. »Sie wollen zu Berufszwecken lernen?« fragt Seine Magnifizenz. »Nein, nein, nur um mich in meinem Bekanntenkreis zu produzieren.« Sonst verlangt man keinerlei Nationale, kein Zeugnis.

In den Hörsaal tritt man mit stillem Schaudern ein, sieht halb neugierig, halb beklommen um sich, wie der Schüler in Doktor Faustens Studierstube. An der Wand hängen Plakate der Magier, ›Séance mystérieuse‹, ›Dreamland‹ und ›The greatest illusionist of the world‹[124]. Rechts sind in einem Regal allerhand zauberische Dinge aufgestapelt: Büchsen, Kartenspiele, japanische Teekisten, Kugeln, Zauberstäbe, Hüte, Becher, Kassetten, Münzen, Teller, Kerzen, Tücher, Säcke, Röhren, Eier, Seidenblumen, Ringe, Flaggentücher, Flaschen, Pistolen, Würfel, Schlangen, Vasen, Ketten. Links: eine schwarz ausgeschlagene Versuchsbühne mit großen Stativs aus weiß leuchtendem Nickel, Stellagen und Apparaten, Tischchen mit Blumenkörben, Käfigen, Goldfischschalen und einem auf geheimnisvollem Metallgrunde stehenden hypnotischen Stuhl, dessen ›Besitzer‹ eine Reihe von Personen auf seinen Armen tragen kann, ein Pranger aus Eichenholz mit Stahlschlot, der dem Eingeklemmten die Befreiung aus Fesseln ermöglicht, ein Sarg, in dem ein Mensch spurlos zu verschwinden vermag, und dergleichen.

Der Dozent ist noch nicht da, und man muss sich einstweilen damit begnügen, dass der Institutsinhaber die Honneurs macht. Er erklärt

---

[124] *Séance mystérieuse (frz.): Geheimnisvolle Sitzung*
Dreamland (engl.): Traumland
The greatest illusionist of the world (engl.): Der größte Zauberkünstler der Welt

die Wirkung der Apparate, wohlgemerkt: nur die Wirkung. Auf naiv-neugierige Fragen nach dem Trick oder dem Mechanismus hat er auch für den immatrikulierten Hörer nur eine einzige Antwort: »Erklärung bloß bei Kauf.«

Der verbindlich lächelnde Ton, in dem er das versichert, das ›Nicht wahr?«, das er manchmal hinzufügt, um von dem Neugierigen eine verständnisinnige Bejahung zu erlangen, können über das Unerbittliche dieses obersten Geschäftsprinzips nicht hinweg-täuschen: »Erklärung bloß bei Kauf.« Denn einige dieser Zauberma-schinen kosten tausendfünfhundert Mark.

Inzwischen ist der Lehrer auf dem Schauplatz erschienen. Er sieht weder wie ein alter Hexenmeister aus noch so wie sonst Universitäts-professoren. Das Leben scheint ihm keine großen Sorgen zu machen. Er hat sich einen englischen Anzug ervoltigiert[125], ist ein ganz junger Mann und kann nicht verleugnen, dass er ein Wiener ist, trotzdem sein Name bei der Vorstellung (nicht etwa bei der Zaubervorstellung, sondern als er sich vorstellte) äußerst italienisch klang. Der Herr Rektor bleibt im Zimmer, um in Unterrichtspausen das Interesse des Studenten an den Apparaten zu wecken, die er auf Lager hat. Von Zeit zu Zeit kommt auch seine Bürodame in das Laboratorium. Ich bemerke, dass sie hübsch ist, und weil man eben bei der Eskamota-ge[126] nichts bemerken darf, so fällt mir immer eine Billardkugel aus der Hand, wenn das Fräulein ins Zimmer tritt. Aber es sei nicht vorgegriffen.

Der Professor der Prestidigitation[127] beginnt sein Kolleg nicht etwa mit einem mystisch-okkultistisch-kabbalistisch-magisch-historischen Vorwort, wie es ein Kathedergelehrter tun würde, sondern er fragt bloß, ob ich mich schon irgendwo als Illusionist getätigt habe. Ich verneine. Er verlangt meine Hand zu sehen. Ich reiche sie ihm, nicht ohne Angst, als untauglich zurückgewiesen zu werden, denn die Finger meines neuen Lehrmeisters sind mindestens zweimal so lang

---

[125] spöttisch: durch Kunststückchen erarbeitet, geleistet

[126] Eskamotage: Taschenspielerei, Taschenspieler-Trick

[127] Prestidigitation: Taschenspielkunst

als die meinen. Doch er zerstreut nach fachmännischer Prüfung meine Bedenken: »Sie haben Talent«, woraus zu erkennen ist, dass seine Zeit mein Geld ist: zehn Mark die Stunde.

Auf dem vernickelten Messingständer liegen fünf polierte Billard-bälle. (Eigentlich sind Billardbälle im Allgemeinen doppelt so groß, aber der Dozent nennt sie so.) Er nimmt einen in die linke Hand, legt ihn in die rechte, macht die Gebärde des Zerreibens, und fort ist der Ball. Nachdem ich vergeblich geraten habe, wohin er verschwunden sein könnte, zieht er ihn mit der linken Hand aus meiner Schulter. »Voilà!« Ich bin bass erstaunt.

»Das ist das Palmieren, die Grundlage der Eskamotage. Fast alle Tricks der Handmanipulation basieren auf diesem Griff.«

Und nun beginnt er ihn zu erklären, indem er ihn ganz langsam wiederholt. Wie einfach! Er legt den Ball gar nicht aus der linken Hand in die rechte, sondern er behält ihn in der linken zwischen Handballen und Maus (Daumenballen), die übrigen Finger ausgestreckt lassend. Die rechte, leer gebliebene Hand ahmt inzwischen das Festhalten einer Kugel nach. Bei diesem scheinbaren Halten ist insbesondere zu beachten, dass der Daumen nicht im Inneren der Faust, sondern außen auf der gehöhlten Hand liegt. Wenn man diese beiden Touren *intus* hat, kann man das Changieren vornehmen, die sogenannte Faustpalmage. Man hält den Ball auf der halboffenen linken Hand fest, der rechten gibt man die Form einer Faust. Die linke Hand stellt man mit dem Handrücken nach außen rund auf die Faust. Hierauf lässt man den Ball in die rechte Hand gleiten, wo man ihn in der geschilderten Palmagenstellung zwischen Hand- und Daumenballen fasst, während man der linken Hand die Stellung des scheinbaren Haltens gibt. Dann lässt man den Ball aus der linken Hand (in der er sich nicht befindet) verschwinden, indem man ihn »mit den Fingerspitzen zerreibt« – hokuspokus –, und kann ihn dann mit der rechten Hand aus dem Oberarm, aus der Tasche eines Zuschauers hervorzuzaubern. Voilà! Es ist die Lüge der Hände, die da gelehrt wird: Die scheinbar haltende Hand ist leer, die schein-bar leere Hand hält die Kugel.

Misslingt mir ein Griff, so warnt mich der Professor, die Palmage nicht zur ›Blamage‹ werden zu lassen. Da ich Streber mich über diesen Witz schier totlache, erklärt mir der geschmeichelte Meister, dass ein guter Taschenspieler auch ein guter Wortspieler sein müsse. Wenn er sich zum Beispiel auf einen ausgeliehenen Zylinderhut setze, so sage er zu dem erschrockenen Eigentümer: »Seien Sie auf Ihrer Hut, ich bin es auch. Voilà!«

Ich lache mich noch toter und erhalte dafür weitere Scherze geschenkt. Zum Beispiel die Frage an das Publikum: »Hat vielleicht jemand von den verehrten Herrschaften heute zufällig ein reines Taschentuch bei sich?« Und wenn sich die Lachstürme gelegt haben, fügt der Künstler hinzu: »Warum lachen Sie? Es könnte doch wirklich möglich sein.« Falls das geliehene Taschentuch ein kleines Loch hat: »Aha, ein Taschentuch mit Notausgang! Voilà!« Das Intermezzo der Wortwitze, des modernisierten Abrakadabra, ist zu Ende, und wir kommen wieder auf die Witze der Finger. Der Lehrer gibt mir einige Hausarbeiten auf. Vor dem Bette stehend, möge ich üben, damit ich mich nicht nach den fallenden Kugeln bücken und den Davonrollenden nicht unter die Möbelstücke nachjagen müsse.

»Sechs Mark fünfzig kostet eine elegante Garnitur von Billardbällen«, wirft der Hochschulbesitzer so von ungefähr dazwischen.

Bei den Heizern des Riesendampfers

An Bord der ›Vaterland‹, 2. Juni 1914

WIR FALLEN IN DIE UNTERWELT, den regulierten Fall des Fahrstuhls. Hasserfüllt und fürchterlich hören wir es aus der Tiefe dringen, in die wir sinken, immer unheimlicher und unerträglicher wird die Glut.

Die zehnte Station ist die Endstation des Lifts, aber wir sind noch lange nicht unten, erst im Vorraum sind wir der Teufelsküche. Höllenhunde in glattschwarzem Fell scharren und stampfen und knurren und belfern in grausam gleichförmigem Takt, und bläulicher Schweiß tropft aus ihren Poren, ihren Nüstern.

Festgeschmiedet sind die stählernen Ungetüme da, die ihre Wut verdampfen, die sich in kosmischen Geschwindigkeiten um ihre Achse drehen, ewig um ihre Achse, einhundertachtzigmal in der Minute. Sie müssen sich bewegen, denn sie bewachen das Reich der Verdammnis, das unter ihnen ist. Und sie sind selbst gut bewacht und genau kontrolliert: Die zitternden Zeiger hinter halbkreisförmigen Scheiben würden es denunzieren, die starren roten Ochsenaugen an den Wänden würden es verlöschend verraten, und die Ventile würden Hilfe herbeipfeifen, wenn in diesen seelenlosen Lebewesen ein Gedanke an Auflehnung keimte. Der Mensch weiß sich zu schützen gegen die Kolosse, die für ihn arbeiten – er schützt sich durch ihresgleichen.

Und als wir die Maschinensäle durchwandert haben, vorbei an Vorwärtsturbinen und Rückwärtsturbinen, an beschaufelten Rädern und beschaufelten Trommeln, an einundsechzigtausend Wellen Pferdestärken, geht es noch tiefer hinab. Steil und eng ist der eiserne Stufenweg, wir tun besser, rückwärts zu gehen, um nicht kopfüber hinunterzustürzen. Die Geländerstange der Treppe können wir nicht mit bloßen Händen berühren, denn sie glüht. Je weiter wir tappen, desto heißer schlägt es uns um Stirn, Wangen und Hals, desto schwerer ringt sich der Atem aus dem Mund.

Die Leiter endet, wir betreten Boden. Unsere gemarterten Augen sehen schwarze Dämonen, die schattenhaft aus Wänden treten und in

Wänden verschwinden, von Zeit zu Zeit peitscht uns ein gelbroter Lichtstrahl, und aus grauem Höllenrachen springt eine Feuerwelle hervor, uns zum Bewusstsein bringend, dass wir Gerösteten noch immer nicht unempfindlich gegen Hitze sind. Wehe der Seele, die hier brät!

Fünfundfünfzig Meter unterhalb der Oberkante des Schornsteins stehen wir; an der Heckseite, im Kesselraum Nr. 4. Dieser ›Raum‹ hat zwei breite Hauptstraßen von je dreißig Meter Länge und vier enge Seitengassen, je fünfundzwanzig Meter lang, kein Raum also, sondern ein Stadtviertel. Zwölf Wolkenkratzer: die Kessel. Den beiden breiten Avenuen sind die Fronten zugekehrt, und von hier aus führen in jedes Gebäude drei mächtige Tore, in der schlichten Sprache des Technikers ›Feuerlöcher‹ genannt. Es gibt vier Kesselräume; nur der dem Bug zugekehrte hat nicht zwölf, sondern bloß zehn dieser Hochöfen. Sechsundvierzig haushohe Kessel mit dreimal sechsundvierzig hungrigen Mäulern. Zweihundert Meter hat man geradeswegs vom Anfang bis zum Ende dieses Massenquartiers von Kohle, Stahl, Staub, Ruß und Feuer zu durchmessen.

Keine Nachtruhe gibt es. Schon im Hafen wurden die unermesslich großen Bunker außenbords gefüllt, ein ganzes Bergwerk versenkte sich donnernd hierher, achttausenddreihundertvierundsechzig Tonnen und noch eine Notreserve von vierhundertdreiundneunzig Tonnen – zwanzig Stunden brauchten die Kohlenelevatoren dazu. Dann begann für zweihundert Heizer und für zweihundert Trimmer das Kesseltreiben, die Arbeit, ihre eigene Werkstätte in eine Höllenlandschaft zu verwandeln. Hinab stürzt aus den Bunkern das schwarze Gestein in stählerne Schubkarren, die nun beladen zwischen den Kesseln schwanken. Es geht zu den Feuern. Die Glocke schrillt. Fünfmal in der Stunde schrillt sie. Das ist das Knurren des Magens, das ist das Zeichen zur Fütterung, das ist hier die Musik. Kohorten nackter Heizer greifen mit ihren Schaufeln in die Kohle und stoßen sie dem gierigen Tier zwischen die Lefzen. In beiden Unterkesseln, in den Röhren und bald auch im Oberkessel siedet das Wasser, Dampf wallt auf, und man hört, wie er oben im Maschinenraum die Speichen der Räder bewegt, wie die Turbinen, die vier Wellen und die vier Schrauben mit den Kräften von sechzigtausend Pferden zu atmen, zu leben und zu toben beginnen.

Die Gestalten am Ofen sind schwarz, schwarz wie alles ringsumher. Nur wenn sich das eiserne Gebiss des Kessels klaffend zu neuer Mahlzeit öffnet, wenn der Heizer mit der vier Meter langen Durchstoßbrücke das Feuer glatt über den Rost streicht oder wenn er mit der Schleuse alle vier Stunden die Schlacke aufbricht und Asche forträumt, dann fällt rotes Licht auf seine Stirn, nur dann sieht man weiße Streifen um seine Augen und an seinen Mundwinkeln, und man erkennt, dass diese Kohlenformation ein Mensch ist.

Sein Oberkörper ist waagrecht vorgeneigt, sein Unterkörper ist zum Sprung nach hinten bereit. So zurückweichend-vorwärtsstrebend kämpfen Gladiatoren. Der Speer fährt in den Schlund des Molochs, aus dem giftiger Odem faucht. Schon wirft sich das Ungeheuer empor – da klappt die Tür des Zwingers zu, und hinter ihr hört man ohnmächtiges Stöhnen. Es wird wieder dunkel in den Straßen der Dampffabrik.

Pause. Silhouetten huschen vorbei. Wenn unmittelbar vor uns ein Arbeiter stehenbleibt oder sich zu Boden kauert, gleicht er einem schwarzen Stalagmiten. Die Trimmer schippen wieder in ihre Karren, die Feuer toben in ihren Kottern, sie zermalmen die Kohle, da ihnen der Mensch entging. Funken taumeln schräg durch das Düster, doch die Verzweiflung erstickt sie sofort.

Der Heizer darf jetzt eine Luftdusche nehmen. Er tritt im Stollen einige Schritte zur Seite, unter die Öffnung des Ventilators, und ein wirbelnder Windzug lockert die an die Stirn geklebten Haare und lässt sie flattern. Sechs solcher Lüftungsmaschinen sind da, jede hat zweihundertfünfzig Pferdestärken: Ihnen ist es zu danken, dass man nicht versengt wird, aber sie können die Luft nicht kühlen, nicht verhindern, dass Stufen und Karren und Geländer glühend und die Arbeiter schweißdurchtränkt sind. Was will selbst diese Menge frischer Meeresluft gegen den Samum[128] ausrichten, der sich aus den täglichen dreizehnhundert Tonnen brennender Kohle erhebt! Die Kessel sind besser daran: Vier Gebläse von zweitausendzweihun-

---

[128] *Samum: aus dem nordafrikanischen Sprachraum für ›Giftwind‹*

dert Pferdekräften führen ihnen Verbrennungsluft zu. Während der Asche-Ejektor Schutt und Schlacke schluckt, um sie in den Ozean zu kotzen, packen unsichtbare Schläuche die Rauchmassen, schleppen sie durch Kasematten und Kanäle rings um die Schiffswand, bis hinauf in die drei ockergelben Riesenschornsteine, die das Wahrzeichen des Schiffes sind. Die Schlote aber, die hohen Herrschaften, ziehen den Rauch behaglich ein und paffen ihn in die Luft.

Oberhalb des Kesselraums bewegen sich die Kolben der beiden Zentrifugalpumpen auf und nieder, dass der Dampf nicht verlorengehe, wenn er seine Pflicht getan – er muss wieder in neue Arbeit. Kaum ist er aus den Druckturbinen ausgetreten, braust er in die Kondensatoren, wo er niedergeschlagen wird. Dieses wiedergewonnene Kondensat wird in den Druckvorwärmern auf eine Temperatur von hundertzwanzig Grad gebracht und durch Speisepumpen zurück zu den Kesseln gedrängt, wo es neuerdings verdampft. Und der bereits einmal ausgeatmete Dampf strömt abermals in die Turbinen, sorgt dafür, dass deren Leben nicht erlöscht.

Freilich, nicht alles vom kostbaren Dampf kann ewig erhalten bleiben; durch Leckage und Undichtigkeit geht Qualität verloren. Da wird denn in den Evaporatoren destilliertes Ersatzwasser aus Seewasser erzeugt und dem Kondensat zugeführt.

Ewig jedoch steht der Heizer an der Feuerung und schiebt dem nimmersatten Raubtier neues und neues Futter zu. Nach je vier Stunden dürfen die Feuermänner aus der Arena treten, von der anderen Schicht abgelöst. Vier Stunden später geht es wieder los. Wie beim Sechstagerennen. Auch die Überfahrt dauert sechs Tage.

In der Arbeitspause duschen oben in den Badesälen die Abgelösten und legen Wäsche an. Dann trinken sie ein Glas Bier und klettern auf ihr Lager. Es sind deutsche Arbeiter, keine Schwarzen oder Chinesen, die unten im Kohlenbereich zu Kohle werden. Erfüllt die Glut der Kessel sie mit Glut? Erregt sie der Takt der Bewegung zur Bewegung? Ruft sie der Kampf zum Kampf? Hat der Pfiff ein Echo in ihnen, der Pfiff, der keine Unterbrechung zulässt bei ihrer Arbeit im Fieberreich?

Sie spülen den Kohlenstaub mit einem Glas Bier hinunter und schlafen.

Referat eines Verbrechers
über die Polizeiausstellung

HOCHVEREHRTE Berufsgenossen! Meine Damen und Herren!

Dem Beschluss unserer Syndikatsleitung vom Zwölften dieses Monats gerne Folge leistend, habe ich mich noch am selben Tage »zur Orientierung puncto polizeilicher Organisations-Taktik« – die Anfangsbuchstaben dieser Phrase bedeuten: Zoppot – dorthin begeben, um unserer Hauptversammlung über die Polizeiausstellung und den Polizeikongress fachkritischen Bericht zu erstatten.

Den auf meinen Arbeitsnamen lautenden Reisepass mit Steuervermerk und Visen nach allen Nachbarstaaten erhielt ich von unserem Urkundenbüro in der üblichen prompten Weise und in mustergültiger Ausführung sofort zugestellt, wofür ich den Kollegen vom Urkundenbüro auch an dieser Stelle herzlichst danken möchte. Ich fuhr mit dem Flugzeug der Deutschen Aero-Lloyd AG um ein Uhr nachmittags vom Berliner Flugplatz in Staaken ab, das flugplanmäßig um vier Uhr fünfundvierzig Minuten in Danzig eintrifft und das ich allen Kollegen, die dringend aus Berlin abzureisen wünschen, wärmstens empfehlen kann. Ich selbst langte bereits um ein halb vier Uhr auf dem Danziger Flugbahnhof an, da Rückenwind unseren Apparat vorwärts trieb – ein Glücksfall, der uns bedauerlicherweise nie begegnet, wenn wir solche beschleunigte Veränderung notwendiger brauchen würden. (Rufe: Sehr richtig!)

Ich meldete mich beim vorbereitenden Ausschuss als Polizeichef einer Balkanstadt und war binnen weniger Minuten im Besitze eines Quartiers – eine Fürsorge, die mich von Polizeiorganen nicht überraschen konnte (Heiterkeit), auch wenn es sich diesmal um ein elegantes Hotelzimmer handelte. Unter den Teilnehmern des Kongresses traf ich zahlreiche Bekannte, doch wurde ich in meiner Adjustierung selbstverständlich nicht erkannt, ja, es widerfuhr mir zum Beispiel, dass ich im ›Artushof‹ in Danzig, einem überaus kostbar ausgestatteten Raume (Hört, hört!) – dessen Pracht aber in Fresken, Wandgemälden und Täfelungen besteht, also für uns leider nicht in Betracht kommt –, bei einem Bierabend, den der Senat uns zu Ehren gab, von einigen Herren aufgefordert wurde, auf die Ansprache des Senatspräsidenten zu erwidern; ich lehnte mit dem Hinweis darauf ab, mich nicht befugt zu fühlen, im Namen aller Kriminalbehörden zu sprechen. (Heiterkeit.) Der Ausstellung selbst kann ich nur die Note ›vorzüglich‹ ausstellen. Sie besteht, von unserem Standpunkte aus gesehen, aus zwei Teilen, von denen der erste für uns ehrenvoll und für die Tradition und die Geschichte unseres Berufes (Zuruf: Unserer Kunst!) – oder ›unserer Kunst‹, wie die jüngeren Kameraden es jetzt gern nennen – von Wichtigkeit ist, während der zweite zu unserer Warnung und Belehrung dienen muss.

Zu jenem ersteren Teil, dem musealen, gehören vor allem die Objekte, die die Polizeibehörden von Berlin, Königsberg, Warschau und Danzig-Zoppot zur Schau gestellt haben. Danzig-Zoppot als die Gastgeber sind in der Geschichte bis ins Mittelalter zurückgegangen, sie zeigten sogar Andenken an den unrühmlichen Danziger Stockturm, in dem unsere Ahnen schmachten mussten, alte Urgichte und Urteln[129] sowie das Schwert des Danziger Scharfrichters, das in unseren Tagen amtlich durch das Schwert des Zoppoter Croupiers ersetzt wurde. (Heiterkeit.) Ein Bakkara-Tisch veranschaulichte eine Methode, nachträgliche Einsätze zu platzieren: Der am Tisch sitzende ›Segler‹ lässt aus einer Klemmvorrichtung seiner Krawatte auf das gewinnende Feld den Jeton oder die Banknote fallen, die dann eine in der vierten Zuschauerreihe stehende Dame als ihren Einsatz bezeichnet; es ist zu hoffen, dass diese Arbeitsweise bald auch für schwarze Selbstbinder ausgestaltet werde, da sich ohne Smoking in den großen Kasinos von Europa heutzutage nicht mehr arbeiten lässt. Die Macquillage der Spielkarten, die gezeigt wird, ist entweder eine gefälschte Fälschung oder Stümperarbeit von Laien, da die Nadelzinken seitlich angebracht und daher durch die Mündung des Schlittens nicht ertastbar sind; ebenso sind die nachgeahmten Tickets das Werk von Außenseitern, wogegen die falschen Jetons – sie wurden von einer Wiener Spielwarenfabrik *optima fide*[130] hergestellt – eine sehr gute Prägung darstellen.

---

[129] *Urgichte und Urteln: Geständnisse und Urteile*

[130] *im besten Glauben*

Unsere liebe Berliner Kriminalpolente ist mit alten Fisimatenten angerückt, die sie meistens von unseren Kollegen Bauernfängern älterer Schule erbeutet hat: Da ist zum Beispiel ein Wäscheballen, den die Straßenhändler ›als gestohlene Ware‹ den Passanten verkaufen, der nur am Rand aus Leinenbatist, innen jedoch aus Hadern besteht; eines der scheinbar verschnürten, in Wirklichkeit aber aufklappbaren Pakete unserer Kolleginnen Warenhausdiebinnen; eine mächtige Ölkanne, aus der man Proben reinsten Petroleums gießen kann, obwohl sie sonst fünfzehn Liter Wasser enthält; ein gefälschtes Autograph Luthers für die neuen Bibliophilen vom Kurfürstendamm und eine ›elektrotechnische Dollarkopiermaschine‹ mit doppeltem Boden, in dem der echte Hundertdollarschein des Geneppten für ewig verschwindet. Königsberg stellt zumeist Passfälschungen, Ausfuhrscheine, Visa, Diplomatenpässe, Zollpapiere, Grenzvermerke und Amtsausweise unserer Faktur aus – alle vortrefflich ausgeführt und glänzend geeignet, die Reisen unserer Kollegen zu erleichtern, während die behördlich fabrizierten Dokumente die Reisen unserer Verfolger erschweren, weshalb unsere in der Diplomatie tätigen Kameraden mit aller Macht darauf hinwirken mögen, dass die Passvorschriften auch weiterhin überall in Kraft bleiben. (Beifall.) Die Drohbriefe, Brandbriefe und Erpresserbriefe, die Königsberg in photographischen Vergrößerungen vorführt, stammen von Kindern oder Kindsköpfen, und ich schämte mich geradezu, diese Klamotten neben die ernsten Arbeiten wirklicher Verbrecher gereiht zu sehen.

Empörend aber und aufreizend wirken die Tatbestandsaufnahmen von Morden und Totschlägen, die das Hauptkommando der staatlichen Polizei Polens in großen Tafeln an den Wänden ihres Saales aufgehängt hat. Wenn wir auch gewiss nicht verkennen, dass die Behörden oft erst dort mit ihrem Interesse einsetzen können, wo sich selbst die Kollegen Mörder mit Abscheu und Entsetzen vom Zustande ihres getöteten Gegners abgewendet haben, so müssen wir doch derartige Darstellungen in die gerichtsärztlichen Museen verweisen und es scharf verurteilen, dass sie in öffentlichen Ausstellungen einem Publikum gezeigt werden, das von der Schwere des Entschlusses und den Hindernissen bei der Tatausführung keine Ahnung hat und in dem schauerlichen Ergebnis des Deliktes auf einen bestialischen Charakter des Täters zu schließen geneigt ist. (Rufe: Pfui! Demagogische Hetze!) Es handelt sich übrigens bei den Lichtbild-Tableaus, die das Warschauer Polizeipräsidium mit künstlerischem Ehrgeiz gerahmt und ausgestattet hat, zumeist um Massenmorde ungebildeter wolhynischer[131] Räuberbanden, um den Raubüberfall der Goralskischen Bande auf die Mühle Skolimow am 4. Februar 1922, bei dem fünf Personen zu Tode gemartert und andere getötet wurden, ferner bloß um Taten unorganisierter Kollegen, wie des Stefan Pasnik, der sieben Auswanderinnen umgebracht hat, um sie ihrer armseligen Kleidungsstücke zu berauben. Dankenswert ist auf dem Warschauer Stand die Zurschaustellung von Gipsformen für unbefugte Banknotenherstellung, an der mir besonders die Vorrichtung zur Einziehung von Seidenfäden für Dollarscheine neu gewesen ist.

Im Allgemeinen lässt sich über jenen aufklärenden historischen Teil der Zoppoter polizeilichen Fachausstellung aussagen, dass dort ein Überblick über die Gefahren und Hindernisse unserer Tätigkeit und über die Größe unserer Arbeitsleistung gegeben wird, der auch dann für uns ruhmvoll wäre, wenn nicht aus den graphischen Darstellungen, Statistiken und Diagrammen hervorginge, dass die Zahl der zur Anzeige gebrachten Delikte die Zahl der erforschten weit übersteigt. (Lebhafte Bravorufe!)

Wir wollen aber nicht zu früh jubeln! Neue große Schwierigkeiten harren unser! Im zweiten Teil der Ausstellung, auf dessen Erörterung ich ohne Überschreitung meiner Redezeit heute nicht eingehen kann, werden nicht bloß gefährliche Fahndungstaktiken und Erkennungsmethoden von der Münchener Polizeidirektion und vom Polizeipräsidium Stuttgart gezeigt, die uns zu angestrengter Abwehr anspornen müssen, sondern auch die Sicherungsindustrie führt ihre Errungenschaften vor, die eine völlige Umgestaltung unserer Technik mit sich bringen werden. Es gibt jetzt Polizeimeldeanlagen und Notruf-Organisationen, die eine ganze Stadt umfassen, thermit-sichere[132] Geldschränke und Panzergewölbe, Alarmapparate mit dem ›elektri-

---

[131] *Wolhynien ist eine historische Landschaft in der nordwestlichen Ukraine*

[132] *Thermit: Sprengstoff*

schen Auge‹ aus Selen, das durch den leichtesten Schimmer unserer Blendlaterne ausgelöst wird, und unheimlich gellende phonographische Schreivorrichtungen – »Hiiiiiilfe! Pooolizei! Hier sind Einbreeeecher!«, Sicherheitsschlösser, die den Eindringenden gefangennehmen, Schaufenstergitter und Jalousiendrähte, die kupferne Schwebekontakte zwischen Alarmanschlägen enthalten, Autosafe-Steuerräder zur Verhinderung von Kraftwagendiebstählen, Spezialsicherungen der Treibriemen, Urkunden-Sicherungsmaschinen gegen Schriftfälschungen und dergleichen. All das stellt uns vor neue Aufgaben. Haben wir jedoch in Ehren das Gewerbe unserer Vorfahren fortzuführen gewusst, als uns nicht mehr bloß greise Nachtwächter und friedliche Hofhunde Hindernisse bereiteten – nun, so wird auch unsere Jugend der Schwachstromtechnik, dem Selen und den wissenschaftlichen Erkenntnissen unserer Gegner mit den gleichen Mitteln zu begegnen wissen! (Stürmischer Beifall und Händeklatschen.)

Schweineschlachten am Roeskildefjord

LASTWAGGONS fahren mitten durch den Fabrikkomplex, das schienendurchkreuzte Areal breitet sich bis ans Kattegat, das in sumpfigen Randschnörkeln tief in das Land einschneidet; zwischen Windmühlen, Dünengras, geblähten Segeln und roten Kuttern, unter einem Himmel von blaugrauer Unterlasur rekelt sich der Roeskildefjord.

Manche der Eisenbahnwagen sind leer, in manchen quieken zukünftige Schinken und zukünftige Speckseiten fröhlich. Haben Grund zu zufriedenem Grunzen: Lebend verlassen sie ja den Sammelkader ›Anteilschlachthaus‹ und können sich noch eine erhebliche Reise lang der Welt erfreuen, bevor sie an die Front kommen. Nicht allen ihrer Landschweine ist solche Galgenfrist gewährt: Die meisten sticht man hier im Hause ab, brennt ihnen das Visum in Gestalt der verschlungenen Kriegstrompeten aus Skandinaviens Bronzezeit aufs Fell, die ›Lure-Maerke‹.

Am 29. November 1887 ließ Deutschland unter dem Druck seiner Agrarier ein Einfuhrverbot für dänische Schweine ergehen, das als das Ende der Schweinezucht Dänemarks angesehen wurde – und zur vorbildlichen Organisation Anlass gab. Kaum einen Monat später, am 22. Dezember, wurde das erste Schwein in einer rasch entschlossen gegründeten Anteilschlächterei getötet. Nun gibt es fünfzig solcher Großbetriebe mit zweihunderttausend Anteilscheinbesitzern auf Jütland und den dänischen Inseln, und jeder Schweinebraten von 1887 hat einige Millionen Nachfolger bekommen. Die Gründungen vollzogen sich unter Schwierigkeiten; die privaten Schlächtereien drohten und intrigierten, und in die Presse lancierten sie falsche Berichte vom Krach ausländischer Schlachthäuser, um die Unrentabilität derartiger Unternehmungen darzutun; die Schweinebesitzer fürchteten überdies, es sich mit ihren bisherigen Abnehmern für immer zu verderben. Trotzdem gelang es.

Das Prinzip war und ist: Jedes Mitglied hat nur eine Stimme, nur eine, ob es nun bloß drei Schweine im Wohnzimmer hätte oder dreitausend auf seiner Farm; der Jahresüberschuss wird an die Genossen im Verhältnis zu ihrem Umsatz verteilt; durch solidarische Garantiescheine muss das zur Gründung einer Genossenschaft erforderliche Kapital aufgebracht werden, und durch fünf Jahre darf kein Mitglied anderswohin liefern.

Am interessantesten aber ist das System der Planwirtschaft, das diese Werke gemeinsam inaugurierten: Nach dem Geschmack des konservativen englischen Magens wurde die ganze Zucht Dänemarks umgestaltet, männliche Hightories[133] der Schweinewelt, Eber aus Yorkshire, wurden herübergeholt und mit den biederen dänischen Landsäuen verheiratet, bis eine Rasse entstand, die sich bei jedem Breakfast sehen lassen konnte, umso mehr, als auch die Pökelung darauf eingestellt wurde. Zwischenhandel ist ausgeschaltet, nur direkt an Detaillisten wird geliefert, die in Sterling bezahlen. Die meisten Schlächtereien können, vom ersten Jahr ihres Bestehens an, Dividende ausschütten, zwei bis zwanzig dänische Kronen per Schwein an den Genossen, der es geliefert hat. Außerdem hat er selbstverständlich jedes Schwein nach Gewicht und Qualität bezahlt bekommen. Die Organisation ist von allen Staaten studiert und nachzuahmen versucht worden. Kein Land wird es jedoch so leicht haben wie Dänemark, das zu seinen eine Million dreihunderttausend Milch-

---

[133] *Angehörige des englischen Hochadels*

kühen einen konstanten Abnehmerstand von drei Millionen Schwei-
nen braucht: Die müssen die zehn Millionen Pfund Magermilch
verzehren, die täglich pasteurisiert aus den Molkereien zu den Bauern
zurückkommen.

Außer der Schlächterei und dem Export lebender Schweine wird in
den ›Andels-Swineslagterien‹ technisches Schmalz fabriziert, Würste,
Konserven und Speck, Seifenfett, Fleisch-, Knochen- und Blutmehl;
ein Anteilexporthaus für Eier ist angeschlossen. Siebenundneunzig
Prozent aller Lieferungen kommen mit Wagen aus den Dörfern und
Meiereien; der Überbringer erhält eine bis vier Kronen per Schwein
für Fracht und als Provision. Jedes assentierte Schwein bekommt
gleich seine Legitimationskapsel – eine Blechnummer, die ins
Ohrläppchen geklemmt wird. Nicht lange erfreut sich die Sau ihres
Ohrgehänges; zwar stirbt sie mit diesem Schmuck, aber nach zwei
Stunden knöpft man ihn der Leiche ab – dann wird nämlich der
Kaufpreis ausbezahlt.

Die übernommenen Schweine werden geschlachtet, gebrüht,
abgerieben, in Salzbrühe, deren Fond dreißig Jahre alt ist, gepökelt,
untersucht, qualifiziert, gestempelt und verpackt; Anlagen zur Erzeu-
gung von Würsten sind da, zur Gewinnung von Seifenfett aus
Kloaken, zur Herstellung von Fleischmehl aus umgestandenem Vieh,
von Knochen- und Blutmehl für Futter- und Düngezwecke. Im Eier-
exporthaus wird jedes Ei elektrisch durchleuchtet, und Kisten mit
tausend Eiern stehen versandbereit ... Wir äußern die Befürchtung,
dass sie doch etwas zu gebrechlich verpackt seien: Da steigt der uns
begleitende Beamte wortlos auf einen Stuhl und lässt sich mit dem
ganzen Körper auf eine offene Kiste fallen. Kreidebleich schauen wir
das Argument – aber keines der Eier ist zerbrochen!

Kurzum, alles ist sehr schön. Nur eins hat uns nicht gefallen: Wenn
dem Schwein die Schlinge um das Haxel gelegt und es an der Kette
emporgezogen wird, den Todesstoß des Schlächtermessers zu
empfangen, dann drücken sich dreißig andere Schweine im selben
Raum entsetzt aneinander, wissend, dass in der nächsten halben
Minute, längstens in einer Viertelstunde die Reihe an sie und keine
Rettung für sie kommt, sie hören entsetzt im selben Raum das
verzweifelte Quieken des Opfers und den letzten Aufschrei.

Erregte Debatte über Schiffskarten

IN BEGLEITUNG eines imaginären Opponenten trete ich in das Seekartendepot ein.

Es ist sehr raffiniert, dass ich mir diesen scheinbar unbequemen Begleiter erfinde: Er bringt mir das Stichwort, er ist die bestellte Interpellation, seine Einsprüche geben meinen Aussprüchen erst Bedeutung, sein Widerspruchsgeist wird meinen Geist ins richtige Licht setzen.

Und je klüger, energischer, gebildeter mein Gegner sich geben wird, umso größer ist dann mein Sieg; schmählich wird am Schluss seine Niederlage sein, wenn ich ihm durch eine knappe, sachliche Widerlegung jeden ferneren Einwand unmöglich mache!

»Was gibt's denn da drinnen zu sehen?« fragt mich mein Golem mürrisch.

Ich, sein hoher Rabbi Löw, erwidere ihm höflich, da drinnen gäbe es Seekarten zu sehen.

»Drücken Sie sich etwas deutlicher aus. Sie meinen also Karten der Meeresküste?«

»Nein, hochverehrter Herr Kollege, vor allem Meereskarten. Die Darstellung des Küstenfestlandes wird zumeist von den Aufnahmen des Militärgeographischen Instituts einfach auf die zugehörige Seekarte übertragen. Was aber hier gemacht, aufbewahrt und von hier ausgegeben wird, sind ausschließlich Seekarten, sozusagen Pläne des Meeres.

»Das müssen ja unbeschriebene Blätter sein«, lacht er. »Was ist denn einzuzeichnen auf dem Meer? Etwa Gebirge oder Wiesen oder Karrenwege oder Bahnhöfe oder Reisfelder oder Schienen? Auf dreihundertsechsundsechzig Millionen Quadradkilometern der Erdoberfläche ist doch nichts als Wasser, ewige Gleichheit, ewige Horizontale, ewige Glätte. Wie soll denn eine Karte aussehen, auf der ein Quadrat Wasser dargestellt ist, im Norden, Osten, Süden, Westen – und was weiß ich, was es noch für Himmelsrichtungen gibt – immer nur von Wasser umgeben?!«

»Alles Täuschung, hochverehrter Herr Kollege, die ewige Unwandelbarkeit, die ewige Horizontale, alles nur Täuschung, Schwindel, Verstellung, Maske ... Wir sind aber gewappnet, wie Sie gleich sehen werden, Bertillonage[134], Daktyloskopie, Messkartensystem, Verbrecheralbum des Meeres. Spazieren Sie nur weiter, Eintritt verboten. Hier, in diesen langen Sälen, finden Sie Schränke und Regale mit Fächern, in denen die Mappen sind, welche die Karten enthalten.«

Mein Begleiter summt, um mich zu ärgern, die Variante eines Zungenfertigkeitscouplets aus dem Repertoire des Budapester Orpheums vor sich hin: »Es steht ein Haus am Berge ... In langen Sälen hohe Schränke ... In hohen Schränken viele Schuber ... In vielen Schubern breite Mappen ... In breiten Mappen alle Karten ... Auf allen Karten tausend Zeichen ... Es steht ein Haus am Berge, lange Säle, hohe Schränke, viele Schuber ...«

Ich überhöre das und erkläre weiter: »Diese Karten liegen in ihren Fächern geographisch geordnet, selbst einen Globus bildend. Mit ein paar Handgriffen kann man jede Reiseroute zusammenstellen ...«

»Also ein Fahrkartenbüro«, bemerkt jener ironisch.

»Gewiss, hochverehrter Herr Kollege, ein Fahrkartenbüro, aber ein unentbehrliches. Ohne diese Fahrkarten gäbe es keine moderne Schifffahrt. Schauen Sie sich einmal die Ziffern und Zeichen eines solchen Blattes an, sie bedeuten Tiefen und Untiefen, Klippen und Bänke, Strömungen und Inseln, Flutzeiten und Radiostationen, Leuchttürme und Peilobjekte, astronomische und magnetische Nordrichtung. Sie sehen, hochverehrter Herr Kollege, jedes Blatt der ›ewig gleichen Ebene‹ ist von dem anderen ganz verschieden. Die Kartographen an den Tischen arbeiten auf aufgespannten Zeichenblättern, auf Kupferplatten oder Lithographensteinen, mit Reißfedern, Pantographen, Koordinaten, Auftragsapparaten, Zirkeln, Linealen und Farben, und zeichnen neue Karten und ändern die alten nach Meldungen, Segelhandbüchern und Vergleichskarten. Glauben Sie, dass die Leute das zum Zeitvertreib machen – ganz abgesehen von

---

[134] *Nach dem französischen Anthropologen Alphonse Bertillon (1853–1914) benanntes Verfahren zur Wiedererkennung rückfälliger Verbrecher und zur Identifizierung unbekannter Leichen*

der Mappierung, die draußen auf dem Meere schwere Arbeit ist. Bis zu neuntausendsechshundertsechsunddreißig Meter Tiefe ist das Meer ausgelotet.«

»Wozu diese Arbeit? Ist nicht Kolumbus ohne dergleichen Akkuratessen mit seinen gebrechlichen Karavellen geradenwegs auf sein Ziel zugesegelt, jawohl, gesegelt? Hat er nicht sein Fahrtziel dort erreicht, wo er es erreichen wollte, und ist er nicht trotz aller Unbill nach fast acht Monaten der Forschungsreise genau wieder in seinen Auslaufshafen zurückgekehrt? Ohne Ihre Seekarten mit Peilobjekten und wie all das Zeug heißt, dessen Kenntnis Sie da großtuerisch vor mir auskramen!«

»Wohl, wohl, verehrter Herr Kollege! Aber Kolumbus ist eben durch die Kartographie zur Überzeugung von der Möglichkeit eines westlichen Seeweges gekommen. Ich habe Ihren Einwand vorausgesehen, verehrter Herr Kollege, und habe die Geschichte des Kolumbus zu Hause nachgelesen. Seine Einzeichnung von der Schwimmrichtung des geschnitzten Holzes und zweier an die europäische Küste geschwemmter exotischer Leichname, die Karte des Marinus von Tyrus[135] und der Globus des Ptolemäus gaben ihm jene unerschütterliche Sicherheit, mit der er dem täglichen Drängen seiner Begleiter und der latenten Meuterei seiner Matrosen zu trotzen vermochte. Aus einem Raume, wie es dieser ist, in dem wir uns befinden, ja gerade aus einem Seekartendepot kam er nach Amerika. Wie er dieses Kartenmaterial erlangt hat – das ist ein Liebesroman, der noch nirgends beschrieben ist.«

»Und wieso kennen Sie diesen angeblichen Liebesroman?«

»Meine Quellen verrate ich Ihnen nicht, verehrter Herr Kollege, aber die Geschichte kann ich Ihnen erzählen: Cristoford Colombo war (ebenso wie sein Bruder, der Kosmograph und Seekartenzeichner Bartholomeo in Lissabon) von väterlicher Seite her mit Kartophilie behaftet, ja – wenn Professor Sigmund Freud das Wort gestattet – sogar mit ›Kartomanie‹. Als er nun in Portugal den großen Seefahrer Don Muniz de Perestrello kennenlernte, war es sein krankhafter

---

[135] *Marinus von Tyrus: Antiker griechischer Geograph, lebte Ende des ersten und zu Beginn des zweiten Jahrhunderts n. Chr.*

Wunsch, tage- und nächtelang über dessen Logbüchern und Karten sitzen zu dürfen, um in seinen Phantasien die dargestellten Gebiete durchreisen, die fehlenden Angaben ergänzen und die Mängel – waren es doch nur Erinnerungsblätter einzelner Seeleute – korrigieren zu können. Wie es aber anstellen, um dem Eigentümer dieser Schätze nicht lästig zu fallen? Da war es denn ein doppeltes Glück, dass Don Muniz eine Tochter hatte, deren Schönheit dem kühnen Entdecker trotz all seiner Vertiefung in die Karten nicht entgangen war. Cristoforo war von hohem Wuchs, muskulös, klug und würdevoll, und als er der Donna Felipe sein Herz entdeckte, konnte er das ihre schnell in Besitz nehmen. Don Muniz musste *Ja* und *Amen* sagen, und er schenkte seinem Schwiegersohn die Seekarten. Kolumbus kopierte und verbesserte sie durch Küstenaufnahmen, verkaufte die Kopien, bestritt damit die Bedürfnisse seines Haushaltes und konnte abends, über den Originalen sitzend, von der Auffindung eines Seeweges nach den fabelhaften Ländern träumen.«

»Einen Liebesroman nennen Sie das? Ich nenne es Mitgiftjägerei.«

»Wie Sie es auch bezeichnen mögen, verehrter Herr Kollege, jedenfalls ist Kolumbus mit Felipe glücklich gewesen und ihr treu geblieben.«

»Treu geblieben! Dass ich nicht lache! Wissen Sie nichts von seinem Verhältnis mit Beatrix Enriquez aus Cordoba, wissen Sie nichts ...«

»Es ziemt uns nicht, Herr Kollege, großen Männern, Bereicherern der Menschheit, die bürgerliche Forderung zu präsentieren. In Rede stand doch nur, dass Kolumbus die Pläne kannte, dass er ihrer bedurfte.«

»Sagen Sie, was Sie wollen, seine Route, sein Ziel waren doch nicht eingezeichnet, und selbst für die bereits bekannten Gewässer hatte er keine solchen Karten, wie sie mit allen Schikanen der neuzeitlichen Technik und mit tausend Eintragungen hier konstruiert werden. Schauen Sie sich einmal diese Mappen an, die uns eben aus dem Antiquitätenkasten des Institutes gereicht werden. Karl V. hat sie seinem Sohn Philipp zum Geschenk gemacht. Wo sind da Meerestiefen und Windtriften, wo sind da Treibeisgrenzen und Bojen, wo sind da Meeresströmungen und Äquatorialströme eingezeichnet, he? Künstlerisch ausgestattet sind sie, einen verschwenderischen Reichtum an ornamentalen und figuralen Zierleisten haben sie – sie gefallen mir besser als Ihre heutigen und haben denselben Zweck erfüllt.

Und erst die Phönizier und Ägypter? Landkarten sind uns von ihnen erhalten, aber Seekarten keineswegs. Die ältesten uns bekannten maritimen Blätter sind die des Marino Sanuto und des Pedro Vesconte aus dem Anfang des vierzehnten Jahrhunderts; sie werden wohl noch bedeutend weniger Angaben enthalten als hier die Caroli V. Sie können aber nicht bestreiten, dass die Ägypter, die Phönizier und Venezianer höchst respektable Marinen besessen haben!«

»Stimmt, stimmt, mein Herr! Ich sehe schon, dass ich Ihnen viel zu viel Kenntnisse auf dem Gebiet der Marinegeographie und Marine-geschichte gewährt habe. Aber zum Glück verstehen Sie von Schiffsbaukunde nicht das Geringste, mein Herr!«

»Wie wollen Sie das beurteilen?«

»Haben Sie nicht das Wort ›gesegelt‹ früher unterstrichen, Herr? Gewiss ist die Takelage eine schwierige Materie und gefährlich dazu – und gegen sie ist wirklich die Vervollkommnung der Seekarte kein Präservativ, sie wird freilich durch Schiffskarten nicht leichter und ungefährlicher. Was hat denn auch solch ein Segler für einen Tief-gang? Wenn er ein großer Kutter ist, einen Meter, höchstens anderthalb Meter. Der sieht das Riff unter dem Meeresspiegel, auf das er auffahren könnte, an der helleren Färbung des Wassers schon von Weitem und kann gemächlich davon abhalten. Heute vermöchte nicht einmal Lynkeus –

›Scharfsichtiger Lynkeus, der bei Tag und Nacht
Das heilige Schiff durch Klipp' und Strand gebracht‹

– einen modernen Luxusdampfer oder einen Panzerkreuzer, der dreißig Meilen in der Stunde läuft – das ist Schnellzugsgeschwindig-keit, mein Lieber! –, ohne Karte zu navigieren. Versuchen Sie es einmal, mit einem Schiff von zwanzig Millionen Kilogramm Gewicht und einem Tiefgang von vierzehn Metern in der letzten Minute einer Untiefe auszuweichen! Legen Sie einmal ein Kabel oder fischen Sie eines, wenn Sie nicht einmal wissen, wie tief das Meer auf der Strecke ist! Machen Sie einmal ohne Karte mit Tiefenangaben eine

U-Boot-Reise in feindliche Gewässer! Laufen Sie nächtlich in einen Hafen ein, wenn Sie keinen Hafenplan und kein Segelhandbuch besitzen! Suchen Sie sich um Mitternacht ohne Leuchtfeuerverzeichnis im Riffgebiet zu orientieren! Machen Sie mit einer Schlachtschiffflottille ohne Seekarten einen Raid in die Otrantostraße – die Marineverwaltung wird Ihnen gewiss für Ihr Experiment gern ein paar Dreadnoughts zur Verfügung stellen. Schauen Sie sich doch, bevor Sie reden, die ältesten gestochenen Karten an, zum Beispiel die ›Hydrographie Française‹ von 1737 oder die des ›I. R. Instituto Geografico di Milano‹! Was fällt Ihnen an all den alten Blättern aus der Kindheit der Meereskunde auf? Die Ausführlichkeit des Textes, die große Zahl der Legenden und die eingezeichneten Silhouetten der Häuser und Felsen an der Küste, nicht wahr? Trotzdem diese Karten schon von ziemlicher Genauigkeit waren, genügte eben die rein graphische Darstellung für die Navigierung großer und schneller Schiffe nicht mehr, und man musste noch verbale Angaben über Leuchtfeuer, Vorschriften, Küstenpostämter und dergleichen einführen. Heute hätte nicht ein Tausendstel der notwendigen Angaben auf den Kartenrändern Platz!«

»Aha! Und doch kann man navigieren! Sehen Sie!«

»Sie Ignorant, Sie! Weil eben alle diese Angaben heute in nautischen Hilfsbüchern stehen, als da sind: Kundmachungen für Seefahrer, Notices to the mariners, Avvisi ai naviganti[136], Segelhandbücher, Leuchtfeuerverzeichnisse, Atlanten, Vedutenalben, Signalbücher, Schiffslisten und Instruktionen, periodische und unperiodische Druckschriften aller Art ...«

»Meinetwegen! Aber sind deshalb die Schiffsunfälle ...«

»Halten Sie 's Maul, wenn Sie nichts verstehen!«

---

[136] *Notices to the mariners (engl.), Avvisi ai naviganti (ital.):*
Hinweise für Seeleute

Nachforschungen nach
Dürers Ahnen

DER TABAKVERSCHLEISSER grüßt mit ›Jo napot‹ und legt den ›Friss
Ujsâg‹[137], in dem er gelesen, aus der Hand. Das kann nicht weiter
wundernehmen. Wir sind ja in Südungarn, in Gyula, der Hauptstadt
des Komitats Békés. Also verlangen wir unsere Zigaretten im schöns-
ten Magyarisch, das wir vorrätig haben. Leider führt der Trafikant
gar keine Zigaretten, nur Pfeifentabak und Zigarren, und das sagt er
uns – in gut deutscher Bauernmundart; er kann überhaupt nicht
magyarisch sprechen und von seinen Nachbarn auch fast keiner im
ganzen Stadtteil. Wir sind eben schon im deutschen Viertel, der
ungarische Gruß ist so üblich wie das ›Servus‹ unter Schustergesellen
oder das ›Adieu‹ der Berliner Schlächtersfrauen, die kaum wissen,
was das Wort zu bedeuten hat, und ›Friss Ujsâg‹ wird abonniert, weil
die Kinder in der Schule nur magyarisch lesen gelernt haben.
Sodass es ihnen ein Buch mit sieben Siegeln bleibt, warum man
›bajm‹ spricht und ›Bäume‹ schreibt. Die Kirche trägt nichtsdestoweniger einen deutschen Bibelspruch, und die ältesten wie die
jüngsten Grabsteine des nahen Josephs-Friedhofs weisen keine
nichtdeutsche Silbe auf.

Es sind fränkische Bauern, hier ansässig, seit der Armee-Proviant-
meister Johann Georg Harrucker aus Schenkenfelden die Gyulaer
Herrschaft von Karl VI. zum Lehen erhielt. 1724 berief der neue
Gutsherr die Kolonisten, ihnen für vier Jahre Steuerfreiheit zusagend.
Die Bewohner Gyulas haben die Fremdlinge nichts weniger als gern
gesehen, weshalb ihnen Harrucker, um jede Reibung zu vermeiden,
einen Platz an der Peripherie des Ortes jenseits der Köröß zuwies; sie
bildeten eine selbständige Gemeinde Deutsch-Gyula, was bis zum
Jahre 1857 so geblieben ist.

Bis nahe an die isolierte Vorstadt Ajtosfalva ziehen sich ihre Wein-
gärten, durch die der Weg zum gräflich Wenckheimschen Schloss
Gerla führt. Links von dem Wege stand einst ein Dorf, das für die
Geschichte der Kunst bedeutsam ist, denn es war der Sitz von

---

[137] ›Neueste Zeitung‹

Albrecht Dürers Ahnen und hat ihm den Namen gegeben. Es hieß Ajtós (sprich: Ajtosch).

Als Dürer im Jahre 1524 nach Weihnachten in Nürnberg sich anschickte, zusammenzutragen »aus meines Vaters Schriften, von wannen er gewesen sei, wie er herkummen und blieben«, vermerkte er mit liebevoller Genauigkeit den Herkunftsort: »Albrecht Dürrer der Älter ist aus seim Geschlecht geboren im Königreich Hungern, nit fern von einem kleinen Städtlein, genannt Jula, acht Meil Wegs weit unter Wardein, aus ein Dörflein zunächst darbei gelegen, mit Namen Ejtas, und sein Geschlecht haben sich genähret der Ochsen und Pferd. Aber meines Vaters Vater ist genannt gewest Anthoni Dürrer, ist knabenweis in das obgedachte Städtlein kummen zu einem Goldschmied und hat das Handwerk bei ihm gelernet ...«

Die Steuerliste des Komitats Békés vom Jahre 1556 sagt von den Bewohnern des Dorfes Ajtós, dass sie am Ende des Fleckens Gyula wohnten, »habitant in fine oppidi Gyula«[138], eine Angabe, die sich mit der Dürerschen, »zunächst darbei gelegen«, deckt. Wir haben also den Ort hart an den Grenzen der Stadt zu suchen, in den Wein- gärten ›Vöröskereszt‹ (rotes Kreuz), wo auch im Jahre 1872 von einem nach Schätzen grabenden Bauern Backsteinschutt und Mörtel zutage gefördert wurde.

Unterhalb der heute den Weinbauern Anton Engelhardt und Johanna Kern gehörenden Gärten, Katasterzahl Nr. 7315 und 7316, fand man Grundmauern eines größeren Gebäudes. Dies waren nicht Reste des Bartholomäusklosters, denn auf einem Stich, den Mathias Zündt von Stadt und Feste Gyula 1556 entworfen hat und in Nürnberg erscheinen ließ, ist das zweitürmige, von einer Mauer um- schlossene Kloster östlich von der katholischen Pfarrkirche, also in der entgegengesetzten Richtung, eingezeichnet. Bis in das Gebiet von Ajtós reicht die Zündtsche Karte nicht: Am Nordwestrande der Stadt ist nur Wald- und Moosgebiet angedeutet, sodass wir uns den Ahnen- sitz der Familie Dürer als ein schattiges Dörfchen mit alten Weiden am Ufer der fischreichen Köröß und einem kleinen Hügel in der Nähe denken können, das auf fruchtbarem Ackerboden stand. Noch heute gehört jene mit Obstbäumen, Weinstöcken, Reblaub und

---

[138] *habitant in fine oppidi Gyula (lat.): sie wohnen an der Grenze der Stadt Gyula*

lebenden Hecken geschmückte Landschaft zu den besten Gegenden des Alfölds.

Wichtig ist für die Dürer-Forschung der Name des Ortes: ›ajtô‹ bedeutet Tür, und ›Thürer‹ − später ›Dürer‹ − kann nur eine Übersetzung dieses Wortes ins Deutsche darstellen. Die Benennung des Ortes symbolisch zu deuten, weil er für die aus Budapest und Westeuropa Kommenden sozusagen die Tür Gyulas war, wäre gewiss ebenso verfehlt, wie ihn davon abzuleiten, dass ein markantes Gebäude eine besonders auffallende Tür besessen habe. Die Hörigen zahlen hier ihre Kopfsteuer nach der Zahl der Türen (1556 bezieht ein Thomas Török-Ajtôsi für zweiundzwanzig Türen die Abgabe), aber dies ist auch in anderen Gegenden üblich und hat dem Orte sicherlich nicht den Namen gegeben. Eher wäre es möglich, dass die Ortschaft nach den Ajtôsi, ihren ursprünglichen Bewohnern, den Namen hätte, die wieder ihrerseits ›ajtonâllô‹, die Türsteher des ungarischen Königs, gewesen sein konnten.

Die Ableitung von ›ajtatôs‹, das ist andächtig, beziehungsweise ›ajtatoskodâs‹ (Andachtsübung) oder ›ajtatossag‹ (Andacht) hat am meisten Wahrscheinlichkeit für sich, wenn man sich die Urgeschichte der Siedlungen in dieser Gegend vor Augen hält. Ein Edelmann aus der Arpadenzeit namens Julius (Gyula) hatte hier ein Kloster gebaut, welches den Namen Julamonastra führte, was in ›Gyula‹ gekürzt wurde.

Schon damals beherbergte das Kloster Gyula einen Schatz, dem das Kloster und der Ort ihren Aufschwung verdanken: das wundertätige Bildnis der Gottesmutter, zu dem aus weiter Ferne Pilger wallfahrteten. Selbst König Karl I. ist vom 19. bis 22. Juni 1313 hier gewesen, um von der heiligen Maria Segen zu erflehen. Es ist nun wahrscheinlich, dass das nahe der Kirche gelegene Ajtós eine Ansiedlung solcher Wallfahrer war und dass diese Niederlassung nach dem Zwecke ihrer Herkunft, der Andacht, benannt wurde.

Im Jahre 1552 eroberten die Türken die Burgen Temesvar und Lippa, und die Bodenbesitzer von Ajtós zerstoben. Die Namen der allein zurückgebliebenen Hörigen meldet keine Steuerliste − sie waren wohl so verarmt, dass bei ihnen nichts zu holen war. August 1556 begannen die Türken die Belagerung von Gyula, die Ajtôser flüchteten von Neuem. 1560 wird das Dorf als bevölkerungslos erwähnt,

1563 zählt es wieder zwanzig Familien mit hundert Köpfen, später wird es überhaupt nicht mehr genannt. Die Kohäsion der Stadt macht sich geltend.

Schon lange steht von dem Dorfe, in dem die Vorfahren des Schöpfers deutscher Kunst gelebt haben, kein Stein mehr auf dem anderen, nichts erinnert an Dürer und seine Ahnen, nur Reben deutscher Weinbauern wachsen hier und geben herben Wein.

Es muss nicht das Allerschlimmste gewesen sein, in dem fruchtbaren Dörfchen Ajtós sich von Pferdezucht und Viehhandel zu nähren, und wenn wir trotzdem gegen Ende des vierzehnten Jahrhunderts den jungen Antonius Pflug und Stall verlassen sehen, um in die ferne große Stadt zu ziehen – die freilich nur eine Viertelstunde entfernt und auch nicht sehr groß war – und sich der Kunst zu ergeben, so ist darin der Wandertrieb und die Künstlersehnsucht zu erkennen, die dann seinen Sohn in die Niederlande und nach Nürnberg und seinen großen Enkel zum Studium der Künste nach Welschland führte.

Mindestens ein halbes Jahrhundert lang haben Dürers Großvater und Dürers Vater als Goldschmiede in Gyula gelebt, aber ohne dass sie sich durch die Ausübung eines Handwerks in den Augen der Verwandten im Nachbardorf hätten schaden können. Die Ajtósi waren armer Kleinadel, das ganze Ausmaß von Ajtós und Kigyos zusammen hat höchstens zweihundert Joch ausgemacht, worin sich gewöhnlich fünf Besitzer teilten; der Kaufpreis der Güter betrug, wie wir aus den Verkaufsurkunden wissen, nicht mehr als zweihundert Gulden, und wie bäuerlich bescheiden dieses Adelsgeschlecht lebte, geht aus dem Mobiliarienverzeichnis im Testamente der Frau Nikolaus Bradâcz-Ajtósi hervor, die über ihr ganzes Hab und Gut, bestehend aus dem Hause, sieben Ochsen, neun Kühen, neun großen und drei kleinen Bleinäpfen, neun runden und sieben viereckigen Tellern, fünf Bleikannen, zwei Messingmörsern, drei Eisenlöffeln und der im Schrank befindlichen Wäsche, genaue Verfügungen trifft.

Über die Familienverhältnisse von Dürers Vater und Großvater sind wir durch die Aufzeichnungen des Meisters unterrichtet. Anton, der Großvater, hatte, nachdem er als Knabe von der heimatlichen Scholle in Ajtós nach Gyula gekommen war und hier das Goldschmiedehandwerk erlernt hatte, eine Jungfrau namens Elisabeth geheiratet. »Mit der hat er eine Tochter Catherine und drey Söhne geboren. Der erste Sohn, Albrecht Dürrer, der ist mein lieber Vater gewest, der ist auch ein Goldschmidt worden, ein künstlicher reiner Mann. Den anderen Sohn hat er Laslen genennet, der war ein Zaummacher, von dem ist geboren mein Vetter Niclas Dürrer, der zu Cölln sitzt, den man nennet Niclas Unger, der ist auch ein Goldschmidt und hat das Handwerk hier zu Nürnberg bei meinem Vater gelernet. Den dritten Sohn hat er Johannes genannt, den hat er studieren lassen, derselbe ist darnach zu Wardein Pfarrherr worden, ob dreißig Jahr lang blieben. – Darnach ist Albrecht Dürrer, mein lieber Vater in Teutschland kommen, lang in Niederland gewest bey den großen Künstlern und auf die letzt her gen Nürnberg kommen, als man gezählt hat nach Christi Geburt 1455 Jahr, am St. Loyentag ...«

Wir verstehen die magnetische Kraft, die Gyula gerade zu jener Zeit, als Anton aus Ajtós hinkam, auf einen Dörfler ausüben musste: Man merkte schon etwas vom Aufschwung der Städte und Stände, von der Pflege der Wissenschaften und Künste, welche Karl Robert von Anjou und Ludwig der Große in das Land gebracht hatten, und auch von der Prachtliebe und dem Luxus des Adels.

Im Jahre 1403, am 5. November, schenkte König Sigismund, der nachmalige Kaiser, dem Johann Mârothy aus dem Geschlechte Gutkeled für kriegerische Verdienste die Herrschaft Gyula, die durch den Tod des Knaben Johann Losonczy erledigt war. Am Sonntag Trinitatis, am 25. Mai 1404, zog der neue Gutsherr feierlich in Gyula ein; bei dieser Inauguration war auch ein Sebastian Ajtósi anwesend. (Bayrisches Landesarchiv München, Faszikel ›Ungarische Dokumente‹.) Er ist von den Landsleuten Dürers der erste, dessen Namen in den Akten zu finden ist; Anton ist entweder mit ihm angekommen oder war um diese Zeit bereits in Gyula, da er »knabenweis in das obgedachte Städtlein kummen« und ihm 1427 Albrecht der Ältere, der Vater unseres großen Malers, geboren worden war.

Aus dem Wunsch des Banus Mârothy, seinem aufblühenden Herrensitz vor Überfällen zu schützen, ist das einzige Baudenkmal geboren, das aus der Zeit von Dürers Vater und Großvater noch erhalten ist: die Gyulaer Burg, die massiv und gewaltig über den Blumenbeeten des Almassyschen Schlossparkes steht. Der Platz war vom Feldherrnblick Mârothys im Osten der Stadt an der Biegung der Köröß gut gewählt.

Im Jahre 1476 ist Mathias, der letzte Mârothy, gestorben, die Herrschaft Gyula fiel an die königliche Schatzkammer, 1482 schenkte König Mathias den Gutsbesitz seinem Sohn: Aber Johann Corvinus starb bald, und seine Witwe Beatrix Frangepân erbte die Herrschaft; ihr zweiter Gatte war Markgraf Georg von Brandenburg.

Bau von Kloster, Kirche, Kapelle und Kastell, Jagdvergnügen, Hofstaat, Wochenmarkt – Grund genug, dass in der Mârothy-Zeit neben der Landwirtschaft auf den fruchtbaren Landstrecken des Komitats sich in seiner Hauptstadt auch andere Berufszweige entwickelten. Handel und Gewerbe blühten, und nicht weniger als zwölf Zünfte gab es in diesem südungarischen Nürnberg. Die Namen ›Schmied‹, ›Kürschner‹, ›Müller‹, ›Schuster‹, ›Töpfer‹ kommen – in magyarischer Sprache – vor und zweimal der Name ›Oetvös‹, das heißt Juwelier, und es ist anzunehmen, dass die ursprünglichen Träger dieser Namen den betreffenden Beruf ausgeübt haben.

Dass auch der Goldschmied zu jener Zeit sein gutes Auskommen hatte und eines willigen Gehilfen bedurfte, lässt sich denken. Der Stand war ein vornehmer – die Zunftfahnen in der Gyulaer Kirche erzählen uns, dass die Gilde der Goldschmiede einst eine ›wohledle‹ und nicht bloß eine ›ehrsame‹ war wie die anderen – und der erste in den erhaltenen Dokumenten vorkommende Ortsrichter, das ist Ortsvorsteher, von Gyula war ein Goldschmied. Dieser Nikolaus Aurifaber hat (siehe Liber regius II. 134, Bud. L. Archiv) durchgesetzt, dass die vom König Mathias der Stadt Gyula zur Zeit ihrer Reichsunmittelbarkeit gewährte Steuerfreiheit von Ladislaus VII. mit Urkunde vom 2. April 1492 bestätigt wurde.

Wir dürfen annehmen, dass dieser bei Hof und Bürgerschaft so einflussreiche Ortsvorsteher und Meister der Juwelierkunst ein Sohn des Lehrmeisters von Anton aus Ajtós, von Dürers Großvater, war, ebenso wie man vermuten kann, dass er auch Pate von Albrecht Dürers Vetter ist, »der zu Cölln sitzet, den man nennet Niclas Unger, der auch ein Goldschmidt«. Dieser Vetter war der Sohn des Gyulaer Zaummachers Laslen, des jüngeren Bruders von Albrecht Dürers Vater, und es ist mehr als wahrscheinlich, dass dieser Sohn eines Goldschmiedes den Seinigen nicht früher zur Lehre in das Ausland gesandt hat, bevor er in der Heimat die Anfangsgründe erlernt hatte. Allzu viele Juweliere kann es im fünfzehnten Jahrhundert in Gyula nicht gegeben haben, so dass wir in der Wiederkehr des Namens Nikolaus keinen Zufall, sondern wohl eine Beziehung sehen können.

Sonst steht nichts über die drei wackeren Aurifabri in den alten Schriften der Stadt. Als die Türkengefahr drohte, brachten die flüchtenden Franziskanermönche den reichen Schatz der Gyulaer Kirche, Stolen, Ornate, Kruzifixe, Altäre, Kelche, Schmuckstücke und Devotionalien, im Jahre 1566 nach Schloss Ecsed in Sicherheit, von dort wurde alles nach Kaschau um elfhundert Gulden verkauft. Und unter diesen kostbaren Stücken mögen manche gewesen sein, an denen Dürers Vater, sein Großvater und dessen Lehrherr mit künstlerischem Eifer geschaffen hatten.

Zu der Zeit aber, da in Nürnberg Albrecht Dürer, in der Blüte seines Schaffens stehend, sich begeistert Luther und der Reformation zuwandte, zu dieser Zeit herrschte in der Heimatstadt seines Vaters ein deutscher Fürst über die magyarischen Edelleute, Bauern und Handwerker, einer der tätigsten Vorkämpfer der Reformation: Georg der Bekenner, Markgraf von Brandenburg und Burggraf von Nürnberg. Eine Urkunde, auf kaiserlichen Auftrag vom *Capitulum ecclesiae Budensis* 1525 ausgestellt, regelt die Grenzen zwischen dem Gut des Burggrafen von Nürnberg und dem der Adelsfamilie Ajtósi von Ajtós, der Vettern des Nürnberger Meisters.

Dürers Ahnen waren Ajtósi, das geht aus der ganzen Geschichte des vom Meister angegebenen Herkunftsortes ebenso deutlich hervor wie aus dem Namen ›Thürer‹, der nichts anderes sein kann als eine Übersetzung des Namens Ajtósi. Aber ›Ajtósi‹ durften sich zu jener Zeit alle Leute nennen, die in dem Dorf Ajtós Bodenbesitzer waren, und sie nannten sich so. Manchmal war es ein Familienname, manchmal jedoch eine Herkunftsbezeichnung. Wir finden zum Beispiel einerseits einen Peter Ajtósi von Ajtós in den Urkunden, andererseits tritt wieder die Witwe des Békéser Burghauptmanns Ladislaus Szakolyi, die jahrelang in den Dokumenten mit ihrem Mädchennamen Anna Necspali genannt wird, in einem Brief von 1490 als Anna Ajtósi auf, bloß auf Grund der Tatsache, dass sie in Ajtós ein Grundstück besaß.

Viele fremde Kolonisten wohnten in und um Gyula und ganz besonders in Ajtós, die den Beinamen ›Ajtósi‹ und den Titel ›nobili‹ geführt haben. Die Namen ›Török‹ (Türke) und ›Olah‹ (Rumäne) sagen dies nicht minder deutlich als die slawischen ›Bradacs‹ (der Bärtige) und ›Necspali‹; einer der Ajtósi hieß sogar ›Kristel‹ — die deutsche Abkürzung von Christian, die wir erkennen würden, selbst wenn in den Akten die lateinische Übersetzung ›Christiani‹ nicht ausdrücklich stünde. Auch ›Horvât‹ (Kroate) und ›Bosnyak‹ (Bosniake), Susalics, Gostovics und Dudics finden wir unter den Ansiedlern, ferner Déak-Ajtósi, Cristiani-Ajtósi, Egey-Ajtósi und Szitas-Ajtósi. Ein ›Thürer‹ oder ein diesem ähnlicher Name kommt selbstverständlich nicht vor.

Dreiundzwanzig Akten sind erhalten, die sich auf Ajtós und die Familien Ajtósi beziehen und die von der deutschen Kunstgeschichtsforschung bisher nicht publiziert und nicht einmal eingesehen wurden. Und doch lässt sich aus ihnen familiengeschichtlich Einiges feststellen: 1418 wird ein Ladislaus Ajtósi als Gutsnachbar Mârothys erwähnt. Dieser Ladislaus ist ein Sohn jenes Sebastian Ajtósi, der bei der feierlichen Einsetzung Johann Mârothys genannt war. In Sebastian Ajtósi könnte man den Urgroßvater Dürers und in Ladislaus den daheim gebliebenen Bruder des Goldschmieds Anton Dürer erkennen; der Sattler Laslen führt dann seinen Namen nach dem Onkel.

Die Archive der alten Bischofsstadt Großwardein sind 1660 von den Türken vernichtet worden, und es gibt bloß im Siebenbürgischen Museum in Klausenburg ein Schriftstück, das sich auf den geistlichen Onkel Dürers beziehen kann, jenen Johannes, der dort Pfarrherr geworden und es über dreißig Jahre geblieben war: eine Urkunde vom Jahre 1461, welche den »honerabilis dominus Johannes plebanus ecclesie sancte crucis in civitate Waradiensi fundate«[139] erwähnt, und zwar als »procurator nobilis Nicolai de Doboka«. Der Taufname, der Titel, die Wirkungsstätte und die Zeit stimmen überein, und so ist es wahrscheinlich, dass der Vormund des Herrn Nikolaus von Doboka mit dem jüngsten Bruder Albrecht Dürers des Älteren identisch ist.

---

[139] *honorabilis dominus Johannes ... (lat.): ehrenwerter Herr Johannes, Pfarrer an der Kirche zum Heiligen Kreuz, in der Stadt Wardein ansässig*

Geheimkabinett des
Anatomischen Museums

Das Schönste von Berlin ist die Linden-Passage.
Das Schönste von der Linden-Passage ist das Passage-Panoptikum.
Das Schönste vom Passage-Panoptikum ist das Anatomische Museum.
Das Schönste vom Anatomischen Museum ist das Extrakabinett.
Das Schönste vom Extrakabinett ist – pst!

ZUR FÜHRUNG DES BEWEISES für die Richtigkeit oben angeschlage-
ner viereinhalb Thesen sei vorerst die Tatsache hingeschrieben, dass
es nirgends in Berlin solchen Mangel an Hast gibt wie in der Passage,
solche Losgelöstheit vom Materialistischen wie in der subkutanen
Verbindung zwischen der utilitaristischen Friedrichstraße und den
repräsentativen Linden. Die Straße mag dem Verkehr dienen, die
Passage gewiss nicht. (Wenigstens nicht dem Verkehr im
Allgemeinen.) Hier ist noch geradezu ein Abendkorso. Hier lustwan-
delt, ja lustwandelt man zwischen Jahrmarktsromantik und warmer
Liebe; die Bücherläden stellen keine Lehrbücher zum Verständnis des
Kurszettels und keine Wälzer über die Kriegsursachen aus; sondern
›Das Liebesleben des Urnings‹, ›Als ich Männerkleider trug‹, ›Die
Renaissance des Eros Uranos‹, ›Die Grausamkeit mit besonderer
Bezugnahme auf sexuelle Faktoren‹, ›Das Recht des dritten
Geschlechts‹, ›Gynäkomastie, Feminismus und Hermaphroditismus‹;
das Schaufenster der Bilderhandlung ist frei von Liebermann, Pech-
stein oder Brangwyn-Graphik[140], aber auch von Linoleumschnitten
frei, wir sehen badende Knaben auf den Felsen der *Blauen Grotte* und
ein blondes unschuldsvolles Mädchen, bloß mit Gretchenfrisur
bekleidet; auch ein Panorama ist da – die fossile Zwischenstufe
zwischen Daguerreotypie und Kintopp – mit allwöchentlich wech-
selndem Programm, ein chiromantischer Automat ruft mit großer
Aufschrift, Konfitürengeschäfte, Spezialgummiwaren, Botenjungen-
gesellschaft, zwei Schnellphotographen, Automatenbüfett, eine Duftei
halten ihre Ladentür lange offen.

---

[140] *Frank Brangwyn (1867–1956), englischer Maler und Graphiker*

Das Passage-Panoptikum ist das einzige, das uns seit Castans Ende noch geblieben ist. Mit herrlichen Genregruppen aus Wachs, ›Das Duell‹, ›Ein verliebter Schornsteinfeger‹, ›Heimgezahlt‹, ›Ein verpatzter Hochzeitsfrack‹, ›Aller Anfang ist schwer‹ (besonders beim Parademarsch! Hochaktuell!!), ›Barbarossa im Kyffhäuser‹, ›Am Tor des Findelhauses‹, ›Berlin bei Nacht oder Der Jüngling im Séparée‹, der Fürstensaal und die Akademie der Berühmtheiten, Märchensaal und humoristischer Vexierspiegel, sehr humoristisch, und die berühmte ›Verbrechergeschichte von der Tat zum Schafott in acht Bildergruppen‹, wovon besonders Nummer hundertfünf (Einbruch in die Totenkammer und Leichenraub) ziemlich bezaubernd ist.

Dabei ist all das – was mit Nachdruck bemerkt sei – keineswegs belehrend, sondern eher – was mit Lob bemerkt sei – irreführend, ebenso wie man die Darbietungen der Automaten im Vestibül, ›Geheimnisse des Schlafzimmers‹, ›Das Astloch im Zaun des Damenbades‹, ›Heirat auf Probe‹, nicht etwa für aufschlussreich halten darf. Junge Freunde, die ihr vor den Gucklöchern mit gezücktem Fünfzigpfennigstück Polonäse steht, glaubt mir erfahrenem Greis, es ist unwahr, dass in einem Schlafzimmer fünf miese und (zum Glück) sehr bekleidete Weiber der achtziger Jahre in den Posen eines Cancans zu erstarren pflegen! Der Automat ›Die Brautnacht‹ funktioniert übrigens nicht, trotzdem nichts anzeigt, dass er außer Betrieb ist, seid also gewarnt, Mädchen!

Kommt, vertieft euch vielmehr in die Betrachtung der zwar arg verblassten, aber dafür wirklichen, wahren und naturgetreuen Photographien oben an der rechten Wand: Dort hängt unter Glas und Rahmen die Porträtgalerie jener Berühmtheiten, zu denen vielleicht unsere Eltern pilgerten und sicherlich am Sonntag deren Dienstmädchen, die Ruhmeshalle jener Abnormitäten, die mit groben Plakaten und lauten Ausrufern durch die Welt zogen, um sich bestaunen zu lassen. Nichts ist von ihnen mehr erhalten als höchstens ein Präparat in irgendeiner pathologisch-anatomischen Klinik – und dieses vergilbte Walhall im Vestibül des Passagepanoptikums. Grüßet sie ehrerbietig! Lionel, der Löwenmensch, der Liebling der Frauen und Jungfrauen – so siehst du aus! –, ist da, Hunyady Jänos, der Mann mit dem Vogelkopf, ist auch da, das Riesenkind Elisabeth Liska aus

Russland, elf Jahre alt, zwei Meter zehn hoch, die hinten zusammengewachsenen Schwestern Boiena und Milada Blaiek, Miss Crassé, das Tigermädchen, die riesige Tiroler Mariedl beim Melken ihrer Lieblingskuh, Riesenbackfisch Dora, La belle Annita, die tätowierte Schönheit, Prinzessin Kolibri, die kleinste Dame der Welt, Pirjakoff, der größte Mensch, der je gelebt hat, Machnow, der größte Mensch, der je gelebt hat, Hassan ben Ali, der größte Mensch, der je gelebt hat, Mr. Masso, der Kettensprenger, Haarathlet Simson, Hungerkünstler Papus und Hungerkünstler Succi, Mr. Tabor, der Muskelmensch mit dem dreifach gedrehten Arm, die behaarte Miss Pastrana, der lange Josef, der größte Soldat der preußischen Armee, mit Toni Marti, dem schwersten Knaben der Welt, die Schwestern Willfried, die stärksten Kinder der Welt, anderthalb und zweieinviertel Jahre alt, November 1902.

Ach, niemand besieht das Pantheon dieser Größen von einst, deren Leben es war, umherzufahren in der Welt, sich schauzustellen vor einem Zehnpfennigpublikum im matten Vormittagslicht eines Kirchweihzeltes oder eines Gasthauszimmers oder im allzu grellen Schein der abendlichen Zirkusmanege. Ausgebeutet, wiesen sie auf ihren monströsen Geburtsfehler und erklärten ihn mit papierenem, eingelerntem Text. Oder waren sie stolz auf ihn? Wir wissen nichts mehr von ihnen, als dass sie auch im Passagepanoptikum zu Berlin gastierten. Hier blieb ihr Bild bestehen, doch verblasst es von Jahr zu Jahr.

Viel besichtigter ist drüben, am anderen Ufer der Passage im Halbstock, das Anatomische Museum. Auch hier locken schon unten Puppen die Pupen und die Nutten an und jene, die es werden werden. Ein wächserner Virchow, vor einem Totenschädel dozierend, ist stummer Ausrufer, im Verein mit einem Mädchen, das auch die inneren Geheimnisse preisgibt, weil sogar die Bauchhöhle aufgedeckt ist; eine Reklametafel zeigt die Wirkungen des Miedertragens und ruft: »Erkenne dich selbst – so schützest du dich.« Es kostet zwölf Mark fünfzig, sich selbst zu erkennen, wovon zwei Papiermark auf die Vergnügungssteuer entfallen; das Extrakabinett, »nur für Erwachsene«, erfordert kein Sonderentree. Ein Vorhang teilt dieses Allerheiligste der Passage vom profanen Teil des Anatomischen Museums und ist Besuchern unter achtzehn Jahren nicht zugänglich. Eine Tafel, von

Viertelstunde zu Viertelstunde umgedreht, kündet: »Jetzt nur für Damen«, beziehungsweise: »Jetzt nur für Herren.« Das eben ausgesperrte Geschlecht hat inzwischen in den ungeheimen Räumen umherzulungern, sich die plastischen Darstellungen des Verdauungsprozesses, der Hämorrhoiden, der Cholerawirkungen, einer Zungenkrebsoperation, der Verheerungen des Branntweins in den Eingeweiden und dergleichen anzusehen und im Automaten die Gebärmutteroperation. Dann aber, dann dürfen die erwachsenen Herren beziehungsweise die erwachsenen Damen – achtzehn Jahre ist man hier gewöhnlich mit vierzehn Jahren – in das Sanktuarium eintreten, wo die Chromoplastiken in natürlicher Größe all das zeigen, was man im Konversationslexikon nur schwer zu begreifen vermochte und worüber das Leben bloß fallweise aufklärt.

Es ist alles echt oder lebenswahr, leibhaftige Fötusse, die Entwicklung des Menschen von der Befruchtung bis zur Normal-, Stein- oder Zangengeburt, Perforation oder Kaiserschnitt; Organe und so weiter – alles bis aufs Haar genau und im Katalog noch genauer erklärt. Mit Recht ist in der Rubrik »Weibliche Geschlechtskrankheiten« als erstes Schauobjekt das Hymen oder Jungfrauenhäutchen angeführt, denn von allen besagten Krankheiten ist diese am raschesten heilbar. Sie ist selten, und man bestaunt das Objekt sehr. Allzulange aber nicht, denn nur ein Viertelstündchen darfst du weilen, draußen scharrt schon das andere Geschlecht.

Die Linden-Passage hat ihr unverrückbares Stammpublikum, keine Straße besitzt so viele Freunde und so geschlossenen Verehrerkreis. Und von denen, die der Passage Freunde sind, lieben einige das Panoptikum heiß und treu; unter diesen sind Fanatiker des Anatomischen Museums und von diesen wiederum manche unbedingte Hörige der Geheimkammer, gebannt von irgendeiner Vitrine. Die ist demnach das Liebste der Auserlesenen – das Schönste also von Berlin.

Was nämlich zu beweisen war.

Stahlwerk in Bochum, vom Hochofen aus gesehen

AUF DEM GIPFEL des Hochofens führt um das Maschinenhaus des Schrägaufzuges eine beängstigend enge Balustrade. Hier oben, wo's höher als auf Kirchturmspitzen ist, muss man nicht zwischen glühenden Stahlstücken, offenen Versenkungen und rollenden Radreifen balancieren, von fallenden Lasten und zischend emporlodernden Flammen erschreckt und vom Klirren und Hämmern entnervt. Und doch überblickt man die ganze Landschaft, die uns bewusste Laien tagsüber bewegt und begeistert hat, wir umfassen von höherer Warte die Plätze, auf denen uns heiße Eindrücke eingepresst wurden; wir können auf diesem Prospekt den Weg voll verwirrender Schönheit und bitterer Reflexion rekapitulieren, den wir heute gingen und den alltäglich und allnächtlich das Erz geht und die Arbeit in allen Stadien.

Allerdings: Selbst hier oben ist kein Gottesfrieden, selbst da, auf dem höchsten Standpunkt der Stahlstadt, fahren uns Lasten über den Kopf. Ununterbrochen schweben auf ihrem Seil die Waggons der Hängebahn heran, öffnen sich genau über der Gichtschüssel des Hochofens, und in den sich im selben Momente klaffenden Ofen stürzt der Passagier, der Koks, der aus der fernen Kokerei der Kohlenzeche ankommt. Kaum ist der leere Waggon abgetänzelt, rasselt über uns ein Eimer von achttausend Kilogramm Gewicht. Er schleppt das Erz aus den Bunkern, in die es die Eisenbahnzüge aus den Erzbergwerken brachten, und erbricht sich gleichfalls in das Ofentürl.

Neben den fünf Hochöfen stehen fünfzehn geschlossene Röhren, die Wind-Erhitzer, etwa in der Form gefüllter Kalodont-Tuben[141]. Aber sie sind größer. Bedeutend größer sogar: Jede ist fünfunddreißig Meter hoch, doppelt so hoch als ein dreistöckiges Haus, und hat einen Durchmesser von sieben Metern. Das Blech der Hülle dürfte ebenfalls stärker sein als das einer Tube mit Zahnpasta. Denn darin wird Wind auf siebenhundert bis achthundert Grad erhitzt, das heißt, bis er eine

---

[141] *Zahnpastamarke*

grell leuchtende Flamme ist. Dieser brennende Wind strömt in den Ofen, wo Erz und Kohle gemeinsam zerschmelzen. Alle zwei Stunden wird jeder Hochofen geöffnet, und das Roheisen fließt (während die leichtere Schlacke oben anderswohin führt) wie ein flammender Bach in eine Riesenpfanne, auf dem Weg kaskadenfröhlich in Tausende silberne Tröpfchen zerstäubend und den Winterrock des allzu nahe herantretenden Beschauers mit Silberflitter besäend. Wird nicht auch die Lunge der Arbeiter hier mit diesem eisernen Konfetti überschüttet? Ist er unempfindlich gegen den Schwefeldampf, den uns eben ein Windstoß in die Nase geblasen hat, dass wir tränen und husten müssen?! Ist das Gichtgas[142] für ihn kein Gift? Stört es ihn nicht, wenn er aus dieser tödlichen Hitze unmittelbar ins Freie muss, um für das überschüssige Roheisen im Gießbett Rinnen zu graben?

In drei Schichten arbeiten die Leute am Hochofen, der jahraus, jahrein, Tag und Nacht nicht erlöschen darf, und an jedem dritten Sonntag haben sie sechzehn Stunden Dienst. Vom vierzehnten Lebensjahr an bis zum Tode, der vielleicht schon kommt, während sich andere noch mit dem Studium ›abplagen‹. – Was hier ein Arbeiter Lohn habe, fragen wir den blutjungen Ingenieur, der Stulpenstiefel und Schmisse hat und die Arbeit beaufsichtigt. – »Na, zweiundfünfzig bis fünfundfünfzig Pfennig pro Stunde – der Beste kommt schon auf hundertzwanzig Mark im Monat«, antwortet er, »eine Zeitlang standen sich die Kerls besser als wir. Aber jetzt geht's schon einigermaßen in Ordnung.« Dann lenkt er ab und zeigt auf den lichterlohen Bach von Roheisen, der noch immer aus dem Loch strömt. »Das sind fünfzig bis sechzig Tonnen; genau zwölf Millionen Mark ist dieses Wässerchen wert, und neun solcher Abstiche werden täglich an unseren fünf Hochöfen vorgenommen.«

Endlich ist die Pfanne voll, die Aufzugsmaschine ergreift sie und führt sie in die Stahlgießerei, wo aus dem Eisen in achtzehn riesigen Martinöfen Stahl gemacht wird. Überdimensionale Kräne chargieren das Rohmaterial in diese Schmelzen, Roheisen, Ferromangan und vor

---

[142] *Gichtgas: Hochofen-Gas, besteht aus einem hohen Anteil Stickstoff, sowie Kohlenstoffdioxid und Anteilen von Kohlenstoffmonoxid und Wasserstoff*

allem ›Schrott‹, altes Stahlmaterial – darunter noch immer viele stählernen Kanonenrohre, Granaten, Torpedos – und ausrangiertes eisernes Hausgerät, das einst in der Küche oder in der Rumpelkammer wie eine Pfütze war, dann im Magazin des Hausierers zum Tümpel ward, in Bächen zum Alteisenhändler floss, in Strömen in die Schrottzerkleinerungswerke und hierher, wo es ein Meer ist, der Verdunstung harrend. Nicht lange währt diese Rast der unvergänglichen Materie an dieser Kurve, an die sie wahrscheinlich alle hundert Jahre kommt. Schon geht die Rundfahrt weiter durch die Ewigkeit, schon entleert sich der Greifer mit Schrott über dem Ofen. Ihm nach fallen allerhand Chemikalien.

Mit einer blauen Brille kann man in den Ofen hineinschauen. Was man sieht, ist nichts als ein ungeheures Brodeln flüssigen Feuers, das alles ergreift und alles verzehrt. Und öffnet sich der Herd, um den Stahl abzulassen, dann speit und raucht in seinem Gefäß der neugeborene Stahl und scheint emporschlagen und die Welt verschütten zu wollen, unheimlich lodernder Vesuv! Habt ihr nicht Angst, ihr Herren der Fabrik, dass diese aufgeregte, kochende Masse doch einmal ihren Kerker sprengt? Ihr lächelt: ›Divide et impera‹[143] und zeigt dem Warner mit überlegener Miene das Ventil, das sich bereits öffnet. Und aus dem großen einheitlichen Höllenkessel beginnt die Masse herauszuströmen nach allen Richtungen in hundert Formen von verschiedener Größe und verschiedener Gestalt. In den ›Kokillen‹ strahlt der Stahl noch immer wie ein Symbol, noch immer ist er im Flusse der Bewegung, und noch immer ist er von vernichtender Hitze. Aber bald muss er zu Blöcken erstarren, die irisierend blau und matt sind.

Eisenbahnzüge rollen heran und schleppen sie von dannen, man kann aus ihnen Kanonen und Geschosse machen, wie es im Kriege war, man kann sie zu nützlichem Werk verwerten. Die Züge fahren davon, in andere Städte und andere Länder, Bochumer Stahl; als Kirchenglocken enden die Stahlmassen oder als Fahrräder, Rasiermesser, Schreibfedern, Taschenuhren, Dolche. Andere Blöcke aber bleiben noch hier. Auf kleineren Waggons rollen sie in die Bezirke des

---

[143] ›Teile und herrsche‹

Betriebes, ins Schmiedewerk zu den unheimlichen Hämmern, wo man sie zu Kurbelwellen für Maschinen und zu Schiffssteven, zu Lokomotiv- und Waggonradsätzen schmiedet, oder ins Walzwerk, wo zumeist Schienen und Stahlschwellen und Räder und deren ›Bandagenringe‹ (Radreifen) daraus werden für fast alle Eisenbahnen Europas und Asiens, in den verschiedensten Durchmessern, Lokomotivräder bis zu zweieinhalb Meter.

Langwierige Prozeduren vollenden dieses Werk, und so angeregt der Geist von der Fülle dieses Raffinements und von der aufgewandten Geschicklichkeit ist, so müde wird man, wenn man das Erz auf seinem Entwicklungsgang begleitet bis zu den Leidensstationen des Stahls in den mechanischen Werkstätten, wo er gedreht wird, gehobelt, durchstoßen. Armer, gequälter Stahl – man wünscht sich nicht einmal, was man gerade hier stärker als anderswo oft gewünscht hatte: Nerven aus Stahl zu haben.

Eben kamen wir an zwei Arbeitern vorbei, die eine Schiffswelle an die Hebekette legten. Wir sind ein paar Schritte weitergegangen, als uns ein sogar in diesem steten Lärm hörbares, ungeheures Krachen innehalten lässt: Die Kette ist gerissen, die Welle herabgestürzt und eine Kurbel abgebrochen. Zum Glück hing sie noch nicht hoch, und niemand stand darunter. Einige Arbeiter sammeln sich aufgeregt, untersuchen den Kran und murren, dass noch immer keine Taue statt der Ketten eingeführt worden sind. »Tausend Mark Schaden«, brummt der Betriebsleiter.

Aber selbst die Erschütterungen solcher Zwischenfälle sind in ihrer Intensität nichts gegen den Eindruck zauberischer Vorgänge, deren staunender Zeuge man ist. Ins Schienenhaus kommt ein kurzer Stahlblock, und schon huscht er, windet er sich, in eine Schlange verwandelt, aus der Maschine. Aber welch eine Schlange ist das! Fünfundsechzig Meter misst ihr Leib und ist rotglühend, und so schiebt sie sich durch das Zwielicht der endlosen Halle, dreht sich auf die andere Seite, hebt sich an einem Ende in die Höhe und rutscht in die Maschine zurück, die sie auch auf der andern Seite plattwalzt und wieder preisgibt, um sie nochmals aufzunehmen und nochmals – bis sie viereckig geworden ist. Und schon wird sie von einer Säge zerschnitten, in Stücke von zehn Meter Länge. Das Schlangenblut ist heißes Gold und spritzt empor in Garben und Funken, ein unbeschreibliches Feuerwerk.

Im Hof liegen die zerschnittenen Teile der Schlange, fertige Schienen. Der Laufkran fährt über sie hin, die beiden Magnete an seinen Enden senken sich ein wenig, und waagrecht schweben sieben Schienen ihnen entgegen in die Höhe, frei in der Luft. Sie saugen sich fest an den Magneten, kein Tau, keine Kette hält sie, und doch stürzen sie nicht herab, der Hebezug bewegt sich weiter mit seiner Last von zwanzigtausend Kilogramm, er hält über einem Eisenbahnzug, der Strom wird ausgeschaltet, und die Schienen legen sich behutsam in den Waggon.

Jeder neue Eindruck lässt den vorhergehenden verblassen. Verstört ist man von den vielen Wundern und tut gut daran, nicht gleich in den Alltag hinauszugehen, der alles verwischt. Man muss alle Müdigkeit überwinden und nochmals hinauf auf den Aussichtspunkt des Hochofens, wo man sich einigermaßen sammeln kann, und beim Leuchten des fließenden Roheisens stehend all das niederschreiben, was man gesehen.

Der Raubmord im Hotel Bristol

Am 22. Mai 1918, um fünf Uhr nachmittags, fand man im Wiener Ringstraßenhotel Bristol die Gesellschafterin des dort wohnenden freiherrlichen Ehepaares Vivante, Miss Julie Earl, ermordet auf. Man stellte fest, dass eine halbe Stunde vorher der Neffe des Barons Vivante, Emo Davit, dort gewesen war; nach seinem Erscheinen hatte Miss Julie den in einem Koffer befindlichen Schmuck ihrer Dienstgeber in ihr Zimmer gebracht. Außerdem war ein junger Mann mit einem Wäschekorb über die Treppe gegangen. Während die Mordkommission Recherchen vornahm, erschien Davit ›zufällig‹ im Bristol. Er wurde verhaftet, acht Tage später sein Freund Kurt Franke.

GANZ WIEN LIEGT AUF DEM BAUCH vor dem Raffinement des Raubmordes im Hotel Bristol. Es ist der Polizei gelungen ... Kaltblütigkeit, geniale Vorbereitung bis ins kleinste Detail ...

Bitte: Ein halbes Jahr lang hielten Emo Davit und Kurt Franke Proben ab. Was konnte geprobt werden? Die Wucht des Keulenschlages und dessen Wirkung auf Schädelknochen, das Einpacken und Wegschaffen einer unzerstückelten Leiche im Wäschekorb? Nein, so etwas lässt sich nicht üben. Es konnten nur Requisitenproben sein. Ich stelle mir vor, dass der kleine Franke beim ersten Training die Keule auf der Erde liegen ließ, vielleicht auch die Handschuhe. Darauf bekam Kurt ein paar Ohrfeigen von Emo, und nie mehr hat er diesen Fehler begangen. Schon ganz mechanisch steckte er dann bei späteren Übungen Handschuhe und Keule brav in den Rucksack.

Das wäre noch schöner, wenn diese Dinge am Tatort bleiben würden! Ein so exzeptionelles Mordinstrument, von Davit im Spezialgeschäft wortreich im Triestiner Dialekt gekauft – im Nu wäre man überwiesen. In der Nacht schreckt Davit aus dem Schlafe auf: Hat er doch vergessen, die Firmenzeichen aus der Keule wegzukratzen. Schnell springt er auf und tut das.

Fest steht nur, dass er sich gleich nach dem Mord verhaften lassen muss, solange das Alibi noch warm ist. Nichts in seiner Wohnung, die man durchsuchen wird, darf an seinen Komplizen erinnern. Das Sparkassenbuch Frankes muss er zurückstellen. Wenn man in Davits Schubfach die eingelegten Ersparnisse eines anderen findet, ist dieser andere schon verdächtig. Und wenn Franke einmal verdächtigt wird, ist alles verloren.

Nie mehr zeige ich mich mit Franke. Mit allen Leuten werde ich verkehren, ein halbes Jahr lang Freundschaften schließen und Kollegen nach Hause begleiten, nur mit dem kleinen Franke wird mich kein Mensch sehen!

Wenn aber Miss Julie nicht gleich tot ist? Dann schneiden wir ihr mit einem Rasiermesser die Kehle durch und packen sie dann erst in den Wäschekorb. Haha, jeder wird glauben, dass sie mit dem Schmuck durchgebrannt ist!

Ein anderes Antlitz, eh sie geschehen ... Es ergibt sich nämlich die überraschende Belehrung, dass Menschen manchmal bluten, wenn ihnen die Gurgel durchschnitten wird. Wenn man das geahnt hätte – es wäre dann bloß noch ein (tödlicher) Schlag mit der Handgranatenattrappe zu führen oder die Schlinge fester zuzuschnüren gewesen.

Der Mörder hat einen roten Riesenfleck auf der Hose, und sein Helfer, der sich nach einer Stunde ›ahnungslos‹ der Polizei stellen will, borgt ihm unbedenklich den Oberzieher, mit dem ihn jeder ins Hotel kommen sah. (Im Nebenzimmer hängt die Garderobe des Barons Vivante.)

Liegen bleibt die Keule, und sie trägt noch alle Firmenzeichen von Pohl. Die Handschuhe Davits? Sie sind auch neben der Leiche vergessen worden. Davit bleibt beim geraubten Koffer in der Kärntner Straße, Franke begibt sich zurück ins Hotel. Vor dem Zimmer ist Mordalarm. So geht er wieder die Treppe hinunter.

Im Notizbuch des festgenommenen Davit ist ein Plan der Mordstätte eingezeichnet. Ein genauer Plan mit Pfeilen. Ob man's glaubt oder nicht – das wirkt verdächtig.

Nach übereinstimmenden Blättermeldungen fand man den Plan erst am vierten Tag. Na ja, wer wird denn das Notizbuch eines Raubmordverdächtigen so schnell durchsuchen! Es könnte doch Privatsachen enthalten.

Vielleicht aber fand man die Situationsskizzen schon am Tage des Mordes und verriet es bloß der Presse nicht. Aber wenn die Polizei die Skizzen schon am ersten Tage eruiert hatte, dann wusste sie doch ganz bestimmt, dass Davit am Morde beteiligt sei, und es war bloß der Komplize zu suchen.

Leicht gesagt: »Bloß der Komplize zu suchen.« Gar kein Anhaltspunkt war da. Davit hatte ja nur mit dem Praktikanten Franke verkehrt, war täglich mit ihm aus dem Büro gegangen und fast täglich mit ihm ins Büro gekommen, war (obwohl beinahe doppelt so alt) Tag und Nacht mit ihm beisammen gewesen, bis es auffiel, man ihn frotzelte und von Homosexualität munkelte. Und Frankes Sparkassenbuch war bei Davit. Es hätte einen verletzenden Zweifel an dem Raffinement des Festgenommenen bedeutet, ihm zuzumuten, gerade sein bester Freund sei sein Helfer gewesen!

Und dieser Komplize! Das war ein ganz Schlauer! Er hatte sich (hat man es nicht in riesigen Überschriften gelesen?) als Jockey verkleidet. Einen Jockey stelle ich mir so vor: eine halbkugelförmige Seidenkappe im Nacken, eine Hälfte rot, die andere hellgrün, ein Satinhemd in denselben Tinten, dottergelbe, gestraffte Breeches, gespornte Lackkanonen, Reitpeitsche in der Hand. Also, ganz so sah er ja nicht aus. Nicht einmal Reitstiefel hatte er, nicht einmal eine Gerte, nicht einmal kurze Hosen, nicht einmal einen Dress, nur seinen ältesten Büroanzug. Aber eine Mütze hatte er, jawohl, eine Mütze, und einen Rucksack auf dem Buckel, sodass die Leute auf der Straße stehenblieben: Ah, ein Jockey!

Nach der Tat: Er bezahlt seinen Eltern eine alte Schuld, borgt einer Familie neunhundert Kronen, schmeißt mit dem Geld, damit er sich nicht durch übertriebene Sparsamkeit verdächtig mache, erzählt, dass er mit Davit an Nahrungsmittelgeschäften viel verdient habe, berät sich mit den ihn interviewenden Journalisten, ob er nicht aus treuer Freundschaft den Mord auf sich nehmen sollte, und versteckt einen Teil des Raubes – in Davits Büro. Den blutigen Anzug, der ihn verraten könnte, wirft er in den Donaukanal, den Koffer mit dem Schmuck verbirgt »der gelehrige Kinobesucher«, indem er ihn mitsamt dem Mordinstrument in seinem Zimmer behält.

Aus irgendeinem Grunde auf die Polizei gerufen, über den die Presse merkwürdig schlecht informiert ist (wahrscheinlich auf Anzeigen seiner Bekannten hin, denen er seit fünf Tagen mehr als verdächtig ist), gibt er dort seelenruhig, ohne dass man es von ihm verlangt, Davits Wohnungsschlüssel ab, von dem man weiß, dass er sich in dem heißgesuchten Überzieher befand. Trotzdem man ihn nun nach dem Mord befragt, gesteht er alles ein; »der Schmuck ist in meiner Wohnung«, gibt er an. Jetzt heißt es schnell handeln! Der untersuchende Polizeirat kommt auf die Idee, Detektive in die Wohnung des Davitbündlers zu schicken, und sie finden die Sachen. Im Triumphzug bringt man sie ins Sicherheitsbüro.

Der Minister für Innere Angelegenheiten Österreichs ist da, seine Anwesenheit ist dringend erforderlich, sonst ist ja alles in Ordnung im Innern Österreichs, er lässt Belobigungen regnen, die fast an die heranreichen, die die Presse der Polizei und den Mördern verleiht.

Nur das Mordinstrument fehlt noch, das Rasiermesser. Wo kann es sein? Es ist in der Wohnung Frankes, mit teuflischer Kaltblütigkeit hatte er es auf seinen Waschtisch gelegt, aber die Sherlock Holmes fanden es doch – das Geheimnis ist gelüftet.

Heringsfang

NIRGENDS ist man so rückständig in der Technik des Fischfangs wie an der pommerschen Küste, und am allerrückständigsten sind die Leute von Rügen. Seit dem Mittelalter wird das Gewerbe auf gleiche Art ausgeübt. Nicht einmal Dampfer verwenden sie. Angeblich können in diesen Ostseewinkeln, da das Meer zu seicht, der Boden zu steinig ist, keine Dampfschiffe fahren. Mag sein! Warum aber haben sie keine Motorboote, die ihren aufreibenden Kampf mit der Flut mildern würden, warum benützen sie kein einziges der modernen Fanggeräte, das ihre Einnahmen erhöhen würde?

Inselbewohner sind immer konservativ. Doch unten im zackigen Südosten Rügens, auf der Halbinsel der Insel, lebt das in sich geschlossenste Volk. Im Juli, im August sind Sommergäste da, aber die Leute auf Mönchgut lassen sich von ihnen kaum stören. Sie bebauen ihre kleinen Äcker, sie weiden ihr Vieh, sie bessern ihre Boote aus und mähen das Gras. Nur die Jungen wollen zeigen, dass sie keine Hinterwäldler sind und dass sie mit dem Fortschritt gehen: Sie haben die altvorzeitliche Mönchguter Volkstracht abgelegt und tragen jetzt – wenigstens am Sonntag – lange städtische Hosen, ein Trikothemd und einen neuen Strohhut aus einem Greifswalder Geschäft. Zeitig morgens an den Wochentagen, so gegen drei Uhr, fahren die Fischer hinaus zu ihren Fangkörben: auf die Heringsjagd.

Etwa zwölf Männer eines Dorfes bilden eine Reusenkompanie, eine behördlich eingetragene Genossenschaft. Die Mitgliedschaft vererbt sich vom Ahnen auf den Enkel, nur wenn einer der Genossen ohne Erben stirbt, kann man sich einen Anteil kaufen. Jeder der zwölf hat sein Ruderboot mit Namen und Ortsbezeichnung, gemeinsames Eigentum aber sind die zwei großen Segellogger, in denen die Jagdbeute zum Verkauf nach Greifswald, Lauterbach oder Stralsund gebracht wird. Vom Erlös jeder dieser Verkaufsfahrten werden drei Mark für die Kassa zurückbehalten: Das ist der Fonds, der zur Instandhaltung der beiden Segler und zur allfälligen Anschaffung eines neuen dient. Gemeinschaftsbesitz sind auch die Reusen, die oft einen Wert von mehr als zehntausend Mark repräsentieren. An den

Winterabenden knüpfen die Fischer und ihre Frauen und Kinder neue Netze und bessern die alten aus.

Im Frühjahr sind die Vorarbeiten beendet, das Strickwerk fertiggestellt, Buchenstämme im Granitzer Forst gefällt und nun im Meer verankert; die senkrechte Netzwand wird zwischen diesen Pfählen ausgespreizt und am Ende dieser kilometerlangen Hürde in großem Polygon die eigentliche Reuse gelegt, eine Falle, deren Basis von platten Steinen auf dem Meeresgrunde festgehalten wird, während große Korke die Seitenwände bis zur Oberfläche straff spannen. Jetzt müssen nur noch die Heringe kommen: Das Wehr aus Netzwerk versperrt ihnen den Weg, und sie schwimmen daher die geknüpften Fäden entlang. Wir sind schlau, denken sie, wir gehen euch Menschen nicht ins Netz! Und die Menge bewegt sich im Flankenmarsch, bis die Bahn frei ist. Nun machen die Heringe die Wendung in die ursprüngliche Richtung ihres Zuges. Doch sie können nicht weiter. Das, was sie für das Ende des Hindernisses gehalten haben, ist die Einkehle des riesigen Sackes, aus dem es kein Entrinnen gibt: Die enge Trichtermündung, durch die sie hineingeraten sind, finden sie nimmermehr, und auch durch die Maschen kann man nicht entschlüpfen.

Mit einem Reusenball feiert man im Gasthof des Ortes die beendete Vorarbeit; Tanz, Musik, Speisen und Getränke sind unentgeltlich – alle Kosten tragen die armen Heringe, die verzweifelt in der Umschlingung zappeln, während man es sich hier wohl ergehen lässt.

An jedem zweiten Tag wird nun, vom Hochsommer bis zum Beginn der Laichzeit, die Reuse hochgezogen und ausgenommen.

Vor drei Uhr morgens geht ein Mitglied der Kompanie von Haus zu Haus, seine Genossen wecken. Wenige Minuten später stapft ein Dutzend Männer durch das Dorf. Über der Schulter tragen sie ihre Wasserstiefel, eine Hose aus Drellleinen von übermäßiger Breite und ein Netz, in dem sie einen kleinen Teil der Beute für den eigenen Mittagstisch heimbringen. Auf Grashalme, Ähren und Zweige sind Perlenschnüre gelegt. Kein Huhn gackert noch, kein Karren rattert über den Weg, der Sand ist weiß und weich, dämpft die Schritte bis zur Lautlosigkeit. Alles scheint den Frieden einer Landschaft Claude Lorrains zu atmen. Aber über die Felsenränder der Landzunge brüllt ein einziger, endloser Schrei: Es ist das Meer, das sich in Erinnerung ruft. Wir gehen durch das Paradies, und schon meldet sich die Sintflut.

Der Ralliierungsplatz[144] am Strand ist leicht erkennbar: Hunderte von morschen Buchenstämmen (alte Reusenpfähle) sind hier aufgeschichtet, ein Signalmast, ein langer, grobgezimmerter Tisch mit zwei Bänken steht daneben, die bauchigen Ruderboote liegen an erhöhter Stelle und hinter eingerammten Pflöcken.

In Schießbuden gibt es einen Zelluloidballon, den ein Wasserstrahl in die Höhe treibt: So balanciert jetzt die Sonne über den Wellenbergen. Tropfen wirbeln über die Düne. Manche Woge züngelt ins Land. Alpengipfel und Gletscherspalten entstehen vor unseren Augen, und vor unseren Augen zerspellen sie tausendfach. Eine Minute lang, zwei schauen die Fischer auf die Unendlichkeit der Unruhe. Vorgestern sind sie nicht ausgefahren, weil es zu stürmisch war. Nach knappem Hin und Wider sind sie einig, dass man heute fahren kann.

Sie setzen sich auf die Bänke, ziehen die leinenen Pluderhosen an und zerren die schweren Wasserstiefel, die sie bislang auf der Schulter trugen, über ihre Schuhe, über die Oberschenkel, bis zum Schritt. Eine Pulle Branntwein macht die Runde und ist rasch geleert.

Alle zwölf heben gemeinsam eine der Jollen und tragen sie hart an den Wasserrand, dann die zweite und die dritte. Je vier Mann stoßen ihr Boot vom Ufer in die See, und während es schaukelt, laufen sie ihm nach, bis zur Hüfte im Wasser, schwingen sich über die Brüstung und setzen Ruder ein. Die Wellen sind stärker — sie haben sich des Spielzeugs bemächtigt und werfen es einander in hohem Bogen zu. Wie große Straßenjungen, die den kleinen ihren Ball wegnehmen.

Die Pfahlanlage der Reusen ist sichtbar, doch kommen wir nicht näher, so angestrengt die Riemen auch arbeiten. Weit vom Ziele ab drängen uns die Wellen, und wir haben nichts als den Trost, dass ein anderes der drei Boote noch viele hundert Meter mehr von der Fahrtrichtung abgetrieben wurde. Die Fischerfäuste halten die Ruder umklammert und dreschen das Wasser, Hiebe rechts, Hiebe links, immer wieder zerren und entreißen sie es den Wogen, bis wir endlich an der geflochtenen Mauer sind. Wir fahren sie entlang, so wie sie der

---

[144] *Sammelplatz*

Heringsschwarm entlanggeschwommen war, als er seinen Weg versperrt sah durch dieses Hindernis. Auch wir kommen dann zur Falle. An einem der elf Pflöcke, die in einer Distanz von etwa fünf Metern voneinander stehen, halten wir den Kahn mit den Händen fest und warten auf die anderen Fahrzeuge. Eines schiebt sich an die trichterförmige Öffnung, rudert langsam ein, die Bemannung schließt sie hinter sich und packt den Obersimm, den oberen Rand des Netzes.

Inzwischen sind die beiden anderen Jollen rechts und links aufgefahren, und ihre acht Leute ziehen, weit über den Rand des taumelnden Schiffchens gebeugt, die Riesensteine herauf, die den Boden des Käfigs auf dem Meeresgrund festhielten. Man lockert die Spannung der Netzwände, sodass das mittlere Boot immer tiefer in den Bereich der Reuse dringen kann. Zum Schluss berühren sich die Spitzen unserer Fahrzeuge, ein gleichseitiges Dreieck bildend. Von vierundzwanzig Händen wird das Netz emporgezogen. Feine, dreieckige Maschen werden sichtbar. Die Erwartung steigert sich: Wie groß wird die Beute sein?

Kleine Flundern springen empor, dann kleine Heringe, und bald wirbelt ein Heer von fliegenden Fischen durch die Luft. Sie können nicht weiter flattern als über den Bootsrand, mitten in die Jollen. Die meisten stürzen wieder in das Netz zurück. Das wird gegen einen der Kähne geneigt, und Hunderte von Fischen fallen an Bord. Ein paarmal strampeln sie noch mit den Flossen, blaugrünes Konfetti und mattsilberner Flitter stäubt auf, dann schlagen sie noch etliche Mal mit der Schwanzflosse auf den Schiffsboden und bleiben resigniert liegen.

Das Netz wird wieder hinuntergelassen und festgeknüpft. Die Fahrt geht zur nächsten Reuse. Die Kähne biegen sich unter der Last der glitzernden Haufen. Dreißig Wall beträgt die Beute, das sind zweitausendvierhundert Heringe. Ein Aal ist auch dabei. Etwa vier Mark für jedes Wall – kein schlechter Fischzug heute! Freilich: Es hat schon Tage gegeben, an denen man siebenhundert Wall bootete, Tage, an denen sich ein Lachs von anderthalb Meter Länge und achtundfünfzig Pfund Schwere in die Gesellschaft der Heringe gedrängt hatte. Aber oft musste man mit leeren Händen heimkehren.

Einige Heringsbabys sind gleichfalls ins Garn gegangen. Sollen sie ihren Unverstand mit dem kaum begonnenen Leben büßen? Nein, die Männer werfen sie wieder ins Meer, darin sie wohlig schaukeln wie in einer Wiege. Wissen doch die Fischersleute, dass die heute Freigelassenen einst größer wiederkehren werden. Auch Heringe werden durch Erfahrung nicht klug.

Es geht dem Lande zu. Noch ärger schwankt das beladene Schiff, noch höher wird es auf den Kamm der Wellenberge geschleudert, noch tiefer in wässrige Abgründe gezogen, noch heftiger gerüttelt und geschüttelt als auf der Hinfahrt. Will das Meer seine Bewohner zurück? Die Schiffer, so abgehärtet und so gewöhnt sie an solche Revolution von Wind und Wasser sind, fluchen die saftigsten plattdeutschen Flüche. Ihre Gesichter sind verzerrt, ihre Muskeln gespannt, Ruder und Steuer begegnen dem Aufstand. Nach Stunden steigen sie als Sieger schweißgebadet und müde ans Ufer.

Auf dem Mast wird ein Ballon aufgezogen. Das ist ein Signal und meldet:»Großer Fang.« Die Fischersfrauen im Dorf, die längst nach diesem Zeichen ausschauten, laufen herbei. Sie booten die Heringe aus und breiten sie, sie zählend und ordnend, auf die Düne. Rechts die großen, links die kleinen und in die Mitte jene, deren Jungfräulichkeit man gleich erkennt: die Matjesheringe. Alles wird in Säcke gefüllt. Der Aal und die übrigen Fische, die nicht dem Geschlechte der Heringe entstammen, werden einem Gastwirt verkauft. Überdies behält jede Fischersfrau fünf Heringe, mit denen sie heute ein *White-bait*[145] *Dinner* zubereiten kann, wenn sie es nicht vorzieht, ihren Anteil zu veräußern.

Weiberarbeit! Die Männer haben inzwischen die zweite Flasche Korn ausgetrunken und sind ins Dorf gegangen, um zu schlafen. Nur drei von ihnen spannen auf dem Zweimaster die Segel und fahren mit der Beute nach Lauterbach auf den Markt.

---

[145] *Kleiner Weißfisch*

Streifzug durch
das dunkle London

LONDON IST ANDERS. Nicht nur anders, als es in den landläufigen Vorstellungen lebt, auch ganz anders als alle anderen Städte der Welt. In Paris kann sich niemand mehr verirren, der einen Stadtplan mit den beiden konzentrischen Boulevardkreisen gesehen; mit den Körut in Budapest, der Ringstraße und dem Gürtel in Wien, mit den Boulevards in Brüssel ist es ziemlich ähnlich; in Berlin orientiert man sich, da die Gattung der Straßennamen in jedem Viertel einer bestimmten Begriffsgruppe entnommen ist.

Ja selbst in Städten, deren Sprache man nicht versteht, findet man sich schneller zurecht als in London. In Griechenland, wo die Aufschriften neugriechisch sind, in den Dörfern Südungarns und des slawonischen Istrien, im Konstantinopel des alten Regimes und drüben im wildesten Kleinasien, wo keine Menschenseele eine Kultursprache versteht, ist man rasch heimisch. Aber hier in London – nirgends gehen Straße und Plätze so wirr durcheinander, nirgends sind Sitten und Lebensweise so verschieden von denen des übrigen Europas wie in London.

In den ersten Wochen muss man Angst haben, irgendwo in Hendon oder in Black Heath oder in Walham Green aufzutauchen, von wo kein Bus und keine Tube[146] nach der City Proper führt, wo die Fragen nach den Straßen des Westends mit verständnislosem Achselzucken beantwortet werden. Es ist schwer für jemand, der es nicht von Kindheit an gewohnt ist, sich um sechs Pence von dem mitten in der Straße auf dem Wagen hockenden Weibe ein Dutzend Austern zu kaufen und diese auf dem Trottoirrand sitzend zu verspeisen, es ist nicht jedes Kontinentbewohners Sache, in den Topf mit ›snacks and shrimps‹, der am Bareingang hängt, zu greifen und eine Handvoll von Krabben und Schnecken zum Munde zu führen. Auch die ›Kidneys Pies‹, die Nierenpasteten, zu zwei Pence verträgt nur der Zehnte. Und in einer Bar des Black Lion Yard, wo wir Weißfisch bestellten, missverstand der Barkeeper und brachte Whistkarten.

---

[146] *Untergrundbahn*

Fast alles wird stehend gegessen, und wenn man sich einmal nach einem ruhigen Abendbrot sehnt und in ein Hotel am Piccadilly einkehren will, so macht der Portier darauf aufmerksam, dass man einen Frack haben müsse.

Bereits bei der Ankunft merkt man, dass es in London ganz anders ist als anderswo. Der Bahnhof ist eigentlich eine Straße, der Stand der Droschken ist an der Plattform der Züge, man reicht, den Träger ersparend, das Gepäck aus dem Waggon direkt in die Kutsche. Keine Bahn ist staatlich, keine ist privilegiert. Das Bahnhofsgebäude ist ein vierstöckiges Hotel. Im Hansom, der zweirädrigen Sänfte, fährt man ins Boardinghouse; der Kutscher sitzt hinter den Passagieren und führt über deren Kopf die Zügel. Von den Türmen schlägt es acht Uhr morgens; jeder Glockenschlag ist ein vierfacher Akkord. Das Frühstück wird serviert: Tee mit Toast und einem unförmigen Brot (oder ist's die Missgeburt einer Riesensemmel?), mit Marmelade und Butter und mit drei Gängen, Fische, ein Fleischgericht und ›bacon and eggs‹[147].

In den Straßen tobt der Verkehr. Knaben lenken Fuhrwerke, Frauen Automobile, die Kondukteure der Omnibusse preisen ihre Linie an, haarscharf fahren Autotaxi und Motoromnibusse aneinander vorüber, die trabenden Pferde berühren den Kopf der Fußgänger. Überall steht ›Bobby‹ wie ein Fels im Meer, nicht Federbusch noch Waffe leihen ihm Respekt; er stellt sich mit dem Rücken unmittelbar vor den sausenden Motorwagen, hebt die Hand, und hinter ihm stauen sich fünfzig Wagen. Da er den Arm sinken lässt, geht sie weiter, die wilde, verwegene Jagd. Mitten im Trubel, ganz nahe vom Hyde Park Corner, zwischen dem königlichen Buckingham Palast und der feudalen Piccadilly Straße, weiden Schafe in idyllischer Ruhe, als ob sie nicht im Green Park, sondern in biblischer Landschaft lebten. Vor dem Kino stehen Menschen in etwa zweihundert Meter langer Reihe; niemand drängt sich, man steht in bequemen Intervallen und liest die Zeitung oder lässt sich von dem Burschen belustigen, der – er sieht aus wie ein heruntergekommener Oscar Wilde – auf dem Asphalt der Fahrbahn einen Niggertanz aufführt; die Wagen weichen dem Tänzer aus, und Schutzleute schauen ihm zu, bis der Tanz zu Ende ist und

---

[147] *Speck und Eier*

der Künstler einsammeln geht. Draußen in östlicheren Bezirken nehmen ein Dudelsackpfeifer oder ein bemaltes Kurbelklavier die Stelle des Tänzers ein. Am Viktoria-Embankment malt ein fußloser Mann Porträts europäischer Staatsmänner mit Buntstiften aufs Pflaster, damit ihm der Passant einen Halfpenny hinwerfe. Von neun Uhr früh an verschleißen Kolporteure die Abendblätter, die von da ab fast jede Stunde erscheinen, immer um Meldungen und an Umfang vermehrt, bis das Blatt um sieben Uhr abends dreimal so stark ist.

In offenen Läden der City wird von morgens bis abends alles in privater Auktion versteigert. Kaffeehäuser, wo man in Ruhe Zeitungen lesen könnte, gibt es nicht. Die Rechnungen erhält man in dreierlei Münzsorten, Pfund, Shilling und Pence, präsentiert. Auch Meter- und Litermaß bestehen für den Engländer nicht, er rechnet nach Feet und Bushels. Zigaretten werden nach Gewicht verkauft, es gibt keine Nachttischchen in Hotelzimmern, die Stubenmädchen sind unnahbar. Um halb ein Uhr nachts schließen die Restaurants, fahren die letzten Untergrundzüge, und es wird fast leer in der bevölkertsten aller Städte.

Nur draußen, am Ostende der Stadt, lebt auch die Nacht. Der Jago Court, dessen Gräuel Morrisons Feder schildert, ist gefallen, seine Gräuel leben fort. Schon hinter Houndsditch, dem Partiewarenhändlerviertel, das in den Schilderungen der großen Anarchistenschlacht von Sydney Street ärger dargestellt wurde, als es ist, und hinter den Minories, deren Trödlerläden bis zum Tower führen, beginnt sich's zu zeigen, dass hier die Not wohnt – ganz, ganz nahe der Bank von England, der Londoner Börse, den Lloyds, dem Cornhill, dem Lombard und der Fenchurch Street, den Straßen des Waren-, des Wechsel- und des Geldverkehrs und denen des Kolonialgroßhandels. Vor den Buden der Fleischer überschreien sich die Ausrufer, an den Wagen der Gemüsehändler feilschen Frauen mit schmutzigen Haaren, und bis auf die Fahrbahn hinaus drängen sich Greise, Männer, Mädchen und Kinder in dem Laden, dessen Auslagsschild besagt: »Hier werden Kartoffeln gebraten.«

Aber noch brennt in Aldgate High Street und in Whitechapel Road scheuchendes Licht elektrischer Lampen, noch stehen Polizeimänner mit Laternen am Gurt und eingerolltem Mackintosh[148] in der Hand an Straßenecken. Erst rechts und links von der Hauptstraße herrscht das Dunkel. An der Sprache kann man den Fremden nicht erkennen, denn hier wird überall Kauderwelsch gesprochen. Der Jargon ›Jiddisch‹, ein russisch-deutscher Dialekt, der mit hebräischen Lettern geschrieben wird, dominiert. Wer ihn nicht beherrscht, wird als Engländer angesehen, doch in den Nachbarbezirken hält man den, der nicht den ›Slang‹, das Volksenglisch, zu sprechen weiß, für einen russisch-jüdischen Emigranten. ›Four Pence Diningrooms‹[149] laden zum Eintritt.

Jedes dritte Geschäft ist eine Kneipe. Gin, Whisky, Rum, Brandy, Port, *Oatmeal stouts* und *Pale ale* aller Sorten werden in Aufschriften angepriesen. Hinter einem Hufeisenschalter regiert der Barkeeper, umgeben von seinen Gesellen männlichen und weiblichen Geschlechts. Der Wirtshausraum ist durch drei von der Wand bis zur Bar führende Verschalungen in drei Teile geteilt, damit sich das Gedränge nicht auf einen Punkt konzentriere. An jedem der drei Eingänge hängt ein Topf mit tüchtig gesalzenen Krabben und Schnecken, unentgeltlich zu genießen, denn es bringt Durst. Schmutzige Hände greifen tief in die Gefäße. »Noch einen Brandy!« Der Wirt schiebt das leere Glas hinter das Pult auf eine Metallrinne, zieht an einem schwarzen Kolben, der oberhalb des Glases auf dem Tisch steht, und durch einen Hahn fließt Brandy in das Glas. Etwa dreißig solcher Kolben sind auf dem Tisch angeschraubt: für jedes Tränklein einer. Auch Bier wird ausgeschenkt, in Holzgefäßen und in Zinnkrügen. Man kann sie auf Konsolen stellen, wenn man die Hände frei haben will, um in den Schneckentopf zu langen. Weiber zechen hier (sie tragen Männermützen, mit Hutnadeln festgesteckt), Neger, Söldner in roten Röcken, Inder, Chinesen und Knaben. Auf der Straße vor dem Eingang bläst ein Trompeter eindringlich ein Lied in das Wirtshaus hinein, um das Spielhonorar einzuheben, wenn die Gäste herauskommen.

Weiter gegen Südosten: Whitechapel ist zu Ende, die dunklen Gassen, deren Bezeichnungen nicht mehr zu entziffern sind, gehören

---

[148] *Regenmantel*

[149] *Vier-Pence-Speisegaststätten; Billiglokale*

zu Stepney und sind südliche Parallelstraßen zur Mile End Road. Niedrige Häuser, vor denen noch spät in der Nacht Kinder spielen und die armen Passanten anbetteln. Durch den Flur blickend, sieht man mitten in die matt erleuchteten Wohnstuben, wo Leute bei Tisch sitzen oder im Bett liegen. In kleinen Verbindungsstraßen brennt überhaupt kein Licht, und man ist froh, dass man niemandem begegnet.

Aus einer schlecht beleuchteten Schankstube, die auch der locken-den Aufschriften enträt und demnach wohl nur auf ihre Stammgäste reflektiert, wird ein Zerlumpter mit Fußtritten aufs Pflaster geworfen. Sein Weib drängt sich mit seinem Hute aus der Wirtsstube zu ihm, sie stößt schrille Schimpfworte, Flüche und Drohungen aus, paritätisch gegen die Insassen der Bar und gegen ihren Mann. Der wälzt sich auf dem Pflaster und speit.

Immer lebhafter wird es, je mehr man sich der Themse nähert. Wie Sperrbäume stehen schlampige Frauenzimmer inmitten der schmalen Gässchen, an der Ecke lauern ihre Ritter. Die Tavernen tragen einla-dende Namen: ›Zum guten Freund des Schiffers‹, ›Zum durstigen Bootsmann‹, im Innern rasseln Orchestrions. Vor einer Laterne ist eine Menschenansammlung: Zwei wütende Burschen von kaum sech-zehn Jahren tragen einen Boxkampf aus, die Fäuste prasseln auf Nase und Bauch, die Knöchel auf Kinn und Schläfe, oft so heftig, dass der Angreifer angeknockt zurücktaumelt und zu Boden stürzt, die Kämp-fer begleiten ihre Schwinger mit Todesdrohungen und wüstem Geschimpf, das Publikum schürt durch anfeuernde Zurufe das Match, Blut fließt, ein Polizist kommt vorüber und schaut dem Kampfe höchst interessiert zu.

Auf Drehbrücken geht es über die Docks, an den endlosen Mauern der Lagerplätze, der Packhöfe und der Warenschuppen vorbei, bis zu den Werften, die die Themse umsäumen. Einstmals waren die Rund-türme des Tower Weltwunder der Höhe; jetzt werden sie überragt von Kranen, Schloten und Masten, die sich in rauchig-dunkler Luft kreuzen. An den Rampen fünfstöckiger Wharves[150] flüstern Stimmen beiderlei Geschlechts, liegende Körper bewegen sich ungeniert. Auch Malaien sitzen da mit baumelnden Beinen; sie lassen die nächtlichen

---

[150] *Lagerhäuser, Werften*

Fußgänger Revue passieren, und ihr Sinn steht gleichermaßen nach Liebe wie nach Geld. Ihre Augen funkeln unheimlich aus gelbem Gesicht. Ach was, hier gibt's auch wieder mehr Schutzleute. England schützt seinen Handel, und Millionenwerte sind in diesem Bezirk aufgespeichert. Freilich, die Zahl der Hafendiebstähle ist trotzdem ungeheuer groß, und die Polizisten sind sehr gefährdet. Jährlich werden hier dreihundert ›Blaue‹ im Dienst verletzt.

Überall ist Gesang in den Schenken, Gegröle an den Mauern der Häuser, überall verrichten Männer und Frauen ihre Notdurft, überall torkeln bezechte Matrosen, breitschultrige Auslader, Nigger und Kulis, die die Schiffe waschen, Gehilfen der Schiffsbauer, Vaganten und Hafenhuren durch verwahrloste Häuserreihen. Ein ungeheurer Hafenbezirk ist es, der von Wapping über Shadwell, Limehouse und Poplar zu durchschreiten ist, bevor wir durch Bromley wieder auf die Höhe Whitechapels kommen.

Die Gestalten hier haben schwermütigere Gesichtszüge als die im Hafenviertel, wo im Reich der Millionenware schließlich doch auch Geld unters Volk kommt, wo doch Löhnungen vom Schiff und Laderaum verprasst werden können. Hier aber, in Spitalsfield, in Shoreditch, in Bethnal Green und in Hoxton, trinkt man nicht, um den Aufenthalt am Festland genießend auszunützen, hier trinkt man, um Schmerz und Not nicht zu fühlen. Durch Fensterläden sieht man in Wohnstuben-Werkstätten, wo beim Schein von Öllämpchen die bärtigen Schneider und Schuster arbeiten, die russischen Schirmmützen auf dem Kopfe. Frauen helfen, und Kinder nähen Knöpfe an. Es sind sehr viele Kinder in jedem der Stübchen; quittengelb und rachitisch, mit dem Stempel des Hungers gezeichnet. An manchen Häusern kauern Arbeiter und rauchen; es sind Bedienstete der Möbelfabriken. Vor den vereinzelten ›Hannoveran Houses‹ für Arbeiterwohnungen, deren Stiegenhäuser gegen die Straße zu offen sind, sitzen Menschen wie Schwalben auf dem Telegrafendraht. Fast in jeder Gasse wird das Einerlei der Armseligkeit von einem Gebäude unterbrochen, dessen Fensterläden freundliche Blumentöpfe zieren und dessen Plakate in hebräischen Lettern zur Taufe laden und dafür Seelenheil, lohnende Arbeit, Gesundheit, Bildung, Zukunft und Geld für Männer, Frauen und auch für Kinder versprechen. Aber die Armen rackern sich in Krankheit, Schmutz und Sorge und schauen gar nicht hinüber.

Die Lokomobile des Kartoffelbraters umlagern Kinder und Frauen. In einer Ecke unterhandeln zwei Männer, die nicht hierher passen, wo die weltberüchtigten ›madgod ruffians‹ die Hochschule ihrer Räuber- und Messerstechkünste haben; die beiden sehen wie vollendete Gentlemen aus. Ihre Unterredung ist erregt, aber so leise, dass man keine Silbe aufschnappen kann.

Das achtundachtzigste Haus der Hantrury Street ist geweiht für alle Zeiten: Jeder weiß es im Londoner Osten, dass hier Jack der Aufschlitzer ruhmreich gelebt hat.

In einigen Gassen werden Abendmärkte abgehalten: Die Gasolinflammen der Stände flackern unruhig und fahl nach allen Seiten. Von einem Wagen, der die Transparentaufschrift ›Syndicalists‹ trägt, redet ein Mann laut zu ein paar Versammelten: »Abschaffung des Privateigentums an Erwerbsmitteln, direkte Aktion, the mistakes of Charles Marx[151], individuelle Selbsthilfe« und dergleichen.

Mit ungeheuren Wohltätigkeitsbauten haben einige Millionäre Englands ihr Gewissen beruhigt, von der Melodramatik der Dickens'-schen Romane und den Predigten der Reverends bewegt, sind hier philanthropische Institutionen erstanden, der Volkspalast, das Hospital, Dr. Bernados Homes, Toynbee Hall, Volksbibliotheken, Museen, Parks und Schulen – aber überall wächst neues Elend und neues Verbrechen aus dem Dünger der Gosse und der Wohnungen empor!

Tschinellenklänge, Trompetenstöße, Trommelwirbel in der Winkelgasse, mitten in der doppelten Nacht? Es ist die Musikkapelle der Heilsarmee, von einer Kompanie uniformierter Knaben begleitet und von einem ihrer Offiziere, der an einer nahen Straßenecke die Menge in einer Predigt zur Einkehr, zur Mäßigkeit und Ruhe mahnen wird. Die Großen und die Kleinen aus der Armengasse lassen die Jazzband Jesu Christi vorbeimarschieren. Sie haben keine Zeit, dem Marsch zu folgen, sie haben keine Hoffnung.

Hier über dem Osten liegt der Schatten der Stadt, über der nur im Westen die Sonne leuchtet.

---

[151] *die Fehler des Karl Marx*

Fahrt unter Wasser

»TAUCHBEREIT!«

Auf dieses Aviso fliegen brennende Zigarettenreste ins Meer, Matrosen springen, die Maschinenluke hinter sich schließend, in das Innere der Okarina, auf ihre Tauchstationen. Der Kommandant schwingt sich in den Turm und klappt den Deckel über sich zu. Dieselmotoren, die bislang den Propeller drehten, hören zu arbeiten auf; zur Verbrennung ihres Blauöls ist Luft nötig, und die brauchen wir jetzt selbst. Unter Wasser ist der Betrieb elektrisch, eine Akkumulatorenbatterie von sechzig Zellen liefert den Strom, der die beiden Elektromotoren von je hundert Pferdekräften bewegt.

Stimme vom Kommandoturm: »Alles dicht?«

Pater profundus (tiefe Region): »Alles dicht! Boot tauchbereit.«

Stimme vom Kommandoturm: »Fluten!«

Flutventile und Entlüftungsventile der Tauchtanks öffnen sich. Meerwasser ist der Ballast, der jetzt in die Tanks strömt. Luft, die bislang Trockenwohnerin war, verlässt – vor Wut über die Delogierung zischend und pfeifend – das Quartier. Wir sinken. Durch die kleinen Seitenlichter des Turmes, Rundfenster dicksten Glases, kann man es feststellen. Das Wasser reicht bis zur Hälfte der Fensterhöhe. Sonnenstrahlen wirbeln darin. Dann steigt das Wasser noch höher, und draußen wird es ganz blau. Weiter fällt das Boot. Siebeneinhalb Meter sind wir unter dem Meeresspiegel, also in Schwebelage. (Gewicht des Bootes gleich Auftrieb.) Jetzt kann man fahren. Die E-Motoren werden angesetzt, das Tiefensteuer abwärts bewegt. Das Boot nimmt eine Buglast von zehn Grad an. Das Tiefenmanometer beginnt zu spielen, zeigt an, dass wir nach unten gehen. Ausrufe des Tiefensteuermannes: »Neun Meter, zehn Meter, elf Meter!«

Dies ist die Auslugtiefe. Das Periskop ist sechs Meter lang, und das Boot hat eine Höhe von fünf Metern. Man kann es also noch nach dem Sehrohr dirigieren.

Der Tiefensteuermann meldet, dass das Boot zu schwer ist. Der Pater profundus in der tiefen Region, den die Unterseebootsleute ›Zweiter Offizier‹ nennen, gibt das Kommando: ›Reglertank lenzen!‹ Befehl ist Befehl; nicht nur das, er muss sogar befolgt werden. Also, der Reglertank, in der Mitte des Bootes, wird mit der Lenzpumpe von Wasser befreit, ›ausgepumpt‹, sagt der Laie, ›gelenzt‹, sagt der Fachmann.

Aha! Das Boot kommt wieder in die richtige Trimm und kann in der anbefohlenen Richtung weiterfahren. Wir wissen nicht, welches diese Richtung ist, wir merken überhaupt nicht, dass wir fahren, wir wissen nicht, wie tief wir sind und ob etwa der Gegner schon in der Nähe ist. Wir sind einfach in einen grausam engen Maschinenraum eingepfercht und sind ölig und schmutzig. Alles andere weiß nur der Herr oben, der unser Schicksal lenkt.

Der Herr oben, der unser Schicksal lenkt, balanciert mit gespreizten Beinen über der (nach innen) offenen Turmluke, beide Arme hat er ausgebreitet, in den Händen hält er die Griffstücke des Sehrohrs, und dieses drehend, dreht er sich mit. Manchmal ganz langsam nach rechts, dann mit einem jähen Sprung nach links und wieder mit einem Sprung nach rechts. Dabei sind seine Augen in die Stange festgebohrt, und er ruft dem Steuermann Kommandos zu, Kurs des Bootes, einzuhaltende Tiefe, Fahrtgeschwindigkeit. Seltsam: In einer hermetisch abgeschlossenen, tief ins Meer versenkten Kammer starrt er in die Löcher einer Stange und sieht! Sieht eigene Schiffe, denen auszuweichen ist, und plötzlich – ein feindliches, das anzugehen ist.

»Apparat eins und zwei klar!«

In dem druckfesten Körper ist alles in Bewegung. Jeder Mann an seiner Gefechtsstation. Man kann den Händen der Torpedisten die kommenden Griffe schon im Voraus ansehen.

Gedanken aller: Wenn unser Boot einen Schurr bekommt, der auch nur die Apparatur beschädigt – wir bleiben gleich hier in unserem Sarg.

Ohne verwundet zu sein, ohne krank zu sein, bei klarem Bewusstsein, ohne die Gesellschaft zu verlassen, in der wir sind, werden wir lebendig begraben. Sehen die Welt nicht mehr und werden von der Welt nicht gesehen.

Wenn wir aber schießen, dann sterben drüben junge Menschen.

Das Herz klopft, Flüche verstummen, der Humor ist vergangen. Ein Passagier ist gekommen, noch unhörbar und unsichtbar, aber er frisst von unserer uns zugemessenen Luft: der Tod.

»Druck nach vorn! – Mündungsklappe öffnen! – Torpedo eins fertig! – Torpedo zwei fertig!«

Aviso vom Auslug: »Achtung!« Die Elektromotoren arbeiten mit äußerster Kraft voraus. Auch die Nerven haben Höchstspannung erreicht. Man sieht nichts, weiß nichts. Nur der Kommandant sieht etwas, weiß etwas. Und jetzt – jetzt sieht auch er nichts mehr. Mit dem letzten Blick nach dem Gegner zieht er das Periskop ein, auf dass es uns nicht verrate. Wir sind blind.

Der Kommandant berechnet die Vorhaltewinkel für die Lancierung gegen das fahrende Schiff. Noch einmal wird das Sehrohr ausgeholt und in den Lancierkurs gewendet. Kommandant: »Backbord zehn!« Der Steuermann ruft von zehn zu zehn Grad den Kurs aus. »Hundert! Neunzig! Achtzig!« Befehl: »Entgegen! Sofort!« Steuermann: »Siebzig!«

In diesem Kurs fährt das Boot, seine furchtbare Waffe gelockert, und muss bald in der Peilung sein.

»Torpedo eins: los!« Der Kommandant drückt auf einen Taster. Die Abfeuerung ist ausgelöst. Ein dumpfes Geräusch erfüllt das Boot, es ist die Druckluft, die aus dem Lancierungsapparat hinausgestoßen wird.

»Steuerbord zehn!« (Es wird dem Feind nachgewendet.) »Torpedo zwei: los!«

Das Boot ist um zwei schwere Torpedos leichter. Es würde infolge dieses Gewichtsverlustes zu stark emporspringen. Deshalb legen wir das Tiefensteuer abwärts. Unser Fahrzeug nimmt eine Buglast von zehn Grad an. Man wendet alle Mittel an, es zu beruhigen. Gleichzeitig ruft der Türmer, schon wieder mit den Augen an das Periskop festgeschraubt: »Torpedo zwei läuft gut, Torpedo eins zu weit rechts!«

Einstweilen werden die Mündungsklappen der beiden Lancierrohre für die Einführung der nächsten beiden Torpedos geschlossen.

»Torpedo zwei: Treffer!« ruft der Herr am Rohr.

Es wird abgewendet. Das lancierte Schiff dampft ab – wie weit es kommen mag? Man wird es schon erfahren.

Nach unten kommt der Befehl zum »Auftauchen! Alles blasen!«. Das Tiefensteuer wird aufwärts gestellt, das Boot nimmt Hecklast an, die Tiefenmanometer spielen rascher und zeigen kleinere Tiefen; da die Skala vier Meter angibt, bleiben sie stehen. Jetzt ist unser Vehikel wieder schön horizontal gelagert, durch die Seitenluken konstatiert man froh, dass die Sonne die dünne Wasserschicht bereits durchdringen kann, und dann sieht man die Oberfläche des Meeres, so gut, wie sie bisher nur der Kommandant auf indirektem Wege sah. Tageslicht! Tageslicht!

Gestoppt werden die Maschinen. »Alles lenzen!« Der letzte Rest Wasser wird aus den Tanks herausgepumpt, die Turmluke wird geöffnet. Blauer Himmel, frische Luft, der Todesgefahr entgangen. Hörbar ist das Aufatmen. Kommandant und Steuermann klettern auf Deck, aus den anderen Luken springt die Mannschaft – alle bereits mit der brennenden Zigarette im Munde. Spucken ins Meer, fluchen sich frei und paffen. Auch das Meer an den Bordwänden qualmt vergnüglich: In milchigen Schwaden quirlt das Wasser aus den Tanks hervor, die noch gelenzt werden.

Die Oberwassermaschine wird klargemacht, aus dem Innenboot werden Meldungen herausgerufen. »Alles lenz!«, das heißt, dass alle Tanks leer gepumpt sind, »Alles dicht!«, das heißt, dass alle Ventile geschlossen sind, und »Beide Maschinen klar!«, das heißt ungefähr, dass beide Maschinen klar sind.

Missgeburten des Porzellans

DUNKLER DRECK und schmutzige formlose Steine bilden Hügel auf dem Fabrikhof, der so ist wie alle Fabrikhöfe. Zugegeben, diese Kothaufen heißen: »schwarzer Ton«, und das minerale Unkraut da: »Kaolin« oder »Quarz« oder »Feldspat«. Aber wennschon! Dieses Zeug will man also verwandeln

in tiefblaue Teller mit Seelandschaften und zierlich durch-
brochenem Rand;

in schreiend geblümte Riesenvasen aus weißer Fayence ›Aluminia‹;

in eine reichdotierte, grotesk-naturalistische Menagerie

sich erstaunlich gelenkig aufrichtender Nashorne,

von graublauen Seehunden schneeigen Bauches,

Pfauen, sich protzig weit entfaltend,

Kopfball spielenden Walfischen,

höchst possierlichen Pavianen,

zärtlichen Elefantenpaaren,

drei raufenden Dackeln,

Wasserhühnern und

Heringen;

oder in Mokkatässchen?

Was wird mit dem Schutt vor sich gehen, bevor er zu Königlich Kopenhagen wird, zu den porzellanenen Gestalten und Geschirren, unten blau signiert mit drei gekrönten Wellenlinien, die den Oresund und den Großen und den Kleinen Belt bedeuten (die Wasserwege, die die Porzellanfuhre nehmen muss vom dänischen Eiland bis zu den Vitrinen der Sammler)? Voyons! Der Ausländer hatte ohnedies allerhand Schwierigkeiten zu überwinden, bevor er die Besuchser-laubnis bekam. Schließlich wird er selbst so argwöhnisch, dass er aus der freundlichen und eigentlich selbstverständlichen Frage, ob er sich speziell für Porzellan interessiere, den Spionageverdacht heraushört. Und hinter dem herzlichen, persönlichen Interesse an seinem Studiengang wittert er Tendenz.

Sind diese Vorsichtsmaßregeln noch ein Erbe jenes achtzehnten Jahrhunderts, das die Kunst, ›China‹ zu machen, neben die Alchimie stellte und auf den Verrat dieser Töpfereiprozedur den Tod? Der vorgebliche Goldmacher Böttger, der 1709 die chinesische Kunst für Europa erfand, wurde hernach in der Meißner Fabrik unter strengerer Aufsicht gehalten als vorher in seiner Haft auf Königstein. »Geheim bis ins Grab«, stand zwischen zwei Totenköpfen auf den Wällen, die die Meißner Arbeiter mit ihren Familien lebenslänglich einschlossen. Welche Spionageversuche, welche Bestechungen, welche Beschwörungen ließen doch die Kaiserinnen, die Könige, die Kurfürsten und die Herzöge unternehmen, um dahinterzukommen, wie man diese Scherben herstellt! Fürstenhöfe buhlten um der Töpfer Gunst, und der größte König schreckte nicht davor zurück, dem sächsischen Vetter Modelle, Rezepte und Formen zu rauben und nach Berlin zu überführen.

»Porcellaine« zu erzeugen war fürstliche Mode, königlicher Sport. Er trug nichts ein, und um Abnehmer zu haben, ordnete zum Beispiel Friedrich II. an, dass in Preußen den Heiratskonsens kein Jude bekommen dürfe, bevor selbiger nicht um hundert Taler Geschirr aus der Berliner Manufaktur gekauft habe. (Und während der Freiheitskriege besagte eine Denunziation, die Juden trieben solchen Aufwand, dass eine Witwe im Judenhof nächst der Nicolaikirche eine Porzellanschüssel der Königlichen Manufaktur als Bidet benütze.) Die Könige hüteten die Patente viel ängstlicher als Geschäftsgeheimnisse – es waren Hofgeheimnisse.

Hier in Kopenhagen scheint diese Tradition noch zu spuken, die Ingenieure haben etwas von Hofsekretarii an sich, obwohl »Den kongelige Porcellainsfabrik Kobenhavn« längst nicht mehr königliches Privateigentum ist. Was gibt es denn zu verheimlichen? Tausend Arbeiter sind hier beschäftigt, es ist wohl der ganze Vorgang in jedem Fachbuch beschrieben, und alles ist doch sehr klar: In der Schlämmerei wird das Rohmaterial, das da so plump gehäuft im Hofe lag, zerklopft, zerquetscht, zermahlen, dann kommt der Ton entweder auf die Drehscheibe, wo er zu Tellern, Schüsseln, Schalen und Töpfen gestaltet wird, oder in die Gießerei, wo die einzelnen Teile der Figuren, Kannen oder Vasen in Gipsformen gegossen werden.

Nicht viel poetischer sieht es in den langgestreckten Malsälen aus. Blasse Mädchen und kurzsichtige Frauen sitzen vor Mustern, die sie längst nicht mehr ansehen, und pitzeln mit spitzigem Pinsel und verriebener Farbe (meist Kobaltblau, es kann aber auch Chromgelb sein) Ornamente aus freier Hand, wie sie kein Zirkel und keine Reißfeder genauer zu ziehen vermöchten. Und malen Blüten und Zweige und Stängel der *Flora danica* auf den Tellergrund, aus dem Gedächtnis und doch so, dass selbst Linné kein Staubgefäß vermisste. Den Kiemen der Fische, dem Gefieder gespreizter Truthähne, den Pratzen von Raubtierjungen geben sie einige Farbe, und alles kriegt Glasur, indem man das Stück in einer Schüssel schwenkt, worin die Schlempe milchig schimmert, Kristall-, Schlangenhaut- oder Katzenaugenglasur.

In kreisrunden Kapseln aus Ziegelmasse wird Kunstporzellan und Gebrauchsgeschirr so aufgeschichtet, dass es von der Flamme nicht direkt angegriffen werden kann, und geht in den Brennofen. Die Glut von siebzehnhundert Grad Celsius, die höchste aller Porzellanfabriken, erhöht zwar die Weiße der Masse und den Glanz, aber die Farben werden eintönig, bekommen etwas von der grüngelben Blässe, die ein Embryo in Spiritus hat, und etwas von dessen grotesker Echtheit.

Das Gebilde, das diese Feuerprobe bestanden hat, darf hinaus in die Welten und Zeiten. Aber nicht jedes besteht sie. Oft platzt die Kapsel, und alle darin angeordneten Stücke gehen zugrunde, häufig erleiden sie solches Malheur, weil Rauch eingedrungen ist, manchmal verliert ein Figürchen das Gleichgewicht und fällt auf den Nachbar, mit dem es nun zusammenschmilzt. Wir sehen diese Missgeburten des Porzellans, ein ganzes Abnormitätenkabinett der Töpferei: zwei Hunde, die nicht voneinander können, ein Kind mit zwei Köpfen, zwei Affen mit vier Popotscherln[152], einen Hirtenknaben, der zum Sodomiten geworden ist, einen Walfisch mit Elefantenrüssel.

Eine bekannte Kopenhagener Porzellangruppe veranschaulicht die Märchenprinzessin und den Schweinehirten, wie sie ihn küsst, weil er dies als Kaufpreis für die künstliche Rose und die künstliche Nachtigall verlangt hat. (Aber als sie ihn endlich geküsst hat, wodurch er wieder zum Königssohn wird, verlässt er sie − so erzählt das Andersensche Märchen weiter −, denn ihre allzu heftige Liebkosung hat

---

[152] *Hintern, Gesäß, Popo*

ihm missfallen.) Auf einem verstümmelten Exemplar ist nun die Mädchenfigur etwas ausgerutscht, und – die Prinzessin ist in einer Stellung zu sehen, die geradezu als schamlos bezeichnet werden muss! Man begreift, dass der Prinz – wahrscheinlich ein naiver, allen Perversitäten abholder Jüngling – über ein solches Verhalten empört ist und ernüchtert, man begreift die Symbolik des Märchens ... Der Direktor der Manufaktur erklärt uns denn auch, dass diese Gruppe selbstverständlich zertrümmert wird.

Nur wenige der porzellanenen Fehlgeburten können noch zum Leben erweckt werden: Durch Abschleifen kann man ihnen eine halbwegs annehmbare Gestalt geben und sie als Ausschuss (euphemistisch: »Ware zweiter Qualität«) verkaufen. Das Meiste wird zerschlagen. Dann war alle Arbeit umsonst, die fabrikmäßige und die Manufaktur, die Mühe der Malerinnen und die Kunst der Modelleure. Die Verlustprozente sind hoch, und der Käufer des geratenen Exemplars muss die Kosten des missratenen bezahlen.

Bürgerkrieg um die Festung Küstrin

2. Oktober 1923

DORTHIN, woher die Erregung kommt, wohin der starre Blick der Angst gerichtet ist. Berlin ist erregt und geängstigt von den Kämpfen um die Festung Küstrin; von der Gefahr, die darin liegt, wenn die Vorburg der Reichshauptstadt in die Gewalt reaktionärer Aufrührer fällt; von dem Gedanken, dass der Bürgerkrieg begonnen; von dem auffallend knappen Bericht und dem Verbot der Veröffentlichung privater Nachrichten.

Wenn der Zug eine Biegung macht, sieht man den Bahndamm – die einzige Welle dieses märkischen Landes. Wir rutschen über ein Nudelbrett. Dem noch umkämpften Küstrin zu. Lange genug für eine so berühmte Festung war es friedlich in ihren Wällen. Sie liegt ja nicht an der Grenze, sie ist kein offensives Fort, sie ist zum Schutze Berlins da. Markgraf Hans hat 1536 die alte Wendenstadt als Sumpffestung wehrhaft gemacht, ein strenger und gerechter Herr. »Auferas malum e medio populi tui[153]«, zitierte er, wenn er Todesurteile unterschrieb, und lehnte Gnadengesuche ab: »Fiat iustitia et pereat mundus.[154]« Vielleicht war es die düstere Geschichte der Stadt, die ihn zu solcher Unnachgiebigkeit führte: Nichts als Fehden berichten die Chroniken.

Aber die Armierung half nichts. Knapp vor der Zorndorfer Schlacht (August 1758) äscherten die Russen in kurzem Bombardement ganz Küstrin ein; der Oberst Schach von Wuthenow trug Schuld an diesem Debakel, ein unfähiger Kommandant. Ein verräterischer Kommandant aber war Oberst von Ingersleben, der Küstrin 1806 kampflos an Napoleon auslieferte. Kriegerische Ruhmesblätter hat die Stadt Küstrin nicht aufzuweisen.

---

[153] *Auferas malum e medio populi tui (lat.): Du schaffst das Böse aus der Mitte deines Volkes fort.*

[154] *Fiat iustitia et pereat mundus (lat.): Gerechtigkeit geschehe, und sollte die Welt dabei zugrunde gehen.*

Nun nennt sie wieder der Heeresbericht des militärischen Vogts von Deutschland, der ebenso heißt wie der in ›Wilhelm Tell‹. Gegen Geßler[155] geht der Kampf der preußischen Nationalsozialisten und der bayrischen Monarchisten, und Geßlers Reichswehr steht in Küstrin gegen ›nationalkommunistische Aufrührer‹ im Gefecht.

Die Landschaft, die der Zug durchquert, ist friedlich. Längst ist Berlin versickert und die Industrie. Immer spärlicher werden die Fabriken, aus deren Schloten die grauen Fahnen der Arbeit wehen; der Boden ist karg, die »Streusandbüchse des Heiligen Römischen Reiches Deutscher Nation«. Freundlicher ist der Oderbruch, Tomaten werden gezüchtet, und Raps, Spargel stehen in Blüte, von der Gerste ist nichts geblieben als ein Parkett von Stoppeln. Die Warthe schimmert durch die Bäume. ›Küstrin-Altstadt‹. Reichswehrsoldaten, auf dem Ärmel eine weiße Schleife mit der Aufschrift ›Deutsches Reichsheer‹ und einem runden Stempel, prüfen streng die Ausweispapiere und unterziehen uns einem Kreuzverhör. Durch die lange Vorstadt und über die eiserne Oderbrücke führt der Weg. Der Fluss scheint seicht, aber vielleicht sind es die Landzungen, fast von einem Ufer zum anderen reichend, und die Sandbänke, die diesen Anschein erwecken. Zwei Bastionen schieben sich steil in das Wasser, ›König‹ steht auf der einen, ›Brandenburg‹ auf der anderen. Dazwischen am Uferrand, von dreißig Kastanienbäumen eingesäumt, strahlt eine Wiese, bereit zu Schäferspielen.

Hinter dem Rasen ein Schloss deutscher Frührenaissance. Das Festungstor ist zugleich Stadttor und wie eine Zugbrücke der Weg zwischen Wällen und Wassergräben der alten, altpreußischen Zitadelle. Schilfrohr und Seerosen baden in diesen Tümpeln. Und solches Idyll sollte einst ein Hindernis für heranstürmende Armeen darstellen! (Jetzt sind Luftabwehrkanonen und Panzergeschütze an unsichtbaren Stellen eingebaut.)

Die Zugbrücke geht in eine Gasse über, die Hauptstraße der Altstadt, des von Warthe und Oder umflossenen Teils Küstrins. Auch hier ist's noch friedlich, typische Kleinstadtgasse, wenn auch der

---

[155] *Otto Geßler (1875–1955) war als Reichswehrminister (1920–1928) wesentlich an der Wiederaufrüstung beteiligt*

Inhaber des ersten Kramladens ›Ludendorff‹ heißt und erregte Menschen an den abendlichen Häuserwänden stehen, Männer beisammen, Frauen beisammen, Mädchen beisammen, Schulkinder beisammen. Alle reden dasselbe – von den Kämpfen. Schließen wir uns den Gruppen an oder fragen wir nach der Kommandantur, so erzählen sie von dem Besonderen, das sie hier erlebt: Die Pioniere haben Verstärkung bekommen, der ›Stahlhelm‹ hat die Kommandantur und den ›Hohen Kavalier‹ geräumt, die dominierende Osthöhe. Dort sind nun die Kanonen der Pioniere aufgefahren und auf das Zeughaus gerichtet, wohin sich der ›Stahlhelm‹ zurückgezogen hat. Die Küstriner sprechen von beiden Parteien nur als von den ›Pionieren‹ und dem ›Stahlhelm‹, das Wort ›Reichswehr‹ kommt nicht vor – alle tragen ja dieselben Uniformen, auch die Stahlhelm-Leute haben Waffen und Offiziere, und der Zeughof ist ihre Kaserne. (Deshalb mussten auch die Pioniere die Schleife ›Deutsches Reichsheer‹ anlegen, um sich von dem Gegner zu unterscheiden.)

Die Bürger Küstrins sind über den Bürgerkrieg, der zwischen ihren Mauern entbrannt ist, im Unklaren und möchten von dem Fremden Aufklärung. Es wäre schwer, sie ihnen zu geben, ihnen zu sagen, dass der ›Stahlhelm‹ nicht zur Reichswehr gehört, da er ja doch zur Reichswehr gehört, zur Schwarzen Reichswehr nämlich, die es nicht gibt, die es aber doch gibt, nämlich illegal, aber doch wiederum legal, denn der Reichskanzler Cuno[156] hat sie gegründet (zur Organisation des Ruhr-Widerstandes), und jetzt erst will man sie abbauen, und deshalb sind sie national und antirepublikanisch und haben sich durch Couleurstudenten und andere junge Zivilisten verstärkt, um die Reichswehr zu entwaffnen und der Republik zu zeigen, dass die monarchistischen Zivilisten die besseren Soldaten sind, weshalb die Republik den antirepublikanischen Soldaten weiter den Sold bezahlen soll. Die Regierung jedoch, die nicht eingestehen will, dass es so etwas wie Schwarze Reichswehr gibt, nennt die meuternde Truppe ›Nationalkommunisten‹, obwohl es so etwas auch nicht gibt.

---

[156] *Wilhelm Cuno (1876–1933), Reichskanzler von 1922 bis 1923; gab durch Nichteinhaltung der Reparationsbestimmungen den französischen Imperialisten den Vorwand, 1923 das Ruhrgebiet zu besetzen*

Ein Lastauto, mit Soldaten besetzt, saust an uns vorbei und enthebt uns der Antwort, die zumindest eine Übertretung des Nachrichtenverbotes wäre ... Die Zivilgruppen stieben entsetzt auseinander, die Leute ducken sich in die Haustore, aus den Fenstern verschwinden die Köpfe, Jalousien fallen herab, man hört Sturmsignal, auf dem Auto wird es geblasen, da der Wagen nach rechts einbiegt, mitten durch den Kordon der überraschten Regierungstruppen. Wer nicht zur Seite springt, wird überfahren. Aber schon knattern hinter den Angekommenen Schüsse, Maschinengewehrfeuer und Gewehrfeuer, dauert zehn Minuten, eine Viertelstunde.

Dann wird es still. Einen Toten bringt man vorüber – den Chauffeur, der noch vor einer Weile das Auto so rasant zu jagen wusste –, Verwundete, von Reichswehr-Leuten gestützt oder getragen. ›Eure?‹ – »Nein, vom ›Stahlhelm‹. Von den Neuen, die zum Entsatz gekommen sind.«

An den Zugängen zum Renneplatz, wo im Zeughaus die Aufständischen und in der Kommandantur ihr Chef, der Exmajor Buchrucker, mit seinem Stab verschanzt sind, hat sich der Kordon der Reichswehr wieder geschlossen. Die Nacht senkt sich über die Stadt wie früher die Rollläden.

Um elf Uhr lispelt eine Trompete Schamadenklänge. Tücher wehen aus den Fenstern. Zurufe: »Wir sind zum Waffenstillstand bereit.« – Dann kommt ein Parlamentär mit großer weißer Fahne, der ›Stahlhelm‹ sei willens, den Kampf einzustellen und abzuziehen, wünscht Zusage, hierbei nicht behelligt zu werden. Wird abgelehnt. Bedingungslose Übergabe oder weiteres Gefecht. Der Herr Leutnant geht, Weisungen einzuholen: »Ob wenigstens dem Major Buchrucker freier Abzug bewilligt werde?« – Nein, die Putschisten haben einzeln und waffenlos die beiden Gebäude zu verlassen, widrigenfalls diese morgen vom ›Hohen Kavalier‹ aus in Grund und Boden geschossen werden. Der Parlamentär erklärt die bedingungslose Übergabe.

Am Morgen hat wieder der Pionieroberst Gudevius die Kommandantur inne, und vor dem schwarz-weiß gestreiften Schilderhäuschen patrouilliert ein regierungstreuer Doppelposten. Reichswehr-Spalier sperrt den Platz für die Neugierigen der Kleinstadt ab, die Stahlhelmer sind in die benachbarte Schlosskaserne eingeliefert worden, die längst kein Schloss mehr ist und auch keine Kaserne, sondern ein simples Amtsgericht. Einst saß hier Kronprinz Friedrich monatelang in wirklich grausamer und schimpflicher Haft und musste zusehen, wie sein Freund Katte hingerichtet wurde, weil er sich, als vom König bezahlter Offizier, dem König zu widersetzen versucht hatte. So hat es wenigstens Friedrich Wilhelm geglaubt. »Wenn das Kriegsrecht dem Katten die Sentence publiziert, soll ihm gesagt werden, es wäre besser, dass er stürbe, als dass die Justiz aus der Welt käme.«

Glaubt man nicht den Erbauer der Küstriner Festung in diesen Worten zu hören, den Markgrafen Hans?

Nun sind keine Arreste mehr da und auch kein Richtplatz. Die von der Republik bezahlten Offiziere, die sich der Republik zu widersetzen versucht haben, sind in der Gartenwiese hinter den dreißig Kastanienbäumen untergebracht, deren Idyllik wir gestern von der Oderbrücke aus bewundert haben. Aus dem Fenster des Schlosses kann man sie sehen. Fünfhundert Mann liegen in dem satten Gras, rauchen Zigaretten und plaudern. Zwei Reichswehr-Leute mit geschultertem Gewehr und weißen Armschleifen gehen zwischen ihnen umher. Die dürfen sich freilich nicht niederlegen und keine Zigaretten rauchen.

Wollen sehen, was die Küstriner Lokalblätter über das Ereignis schreiben, das heute die Welt erregt und hier auch das große Ereignis der Stadtgeschichte ist. Eine Zeitung hat nur die amtliche Nachricht, in Nonpareilledruck[157], unten auf der dritten Seite. Die andere hat sie – sie schien wohl dem Redakteur unwichtig – ganz weggeworfen. Die ›Küstriner Bürgerzeitung‹ aber enthält als zweite Lokalnotiz folgenden Eigenbericht:

»Gerüchte. Gerüchte über Gerüchte waren heute in Küstrin-Neustadt verbreitet. Unruhen in der Altstadt. Amtliches war bisher nicht zu erlangen, da die ganze Sache noch nicht geklärt ist.«

Am Renneplatz tritt der Fuß in blutige Lachen, ein zerschossenes Lastauto, Nr. 7389, krümmt sich auf dem Platz, und vom Chauffeur-sitz tropft Blut. Geschütze fahren ab, und wir können das Gleiche tun.

---

[157] *Nonpareille: eine der kleineren Schriftgrößen im Bleisatz*

Auf der Oderbrücke bleiben wir stehen und werfen einen Blick auf das schöne Schlösschen mit der schönen Wiese zurück. Sie hat sich seit Abend bevölkert. Mit fünfhundert Burschen, die im Grase lümmeln, Zigaretten rauchen und darauf warten, bis man sie, die Blutvergießen verschuldet und den ganzen, ohnedies verzweifelten Staat in neue Unruhe gestürzt haben, nach Feststellung ihrer Personalien wieder freilassen wird. Keiner von ihnen hat wohl Angst, dass ihm die Republik das gleiche Schicksal bereiten könnte, das an der gleichen Stelle das Königtum dem Leutnant Katte bereitet hat, »damit die Justiz nicht aus der Welt käme«.

Luftbahnhof und Regenbogen

ALLES IST DA, was zu einem Bahnhof gehört: eigene Türen für Abfahrt und für Ankunft, Schalter, Warteraum, Fahrplan, Tafeln mit eingezeichneten Verspätungen, Affichen, Zollrevision, Gepäckaufbewahrung, Träger, Reisefieber.

Und wer Augen fürs Imaginäre hat, sieht deutlich die unsichtbaren Gleise, die hier münden ...

Das Flugfeld von Le Bourget liegt innerhalb der Bannmeile von Paris. Die Straßenbahn fährt vom Ostbahnhof ostwärts, durch das Festungstor La Villette, am Friedhof von Pantin mit den benachbarten Steinmetzwerkstätten und Perlenkranzgeschäften vorbei, über den Faubourg Aubervilliers dann, Felder und vereinzelte Fabrikbauten beiseite lassend, und durch die endlose Avenue Jean Jaurès, die man so nannte, bevor man noch wusste, dass der alte Namen ›Route des Flandres‹ wieder aktuell werden würde. In Le Bourget steht Proletarierhaus neben Proletarierhaus, und über das Alter der Schenken täuscht der Name nicht hinweg, der jetzt auf die ihre Vorgärten überdachenden Leinenplachen[158] gemalt ist: ›Au rendezvous de l'aviation‹[159] oder ›L'aéronaute joyeux‹[160]. Das Kino heißt Aérociné. Ein

---

[158] *Plane, Abdeckung*

[159] *Au rendezvous de l'aviation (franz.): Zum Treffpunkt des Flugwesens*

[160] *L'aéronaute joyeux (franz.): Der fröhliche Luftschiffer*

würfelförmiger Granitblock erinnert an die Kriegstage von Le Bourget, an einen Ausfall der Pariser Armee am 28. Oktober 1871 und die drei Tage später erfolgte Wiedereroberung durch die preußischen Garden. Die Namen der gefallenen Franzosen stehen auf dem Monument und die pathetische Phrase: »Das Schwert Frankreichs, in eueren tapferen Händen gebrochen – es wird von eueren Nachkommen neu geschmiedet werden!« Sie hat recht behalten, die Prophezeiung. Die Menschheit sorgt schon dafür, dass billige Phrasen immer wieder recht behalten.

Was jetzt noch im Straßenbahnwagen ist, sind Piloten, Monteure ... Die stört's nicht, dass wir uns eine Zigarette anzünden? Nein, es stört sie nicht; sie nicken uns lachend zu und fangen selbst zu rauchen an. An der Rückseite grauer Hangars vorüber, kommen wir zur letzten Haltestelle. Eintritt in das Flugfeld. Große Reklametafeln auf Masten: »Lufttaufe! Spazierfahrten im Flugzeug! Rundflüge über die Schlachtfelder!« – »Steigen Sie auf: Wie Sie wollen! Wohin Sie wollen! Wann Sie wollen!«

Ein immenses Feld, in breitem Bogen von Hangars eingesäumt. Vor ihren Nestern aus Wellblech und Zeltstoff, vor und in diesen Mammutnestern metallene Riesenvögel auf ihrem Hinterleib. Überall Aeroplane.

Unter einem Flugzeug der Compagnie Aérienne Française lümmelt ein Pilot. Er springt auf bei unserem Nahen. »Avion, s'il vous plait?« (Das ›Fahr' m'r, Euer Gnaden?« im Paris von 1921.) Bei einem anderen Apparat tauscht der Mechaniker verölte Kerzen aus und pfeift den Gassenhauer: »Il se disait: sapristi, ça ne va guère ...«[161] Drei andere Burschen, auf dem Rasen sitzend, spielen ›Manille‹, ein sozusagen monarchistisches Kartenspiel, bei dem der König das Ass sticht ... Ein Flugzeug fährt ab, ein Mechaniker läuft mit, die untere Tragfläche in die Höhe drückend, bis der Apparat Volldampf gibt und in der Luft ist.

An die Limousine eines Goliath von der Compagnie des Grands Express wird eine Holztreppe angelegt, und es steigen nicht weniger als zwölf Personen ein, in Worten: ein Dutzend Engländer und

---

[161] *Er sagte sich: Donnerwetter, so geht das kaum ...*

Engländerinnen, die in zweieinhalb Stunden in Croydon sein werden, dem Luftbahnhof Londons. Für Gepäck ist auch noch Platz (eintausendzweihundert Kilogramm Belastungsmöglichkeit), und ein Abteil ist da mit der Aufschrift: »Bitte, die Toilette nur außerhalb der Stationen zu benützen.« (Bei den Flugzeugen anderer Kalibers entbehrt der Luftschiffer solcher Räume.)

Auf dem Pilotenplatz eines Apparates der Messageries Aériennes[162] sitzt einer der Mechaniker; vor die beiden Pneumatikräder sind Keile gelegt, und außerdem ist der Aeroplan angebunden: Der Propeller wird ausprobiert. Der Lärm ist so unheimlich, als würden tausend Maschinengewehre auf einmal abstreuen. In rasanter Eile fliegen Papierschnitzel, die in der Nähe lagen, vom Samum gepeitscht, fünfzig Meter weit. Die Arbeiter scheint das nicht zu stören, sie kriechen so nahe an den Motor, dass man befürchtet: Jetzt schlagen die wahnsinnig rotierenden Flügel einen der Frechlinge als Brei zu Boden und ergreifen ihn, ihn zum Himmel hinaufzuschleudern. Die Luft schmeckt nach ranzigem Öl.

Unaufhörlich kommen die überirdischen Lokomotiven an, in knappen Ellipsen biegen sie hoch über dem Feld ein, und schon sind sie ganz nahe der Erde; doch erst wenn eine Staubwolke aufsteigt, weiß der Betrachter, dass die Räder in Tätigkeit treten, und federleicht jagt die Maschine genau in das Goal, auf dessen Querbalken ›Arrivé‹ steht (kaum zehn Schritte von dem Perron für den ›Départ‹ entfernt), und hält dort. Fahrgäste steigen aus. Aus London kommen sie, aus Brüssel, Amsterdam, via Prag aus Warschau, aus Marseille, wo das aus Algier ankommende Flugzeug Anschluss nach Paris hat, oder aus Toulouse, wo die Umsteigestation nach Spanien und Marokko ist. Farman-, Potez-, Blériot-, Handley-, Page- und Havyland-Typen. Aeroplane der Aircraft Compagnie in London, des ›Aviations-Club de France‹ und die grauen Potezwagen der Franco-Romaine, die uns nach Paris gebracht hat und heute wieder von dannen führt.

Hinter den Lokomotiv- und Wagenhallen dieses Zentralbahnhofs der europäischen Luft sind die Nebengebäude: Restaurant, Postamt, Garagen. Atmosphärische und meteorologische Karten geben die

---

[162] *Messageries Aériennes: Französisches Luftfrachtunternehmen*

Meldungen der Wetterstation auf dem Eiffelturm und den Fahrplan bekannt

Ein Rasenplatz mit Blumenbeeten und Gartenbänken vor dem Gebäude ist Wartesaal. Kinder, deren Mama heute aus Deauville zurückkommt, spielen im Sand. Offiziere der Luftfahrttruppen unterhalten sich mit ihren Damen.

Über uns wölbt sich hoch, blau und unendlich die Strecke. Von der Ferne schwimmen Wolken heran, das Bahnhofspersonal betrachtet sie prüfend und glaubt, sie werden vorübergehen.

Neue Bahnhofshallen, Hangars aus armiertem Beton, sind im Bau, gigantische geometrische Zeichnungen aus Stahl und Holz hüllen die Neubauten ein, aber noch in diesem Jahr sollen die Gerüste fallen. Auf der anderen Seite des Aerodroms sind ärarische Hangars, viele, viele. Nach dem neuen Wehrgesetz wird die französische Militäraviatik einen Friedensstand von eintausendsiebenhundertsiebzig Offizieren und fünfunddreißigtausendsiebenhundertdreißig Mann, das sind acht Prozent des stehenden Heeres von vierhundertfünfundzwanzigtausendsechshundert Mann, haben. Sechzehn Flugzeugregimenter in Frankreich, zweieinhalb in Nordafrika, vierzehn Kompanien von Flugzeugarbeitern, achtzig Beobachtungseskadrillen und hundertvierzig Schlachteskadrillen (Jagdflug und Bombenabwurf) sind vorgesehen. Für uns, die wir uns eben des modernen Verkehrsfortschrittes erstaunt gefreut haben, ist der Gedanke wenig erfreulich, dass die Welt nach uns, die im Fluge leben wird, auch im Fluge sterben muss.

Das Firmament verfinstert sich, die Wolken kommen doch. Die Piloten schauen sie noch prüfender an als früher und glauben, dass man trotzdem fahren kann. Wir steigen auf.

Dieweil sich die Maschine vom Erdboden in die Flugbahn begibt, ihr eigener Kran, erkennen wir die Verwandlung der Horizontalen in die Vertikale: Wiesen recken sich, auf ihrem Rain balancierend, himmelwärts, das Dach eines Schlösschens wendet sich uns seitlich zu und richtet seine vier Turmspitzen gegen unsere Flanke, die Seine ist eine Mauer aus Perlmutt, ein Leiterwagen dort auf der Landstraße kriecht wie eine Wanze auf der Wand. Kaum aber ist der Apparat am Ende des spiralen Lifts angelangt, also selbst ins Waagerechte geraten, und wir sind zufrieden, dass nun alles wieder in richtige Relation und alther geprobte Lage kommen wird, so verschwindet der Prospekt. Die Pastellfarben verblassen, die Umrisse verschwimmen, die Aussicht geht verloren. Sind wir so hoch? Nein: es regnet.

Man merkt es nicht gleich, denn die Tragflächen sind ein breiter Schirm. Erst wenn sich das Flugzeug dreht, schlägt das Wasser ins Coupé. Daher die graue Unendlichkeit unter den Fenstern. Daher auch die schräge Schraffierung, die man jetzt erkennt, daher auch die Stöße des Apparats, der mit den Regenwolken kämpft, und daher auch dort der wunderbare gelb-grün-blau-violett-rote Halbkreis, halb rechts und in schier gleicher Höhe mit dem geflügelten Vehikel.

Unter uns ist es neblig, wir selbst sind oft im Dunkel – wenn uns zwei Wolken in die Presse nehmen –, aber, kommen wir uns noch so erhaben vor oder noch so verloren, hoch über uns leuchtet die Sonne, und halb rechts freut uns der Regenbogen.

Das Abteil ist eng. Wenn sich der Magen hebt und der Kopf senkt, so sind stattliche Papiersäckchen mit der Aufschrift »Pour maladie de mer«[163] in Reichweite unserer zitternden Hand; den Piloten sehen wir durch die Luke. Die Leinenflügel sind hinter ihm, er ist nur von vorne geschützt, von rechts und links ohrfeigen ihn die Regensträhnen, je mehr er strebt, ihnen auszuweichen. Knapp über unserem Kopf, auf dem Plafond des Coupés, ist ein Kreis von anderthalb Meter Durchmesser, ein Pfeil darin zeigt, in welcher Richtung er geöffnet werden kann, und eine Aufschrift besagt, zu welchem Ende: Es ist der Notausgang. Heiliger Himmel, um von hier zu flüchten, noch höher hinauf?

Die Böen werfen uns umher, die Anschnallgurte wirken schlecht auf den Gemütszustand, wir kommen uns noch freiheitsloser vor, noch eingeengter, noch willenloser – wir schnallen die Zwangsjacke schleunigst wieder ab. Unser Auge forscht – was hat unser Auge zu forschen! Nichts hat es zu forschen! Ein Blitz fährt nieder, ein Blitz aus nächster Nachbarschaft. Man wird doch noch ein wenig forschen dürfen? Nein, es kann der Beste nicht in Frieden forschen, wenn es dem bösen Nachbarn nicht gefällt. Und schon donnert es nebenan.

---

[163] *›Pour maladie de mer‹ (franz.): ›Im Fall der Seekrankheit‹*

Wir brauchen nicht zusammenzufahren, der Apparat besorgt das für uns. Wir armen Flieger! Was haben wir auf dieser Welt? Oh, wir haben viel, viel mehr als andere Menschenkinder, die sich jenseits der Wolken vor dem Regen verstecken: Wir sehen, potz Donner und Blitz, noch immer die Sonne und noch immer das himmlische Bunt des himmlischen Triumphbogens! Hin zu ihm geht die Fahrt!

Es blitzt wieder, es donnert wieder. Als Kind haben wir uns vor dem Gewitter verkrochen, jetzt sind wir zu ihm hinaufgekraxelt, wider unseren Willen, denn wir fürchten uns wie damals. Haben wir uns in der Kindheit nicht auch gewünscht, zum Regenbogen hinzuwandern? Nun wandern wir zum Regenbogen. Der Wind stößt, aber er stößt uns nicht in den Bauch, er stößt uns in den Rücken, der Propeller jagt mit beinahe doppelter Geschwindigkeit dahin, hurra, bald werden wir im Regenbogen drinnen sein, ganz genau in der Mitte, als wäre es jenes Goal auf dem Luftbahnhof von Le Bourget, auf dessen Querbalken ›Arrivé‹ steht.

Es hellt sich auf dort unten auf dem besudelten Planeten. Die Fenster lassen sich öffnen, ohne dass Wassertropfen herein schlagen. Wir unterscheiden einen See, olivengrüne und saftgrüne Wälder, Städte, so klein wie Bauernhöfe, und dann eine große Stadt mit einem herrlichen Turm in ihrer Mitte. Sollte das etwa schon Straßburg sein? Es ist Straßburg. Der Flugapparat beugt sich in gewundenen Komplimenten hinab, wir erkennen jetzt deutlich das Heiligste der Münster, wir sind in Straßburg, trotzdem wir erst vor anderthalb Stunden vom Aèrogare abgereist sind und die Fahrzeit Paris–Straßburg sonst zweieinhalb Stunden beträgt, der Rückenwind hat uns so rasch vorwärts gepeitscht, die Maschine hüpft leicht auf den Boden, das Ziel ist unser, und wir können froh sein.

Sind wir am Ziel, und können wir froh sein? Nein, in unendlicher Weite strahlt höhnisch der Regenbogen, zu dem wir wollten.

Abenteuerliche Schicksale
einer Königskrone

MEINEM FENSTER GENAU GEGENÜBER steht eine kleine Kapelle maurischen Stils. Einigen Ziegelreihen beließ man ihre rote Naturfarbe, andere Reihen sind vertüncht. So zwinkert der Bau, rot-weiß gestreift, aus dem Rankenwerk hervor, das sich von der Erde bis zum Kuppelkreuz schlingt, sogar jetzt, da es winterlich unbelaubt ist. Auch der Garten ringsum ist kahl, und das Laub liegt so hoch auf seinen Wegen, als wäre seit hundert Jahren niemand hier gegangen. Die meisten Fensterscheiben der Kapelle sind zerschlagen, und man sieht in das blaue Innenlicht. Kein Mensch kümmert sich um Reparatur. Eine Marienstatue mit dem Christuskind ist darin und in der Mitte des achteckigen Raumes eine tief in Erde gebettete Gedenktafel, von einem Gitter umgeben. Selbst wenn man nicht alle Bänke des Gartens zum Schutze vor Frost und Geschützfeuer hier aufgeschichtet hätte, bliebe für die Besucher wenig Platz.

Oft schaue ich aus meinem Zimmer, ob von den vielen Fremden, die Orsova jetzt beherbergt, keiner Lust hat, das Kapellchen von innen anzusehen. Es war noch niemand da. Und doch hat es eine Geschichte, die mindestens so romantisch ist wie die eines berühmten Domes.

In den Märztagen von 1848 hatten sich die Ungarn erhoben, und es dauerte anderthalb Jahre, bevor Habsburg mit russischer Hilfe den Aufstand niederzuzwingen vermochte. Der magyarische Kriegsminister Berthold Szemere flüchtete aus Budapest, und seine Sorge galt weniger seinem Leben als dem Sanktissimum der Nation: Die tausendjährige Krone des heiligen Stephan durfte nicht in die Hände des Feindes fallen! Das Sinnbild der Herrschaft sollten die Wiener nicht haben!

Eine eiserne Kiste nahm die Krone mit dem bei Mohacs verborgenen Kreuze auf und die Krönungsinsignien. Szemere kam nach Karansébes. Hier fand er kein geeignetes Versteck. So fuhr er weiter südlich, bis an die Donaugrenze des Ungarlandes. Am 15. August 1849 traf er in Orsova ein und nahm im Gasthof ›Zum weißen

Lamm‹ Quartier. Vier andere Flüchtlinge waren noch da, Lorody, Grimm, Hazman und Hajnik. Szemere weihte diese vier Rebellenführer in das Geheimnis ein – aber nicht ganz.

»In dieser Kiste befinden sich alle Akten über unseren Aufstand, die wichtigsten Urkunden der Nation. Helft mir, sie gut zu verbergen!«

Im Hause, das zufällig die Nummer achtundvierzig trug, die Jahreszahl der Erhebung, mieteten sie ein ebenerdiges Zimmer, gleich links vom Eingang. Dort schlossen sie sich ein und hackten ein Loch in den Boden. In der Nacht vom 17. auf den 18. August holten sie die Truhe, versenkten sie, schaufelten die Erde wieder darüber. Damit die Spuren verwischt würden, machten sie ein Holzfeuer auf diesem Platz. Tags darauf kamen sie in die Kammer, um ihre Arbeit bei Tageslicht zu besehen, und merkten zu ihrem Schrecken, dass jemand nachzugraben versucht hatte. Vielleicht war es nur ein neugieriger Hausbewohner gewesen, aber es schien ihnen doch sicherer, den Eisenkasten anderswo unterzubringen.

Im Norden der Stadt richtet sich ein Berg auf, um auf die Donau hinunterzusehen, nach Serbien und nach Rumänien, nach Siebenbürgen und nach der Wallachei und in das Fenster des Hauses, in dem ich jetzt wohne. Allion heißt der Berg, und zu seinen Füßen ist eine Fläche voll Gestrüpp. Hier mittelten die fünf Verschwörer einen Platz aus und gruben von Neuem. Am 20. August, am Tag des heiligen Stephan, führten sie dessen Krone unbemerkt hin und betteten sie in das Erdloch. Wieder beseitigten sie alle Spuren, indem sie die Öffnung zuschaufelten und Pflanzen, Blätter und Äste darauf streuten.

Dann leisteten sie einander den feierlichen Schwur, niemandem den Verwahrungsort zu verraten. Sollten aber vier von ihnen gestorben sein, möge der Überlebende einem charakterfesten Magyaren das Geheimnis, nach Abnahme des Eides, anvertrauen, damit er es einer verfassungsmäßigen Regierung Ungarns mitteile, wenn es je eine solche geben würde.

Sie setzten ihre Flucht fort. Die rumänische Grenze war nahe. Von dort ging es in die Türkei. Im Ausland sagte Szemere seinen Mitverschwörern die volle Wahrheit, die sie sich ohnedies gedacht hatten: Nicht Schriften waren in der Eisentruhe, sondern Ungarns Allerheiligstes, die Krone.

Es war höchste Zeit gewesen, das Kleinod zu verscharren, denn fünf Tage später trabten Pferdehufe durch die Gassen Orsovas – die Kaiserlichen waren da. Sie forschten nach Kossuth, nach Szemere, nach den anderen. Bald hatten sie negative Gewissheit: Die Revolutionäre waren jenseits der Grenzpfähle, außerhalb des Machtbereiches der Monarchie.

Ihre weiteren Recherchen galten jetzt der Krone. Man verhaftete, verhörte, inquirierte. Alles, was man zutage förderte, war, dass nicht Kossuth die Krone nach Orsova gebracht hatte, sondern dass sie wohl in Szemeres schwerer Kiste gewesen war. Aber Szemere war ohne sie über die Grenze entkommen. Also musste das Stephansdiadem in Orsova geblieben sein.

Wieder Einvernahmen, Arretierungen und Inquisitionen, kein Gebäude ließ man undurchsucht, keinen Garten, keine Scheuer. Eines der ersten, das von oben nach unten gekehrt wurde, war das Haus Nummer achtundvierzig, in dem die Krone nur einen Tag gewohnt hatte. Neun Monate lang durchpflügten Soldaten Tag und Nacht die Umgebung des Städtchens, dann zog der Großteil der Truppen ab, der Rest suchte weiter. Nichts fand man.

Ruhig lag die Krone vier Jahre lang dort, wo jetzt das Kirchlein steht, meinem Fenster gerade gegenüber.

Ludwig Kossuth hatte seine letzte Nacht auf heimatlichem Boden in Orsova am 16. August verbracht, und erst im Ausland erfuhr er von den Verschworenen das Versteck. In den Jahren seiner Verbannung quälte ihn der Gedanke, ob das Juwel noch am alten Orte sei; es schien ihm vor den Nachforschungen nicht sicher. Deshalb sandte er Vertrauensmänner nach Orsova, die sich überzeugen sollten, ob man nicht in gefährlicher Nähe suche; wenn es möglich sei, sollten sie die Kiste ausgraben und über die Grenze schmuggeln. Aber schwarzgelbe Häscher nahmen die Abgesandten fest.

Unter ihnen war Stefan Varga, gewesener Rat im Ministerium des Äußeren. Er wurde zum Ephialtes[164] der Nation: Nach viermonatiger Haft verriet er das Versteck um hundertfünfzigtausend Gulden. (Der

---

[164] *Verräter, nach dem Griechen Ephialtes, der den Persern 480 v. Chr. den Weg gezeigt haben soll, auf dem sie den Griechen bei Thermopylä in den Rücken fielen*

Judaslohn geriet ihm nicht zum Segen. Er brachte das Geld bald durch und musste in der administrativen Verwaltung von Großwardein eine Anstellung suchen, wo er – der Verräter in dieser kernmagyarischen Stadt! – bis zum Obernotär avancierte.)

Am 8. September 1853 exhumierte man den Kronschmuck. Vier Tage lang wurde er in der Kaserne bewacht. Dann kamen kaiserliche Weisungen. Mit ostentativem Pomp überführte man ihn zu Schiff nach Budapest, von dort nach Wien.

Der Kaiser von Österreich ließ 1856 die kleine Kapelle erbauen, an der Stelle, wo die Krone versteckt worden war, wo sie über vier Jahre geruht hatte – nein, an der Stelle, wo man sie gefunden hatte. So heißt es ausdrücklich in der lateinischen Inschrift der Marmortafel, die dort in den Boden eingelassen ist, wo der Schrein war. Diese Gedenktafel führt eine scharfe Sprache. Nur ›Austriae Imperator‹ nennt sich ihr Stifter, nicht auch ›Rex Hungariae‹. Und von einem ›Raub‹ der Krone ist die Rede: »... inter seditionis turbas rapta.«[165] Nicht dem heiligen Stephan, dessen Insignien doch hier lagen und an dessen Namenstag sie beerdigt wurden, ist die Kapelle geweiht – zu Ehren der heiligen Maria ist sie erbaut, an deren Geburtstag der Schatz ausgegraben wurde.

Die ganze stürmische Geschichte ist noch gar nicht lange her. Und doch schon lange. Von demselben Kaiser, dem man die Krone unter solchen Gefahren und Schwierigkeiten entreissen wollte, ließ sich Ungarn eine Verfassung geben, und als er sich gar mit derselben Krone krönen ließ, jubelte die Nation ihm zu.

Für diesen König Franz Joseph sind Millionen von Ungarn in den Weltkrieg gezogen und waren noch begeistert.

Kossuth starb in der Verbannung, und das Kirchlein hat zerbrochene Scheiben und dient als Winterquartier für Gartenbänke. Ich schaue vergeblich aus meinem Fenster, ob nicht doch jemand eintreten wird. Ich sehe keinen.

---

[165] *inter seditionis turbas capta (lat.): während der Wirren des Aufstands geraubt*

Wallfahrtsort für
Kriegshetzer

Im Hause Bourgerie, dem ersten von Bazeille, haben sich am 1. September des Jahres 70 hundertzwanzig französische Marine-Infanteristen so lange gegen einen bayrischen Ansturm verteidigt, bis sie achtzig Tote hatten und keine einzige Patrone mehr. Wie das Gesetz es befahl. (Die Gesetze befehlen solche Sachen.) Das war folgsam.

Als die Munition aufgebraucht und das Haus durchlöchert war, soll einer vorgeschlagen haben, man möge Selbstmord begehen, indem man sich in den Geschossregen stürze. Ein anderer, behauptet eine wohlkonservierte Fama[166], habe beantragt, das Haus anzuzünden und in den Flammen unterzugehen. Das war blöd.

Aber der Major Lambert von der Division Vassoigne, der die Verteidigung des Häuschens geleitet hatte, entschloss sich zur Übergabe und steckte ein Taschentuch aus dem Fenster. Das war gescheit.

Die bayrische Abteilung, befehligt von Hauptmann Lissignolo, stellte das Feuer ein, und als die Verteidiger, schmierig, blutig und verwundet, aus dem Haustor wankten, standen die deutschen Soldaten stramm und salutierten. Das war ganz nett.

Eine Aufschrift, auf die Wand gemalt, besagt, dass das Haus »Maison de la dernière cartouche«[167] heißt. Die Farbe der Buchstaben ist sehr verblasst. Das ist belanglos.

Eine schöne Marmortafel mit goldenen Lettern verkündet, dass 1909 Herr Arthur Meyer, ›directeur du Gaulois‹, eine Sammlung zum Ankauf des Häuschens ... Das ist niederträchtig.

Was hat der Name des Herrn Meyer, in Marmor gemeißelt, hier zu suchen, wo achtzig Menschen auf der Schlachtbank verblutet sind!

Was macht der Herr Meyer da, neununddreißig Jahre nachdem das Taschentuch gehisst worden ist? Weshalb feuert er an, wenn der letzte Schuss verfeuert worden ist? Was für ein nobler Charakter war doch der Esel von Soldat, der das Haus anzünden wollte, gegen diesen Chefredakteur, der es erhalten will! Damit sein Name in Marmor

---

[166] *aus der römischen Mythologie: Gottheit des Ruhmes, aber auch des Gerüchts*

[167] *›Haus der letzten Patrone‹*

darauf steht und neue Geschlechter veranlasst werden, ihre Häuser in Festungen zu verwandeln!

»Monsieur Meyer, je vous demande, avez vous battu dans cette maison?«

»Non, monsieur, parceque j'avais dix ans en 1870.«[168]

Na also, dann hetzen Sie nicht! Wenn Sie dabei gewesen wären, würden Sie wahrscheinlich kuschen. Natürlich gibt es auch Leute, die dabei waren und doch Heldentaten zur gefälligen Nachahmung erzählen. Aber die tun das, von den Herren Meyer und anderen solchen Direktoren des ›Gaulois‹ aufgereizt und ihnen zu Gefallen. Und diese Aufhusser[169] und Zuhörer und Weiterverbreiter und Ausschmücker sind schuld an den folgenden Kriegen.

Jawohl, Monsieur Meyer vom ›Gaulois‹ und Herr Gaulois vom ›Meyer‹. Aber auch Sie, Monsieur Gaulois vom ›Gaulois‹ und so weiter.

Übrigens hat die Gedenktafel jetzt einen tüchtigen Sprung. Ich habe einen braven Stein gegen sie geschleudert.

Gehet hin und tuet desgleichen!

Das Innere des Hauses ist natürlich ein Museum. Zerfetzte Uniformstücke, zerbrochene Gewehre, Patronen – alles längst veraltetes System. Verblasste Daguerreotypien[170] von Mac-Mahon, der ein paar Schritte von hier seinen Tausendfrancs-Schuss bekam, von Napoleon III., der ein Defätist war, von Wimpffen, Moltke, Bismarck, Anton von Werner und anderen Sedaner Größen. Durchlöcherte Schränke, blutiges Bett, zersplitterte Fensterläden.

Mitleidig lächelnd gehen Soldaten durch dieses Schnakkerlmuseum. Wenn die Museen des jetzigen Krieges installiert sein werden, die Zweiundvierzigzentimeter-Mörser, die Gelbkreuzgas-Bomben, die Flammenwerfer! Und statt der Glasphotographien herrliche Ölgemälde von allen unseren Heerführern! Zerschossene Türen gibt

---

[168] *Herr Meyer, ich frage Sie, haben Sie in diesem Hause gekämpft? – Nein, mein Herr, weil ich 1870 erst zehn Jahre alt war.*

[169] *österreichisch für Aufwiegler*

[170] *Erstes Fotografieverfahren aus dem 19. Jhd., benannt nach dem Maler, Künstler und Erfinder Louis Jacques Mandé Daguerre*

es nicht mehr: Schaue aus dem Fenster, ganze Ortschaften sind zu Müll geworden. Man kann nur nachsichtig lächeln über die Sehenswürdigkeiten.

Wenn nur nicht die Jahrgangsklasse 1956 über unser Kriegsgerät geringschätzig lächeln wird!

Dreißig Schritte vom »Haus zur letzten Patrone« entfernt ist der Friedhof. Einige tausend französische und bayrische Soldaten, die bei den Kämpfen um Bazeille gefallen sind, sind hier – nicht bestattet. Im Gegenteil: Die Gesinnungsgenossen des Herrn Meyer vom ›Gaulois‹ haben die Toten aus ihren Einzelgräbern und Massengräbern exhumiert und in Gewölbe einer Krypta gelegt. Längs der Toten ist ein Korridor für den Fremdenverkehr frei gelassen. Die Touristen führt mit Erklärungen von epischer Breite Herr Jean-Claude Rocher, der vorher jedem Besucher seinen Militärpass zeigt, dem zufolge er 1870 dem 3. Regiment der Marineinfanterie angehörte und als einer der überlebenden Verteidiger der Maison Bourgerie ins Kriegsgefangenenlager von Ingolstadt abgeführt worden ist.

Auch ein Gedenkbuch hat er, in das sich Prinz Rupprecht, Haeseler, Hindenburg (die Stammgäste von Sedan), aber auch Gallwitz, Eichhorn, Exzellenz Prdelka von Drahtverhau und andere feuchtfröhliche Erhalter des Siegfriedensgedankens eingeschrieben haben.

Monsieur Rocher ist mit den Gewölben auf der linken Seite bös. Nicht etwa, weil hier Bayern liegen, sondern weil das deutsche Kommando diese schönen Ausstellungsobjekte mit Steinplatten zudecken ließ. Es hat dies nach seiner Auffassung deshalb getan, weil sich die noch lebenden deutschen Soldaten angesichts der Kopfschüsse ihrer bereits toten Vorgänger zu sehr aufregten. Schade, jetzt sieht man die schönen Kopfschüsse nicht mehr!

Zum Glück gibt es rechts sehr sehenswerte Schauobjekte. Zwar nicht so viele, wie links verborgen sein mögen, aber immerhin doch noch ein paar hundert fünfzigjährige Leichen. Eine Krankenschwester, der der Arm abgerissen worden ist, ein Zuave[171] mit zerpulvertem Kopf, ein Kapitän mit acht Kopfschüssen und was dergleichen

---

[171] *Aus Algerien stammende Kämper in Infanterieeinheiten,*
   seit Mitte des 19. Jhds.; erst 1963 aufgelöst

reizende Kleinigkeiten mehr sind. Die Uniformen – Friedensstoff 1869 – sehen oft noch besser aus als die heutigen.

Ist das alles zur Abschreckung da? Nein, an den Wänden des Korridors hängen Glasperlenkränze mit Trikoloren, und auf den Trikoloren stehen Schwüre von Blutrache und Sieg und Revanche. Und jeder dieser Kränze wurde namens eines patriotischen Vereines niedergelegt, am 1. September, und der Redner, je blutiger er sprach, desto besser war's wohl.

Drüben, die Grenze ist nicht weit, feierte man den 1. September mit *Hurra* und Truppenparaden.

Vierundvierzig Jahre lang klangen Wehklagen und Rachegeschrei hinüber, Jubelrufe und Festesfreude herüber. Bis sich die Musikanten in die Haare gerieten.

Faschingskostüme

ENG ANEINANDER GEHÄNGT füllen Maskenkostüme vier weitläufige Stockwerke des Hauses. Nicht weniger als sechzigtausend Kostüme samt ihrem Zubehör. Fast zwei Armeekorps könnte man hier ausrüsten. Aber es wären, weiß Gott, zwei recht närrische Korps: Züge in Toga mit goldgeschmücktem Helm und Rossschweif; Kompanien im Gewande spanischer Granden, in großkarierten Gigerlanzügen mit grellrotem Satinbesatz, Schnabelschuhen und Riesenmonokeln, in Damenkleidern für Herren, in roten Fracks der Parforcereiter, in Jockeyblusen, in der Tracht der Scholaren und der Gilden; die Bataillone und Regimenter der Schlierseer, der Allgäuer, der Starnberger und der Tegernseer würden den Ruhm von Defreggers ›Letztem Aufgebot‹ verdunkeln; es gäbe ganze Brigaden und Divisionen von Pierrots mit grotesken Bummerln, von Schalksnarren mit gesprenkelten Wämsern und schwarz-rot geteilten Schamhosen über chromgelben Trikots, klingenden Schellen an der züngelnden Mütze, von Prinzen Karneval in seidengestickter Buntheit, mit Puffärmeln, Pelerine und Federbarett, von Kasperlen Larifari, von italienischen Pantaloni mit rotem Janker und olivengrüner Weste, von Harlekinen mit schreienden Rhomben und dem Hahnenkamm. Es wäre eine Armee von unbesiegbarer Heiterkeit.

Neben diese unkriegerischen Gestalten könnten Truppen gestellt werden, die in alten Feldzügen erprobt wurden. Schill'sche Reiter, Zietenhusaren, Lützower Jäger, Pappenheimer Kürassiere. Ein ganzer Saal birgt Waffen und Rüstungen aus dem Dreißigjährigen Krieg, ein anderer aus dem Siebenjährigen, ein dritter aus den Freiheitskriegen. Viele dieser so beliebten (auch München liegt in Deutschland) militärischen Faschingskostüme sind echt; sie sind blutig-ernste Uniformen gewesen und müssten, wenn sie denken könnten, im freundlichen Scharmützel von Koriandoli und Konfetti an den tödlichen Feuerregen der Kugeln und Granaten von einst denken; in manche dieser Hosen hat mancher der Helden gemacht, dessen Namen ruhmreich durch die vaterländische Geschichte geht ... Ob es alte Monturen oder postume Kopien sind – historisch getreu ist eines wie das andere. Denn selbst im Fasching hält man (auch München liegt in Deutschland) auf Stilechtheit. Professoren der Geschichte, Historien-, Schlachten- und Genremaler haben kontrolliert, ob streng nach ihren Entwürfen und Angaben geschneidert wurde. Von Piloty über Kaul- und Lenbach bis zu den Expressionisten gab es wenige Maler, die nicht gelegentlich Kostüme gezeichnet hätten; und die von den alten Meistern geschaffenen Gewandungen kommen nun den heutigen zugute: Zu irgendeinem historischen Gemälde sucht man für das Modell einen Überwurf aus, den ein längst toter Maler geschaffen.

Yatagans, Schwerter aus Hellas und Rom, Damaszenerklingen, Stilette, Pallasche, Pistolen, Hirschfänger, Perlmutterdegen, Hellebarden, Armbrüste und Köcher, aus Museen und Waffensammlungen erstanden, rufen den Eindruck eines Zeughauses hervor, und an der Wand hängen Karabiner schwer. Richtiggehende Gewehre. Bei Regimentsjubiläen schießen ganze Kompanien aus diesen Hinterladern und Feuersteinzündern genauso gut und schlecht, wie man daraus *anno Tobak* schoss. Ein Kurschmied waltet seines Amtes und schützt Sporen, Zaumzeug, Lauf, Hahn und Kolbenschuh mit Sorgfalt und Waffenfett vor Rost und Waffenschiebern. Ein Zweiter wirkt in der Rüstkammer eifrig am Schmiedeherd. Beinschienen der Gladiatoren und deren Schilde, die Panzerhemden, Harnische und Visiere der Ritter werden hieb-, stich- und kugelfest fabriziert und repariert, auf dass ihr Träger zum nächsten Kreuzzug oder Turnier richtig gewappnet sei. Schabracken und Trompetentücher bedürfen eigener Künstler ihres Faches.

Viele Originalstücke sind in der Sammlung. Der Purpurmantel zum Beispiel, in dem sich an festlichen Tagen der Doge von Venedig dem Volk auf der Piazetta zeigte, dann die wallachische Nationaltracht, die die Königin von Rumänien als Kronprinzessin trug, und mexikanische Generalsuniformen, in denen Freunde des Kaisers Maximilian ihm aus Wien nachreisen sollten. Verschnürte Studentenflause hängen hier ausrangiert beim Kostümverleiher und knistern sich etwas von ›alter Burschenherrlichkeit‹ ... Gewebte Lyoner Brokate, Applikationsstickereien und Spitzen aus Valenciennes, der Heimatstadt Watteaus. Silberne und perlmutterbesäte Phantasiekostüme, Nixen, Feen, Faune und andere Ausgeburten der Bilder Böcklins und Stucks. Bis zu zweitausend Mark steigen manchmal die Herstellungskosten eines Gewandes, und die Leihgebühren pro Nacht bewegen sich von vier Mark bis zweihundertfünfzig Mark – ein Betrag, den gerade die Lustigsten aus der Münchener Faschingsgemeinde vielleicht noch nie beisammen gesehen haben.

Fast alle großen Festzüge werden von der Münchener Maskenschneiderei adjustiert, die vor einem halben Jahrhundert ein ehemaliger Ballettmeister als Werkstätte für seine Tanzschule eingerichtet hat. Aber nicht bloß Feldzüge und Festzüge könnte man von hier ausrüsten, auch ganze Karawanen mit waschechten Beduinen, richtig schaukelnden Kamelen und karikiert-karierten Engländern, die nach Fowling Bulls[172] suchen, ganze Expeditionen von Cowboys, Rough Riders[173], Scouts, Farmern und Trappern gegen wilde Indianerhorden und wilde Indianerhorden gegen solche Expeditionen. (Mokassins, Skalpe, Adlerfedern, Lassos, Kalumets, Tomahawks und die übrigen Schikanen des wilden Westens sind vollzählig vorhanden; howgh!). Karl Moor könnte heute mittels Postkarte seine Räuberbande romantisch equipieren lassen; es ist unerfindlich, warum Hagenbeck zur Komplettierung seiner Tierbestände nicht von hier Leoparden, Tiger,

---

[172] *Verunglückte Rückübersetzung (ins Englische) des Ausdrucks ›Geflügelter Stier‹ durch Karl May*

[173] *Rough Riders (engl.): verwegene Reiter*

Löwen, Hyänen, Wölfe und andere zahme Haustiere bezieht; eine ganze ländliche Hochzeit mit Musik, Bürgermeister, Brautpaar, Hochzeitladern, Pfarrer, Dorfgendarmen, Wiege und gütiger Fee kann im Falle dringenden Bedarfes telegrafisch bestellt werden, ebenso ein Jahrmarkt mit allen möglichen Schaustellungen.

Schwindlig wird man beim Rundgang, die erdkundlichen Begriffe gehen in Fransen, die geschichtlichen ebenso: Kosaken hängen zwischen Chinesen und Savoyarden, der Karton mit den hellenischen Petasoi ist neben die Schachtel mit Südwestern nordöstlicher Schiffer eingereiht, Barock, Gotik, Empire, Antike, Biedermeier, Landsknechtszeit und Rokoko sind durch keine zeitlichen Intervalle getrennt, Bersaglieri und Eskimos sind einander nahegerückt, Nord und südliches Gelände. In den gläsernen Vitrinen liegen Medaillen, Orden, Lorbeerkränze, Königskronen, Zepter, Reichsapfel, Dokumente und Räucherfässchen zur Schau. In der Wäscherei wird eben die Toga eines Auguren mit dem modernsten Dämpfapparat behandelt, um dann elektrisch gebügelt zu werden, in der Schreinerei zimmert man eine Kiste, die noch heute mit einer Schwadronsausrüstung der Schill'schen Husaren als Eilgut nach Potsdam abzugehen hat. Jetzt kann man noch Trikots für Festzüge und Theater und für plastische Marmorposen versenden, da »feit si fei nix«, im Fasching jedoch braucht man die Riesenbestände selbst, und das Personal muss verdreifacht werden. An süddeutschen Theatern gibt es im Karneval keine klassischen Stücke. Vis major[174].

Wirr verlässt man das Haus. In der Elektrischen sitzt ein Münchener Mädel mit bierbraunem Haar und verträumten Augen. Vielleicht denkt es an einen Bal paré[175], der vergangen ist, und an den silbernen Ritter Lohengrin, der so zärtlich zu umfangen wusste und dann verschwand. Auf seinem Schwan nach Montsalvatsch selbstverständlich. Die kleine Münchnerin weiß es nicht und will es gar nicht wissen, dass der edle Ritter längst wieder in der Kauffinger Straße Mandeln und Rosinen verkauft, während sein leuchtender Silberpanzer unter dem übrigen Mummenschanz da drüben in der Anstalt hängt.

---

[174] *Vis major (lat.): Höhere Gewalt*

[175] *Kostümball*

Eines Scharfrichters
Lebenslauf

»FRÜHER HAB ICH EIN KAFFEEHAUS GEHABT in der Simmeringer Hauptstraße. Mein Milchlieferant war Herr Karl Seelinger, damals Scharfrichter von Wien und Milchhändler. Am 13. April 1894 kommt er zu mir herein und fragt mich, ob ich mitfahren will nach Galizien zu einer Hinrichtung, ich bin ein starker Kerl, ich könnt ihm helfen. Da bin ich mitgefahren. Gezahlt hab ich nichts genommen, nur die Reise und das Essen. Die Sache hat mich halt interessiert. Am nächsten Tag haben wir dann in Neu Sandec einen Fleischhacker gehängt, Fargacz hat er geheißen, ein Riesenkerl war's, Lustmörder und Notzüchter.

Ob ich mich gegraust hab? Warum denn? Gar keine Spur! Der Seelinger hat mir auf die Schulter geklopft. ›I hab schon vül G'hilfen g'habt, aber so an no net wie di, Pepi!‹ Na, und da bin ich mit ihm in Österreich herumgefahren, zu allen Hinrichtungen, nach Brünn, nach Cilli, nach Graz. Dabei bin ich immer Kaffeesieder geblieben und habe vom Seelinger keinen Lohn genommen. Nur so aus Sport, wissen S' ... Im neunundneunz'ger Jahr, im September, ist er gestorben, der Seelinger. Mir ist gar nicht einmal im Traum eingefallen, mich um die Stelle zu bewerben. Da schreibt mir eines schönen Tages der Polizeirat Rattay – der ist auch manchmal zu mir ins Café gekommen –, ich möcht ihn im Kommissariat besuchen. Der fragt mich so aus, ob es wahr ist, dass ich dem seligen Seelinger geholfen hab bei Justifikationen, wann und wo, und ich hab ihm alles erzählt. Wie ich fertig bin, sagt er mir: ›Warum reichen Sie nicht ein Offert um die Scharfrichterstelle ein, Herr Lang? Das Kaffeehaus ist nichts für Sie.‹

Da hat er ja recht gehabt. Jede Nacht sind Pülcher[176] hineingekommen, um drei Uhr früh hat es immer Ohrfeigen gegeben, ich hab mich zwar nicht gefürchtet, aber diese Aufregungen, die man als Kaffeesieder hat, sind nichts für mich, ich bin ein friedlicher Mensch,

---

[176] *österreichisch: Gauner, Strolch, Halbstarker*

streit mich net gern herum, und ich hab mir immer ein ruhiges Leben gewünscht. ›Ja, Herr Polizeirat‹, hab ich ihm gesagt, ›ich tat ja ganz gern Scharfrichter werden, aber ich bin schon zu alt, mit fünfundvierzig Jahren stellt mich das Landesgericht nicht mehr an.‹ Ich soll ihm nur meine Dokumente schicken, sagt er, er wird's schon machen. Im Februar 1900 bin ich angestellt und vereidigt gewesen als ›Scharfrichter des k. k. Landesgerichtes Wien‹, trotzdem eine Menge Offerten eingelaufen waren für die Stelle. Aber es hat sich keiner ausweisen können, dass er es auch wirklich leisten kann!

Hundertvierzig Kronen monatlich war das Gehalt und fünfzig Kronen für jede Hinrichtung – es war ja nicht viel, aber besser als in die Hosen geschissen. Sehr viel hab ich gleich zu tun gekriegt, weil man seit dem Tod vom Seelinger alle Hinrichtungen aufgeschoben hat. Nur wie man die Julianne Hummel, die Kindesmörderin, aufgehängt hat, im Jänner 1900, hat man dazu den Wohlschläger kommen lassen, den Prager Scharfrichter. Die Hummel ist auf ihn geflogen, noch unter dem Galgen hat sie zu ihm gesagt: ›Sie haben so ein liebes G'schau, Herr von Wohlschläger‹, aber er hat dann so lang an ihr herumgewurstelt, dass sie noch fünf Minuten gelebt hat, so ein Patzer war der Wohlschläger – no ja, für die Provinz war er gut genug, aber nach Wien konnte man ihn nicht berufen, nach so einem öffentlichen Skandal. Deshalb hat man mich ja aufgefordert, weil ich mich schon auskennt hab.

Meine erste selbstständige Hinrichtung – das war interessant, nämlich der letzte Delinquent, den ich als Gehilfen gehabt hab, war auch mein erster Delinquent, wie ich Meister war. Das war so: Im April 1899 bin ich mit dem Seelinger nach Rudolfswerth in Krain gefahren, um einen Zigeuner aufzuhängen. Simon Held hat er geheißen und hat sechs Raubmorde verübt, alle an alten Frauen, Ausgedingerinnen. In der Nacht vor der Hinrichtung hat er den Untersuchungsrichter rufen lassen: Er will seine Komplizen nennen. Er hat auch ein paar Namen angegeben. Aber man hat's ihm nicht geglaubt und hat die Hinrichtung nicht aufgeschoben. Zur Sicherheit hat man nach Wien telegrafiert, und es ist die Antwort gekommen, man soll ihn nur henken. Eine Stunde später hat die Justifikation stattfinden sollen, ich hab ihm gerade die Schlinge um den Hals gelegt – da kommt ein Beamter gerannt mit dem Telegramm, dass er begnadigt ist. Na, da sind wir halt wieder nach Hause gefahren.

Der Zigeuner hat sich ein paar Wochen später von seinen Freunderln eine Geige in die Zelle kommen lassen, und darin war eine Schnur, mit der hat er sich aus dem Fenster heruntergelassen, der Posten hat auf ihn geschossen, hat ihn aber nicht erwischt. Erst ein paar Monate darauf, wie er einen neuen Raubmord begangen hat, ist er wieder eingenäht worden und wieder zum Tod durch den Strang verurteilt. So ist der erste Delinquent meiner Scharfrichterzeit einer gewesen, dem ich schon Maß genommen hatte. Ich hab ihn auch tadellos gehenkt, in fünfundvierzig Sekunden war er tot. Das war am 3. März 1900 – warten Sie einen Augenblick, ich muss zur Sicherheit noch im Buch nachschauen.«

Ich bleibe allein in der Wachstube der Freiwilligen Turner-Feuerwehr von Simmering, in der das Gespräch stattfindet. Hinter einer Umfriedung der Geiselbergstraße steht das Spritzenhaus und das Wachzimmergebäude, an das sich das Bretterhäuschen mit der Wohnung des Scharfrichters schließt. Trotzdem er nur ein hölzernes Häusel bewohnt, ist er einer der geachtetsten Bürger von Simmering und Hauptmann des Feuerwehrvereines – na, was denn, wir sind in Wien, und die Hauptsache ist doch, dass einer einen ›interessanten‹ Beruf hat, dass man einer ist, mit dessen Bekanntschaft man protzen kann: »Waaßt, Alte, mit wem i heut beisamm' war? Mit dem Henker von Wien!«

Der k. k. Henker ist Besitzer des Ehrenzeichens vom Roten Kreuze – Patriae ac humanitate![177] –, schön eingerahmt hängt sein Bild an der Wand der Wachstube, neben den Porträts vom Kaiser Franz Joseph, Georg Schönerer und Oskar von Höffl. Ein besonderer Uniformständer ist für Helm, Degen und Bluse des Hauptmannes reserviert.

Herr Lang schleppt einen Folianten herein und ein Fotografie-Album, in dem seine Familienmitglieder, seine Gehilfen, die meisten in Athletendress, und wichtige Hinrichtungen verewigt sind. In dem großen Buch sind alle Strangulierungen handschriftlich verzeichnet, die die Herren Willenbacher, Seelinger und Lang von Amts wegen

---

[177] *Für Vaterland und Humanität!*

vollzogen haben. Die Eintragungen beginnen mit Enrico Francesconi, dem Geldbriefträgermörder vom Trattnerhof, der am 16. Dezember 1876 aufgeknüpft wurde, der nächste ist Ferdinand Hackler, Raubmörder, gehängt am 16. Mai 1877 im Gebäude der Kaserne in der Alserstraße, dann kommen die Dienstbotenmörder Hugo Schenk[178] und Karl Schlossarek am 22. April 1884, und ihnen mussten am 8. August 1884 die Anarchisten Hermann Stellmacher und Kammerer folgen.

Die Wiener Lokaltätigkeit Langs hat am 21. Mai 1901 mit Stefan Waniek eingesetzt, der – bei einem Einbruch in Favoriten überrascht – auf seine Verfolger geschossen und eine Frau Hoffmann getötet hat; am 11. August 1902 zieht Lang den Johann Woboril, Mörder am Trödler Kegler, ins bessere Jenseits, am 25. April des nächsten Jahres henkt Herr Lang den Mörder der Rudolfsheimer Trafikantin Marie Jülich von Jülichenthal, den Messerschmied Anton Senekel, der zwei Tage nach seiner Tat auf dem ›Selbstmörderbankel‹ im Prater gesessen und das geraubte Geld gezählt hatte, was zu seiner Verhaftung führte; Senekels letzte Worte waren an Herrn Lang gerichtet: ›Leckmiamoasch‹ lauteten sie, und Herr Lang nimmt ihm das sehr übel. Wenn irgendwo in Österreich eine Volksforderung auf der Straße erhoben wurde, so schickte Wien sofort das Standrecht und den Herrn Lang hin; mit seiner Handtasche erschien er als *Ultima ratio*. In Ungarn hat er den Oberleutnant Bela von Pap hingerichtet, der im Jahre 1900 durch einen Bauern seinen Bruder erschießen ließ, um in den Besitz des Majorats zu gelangen.

Die Hinrichtung Battistis ist sein ›berühmtester‹ Fall. Herr Lang sucht aus seinem Album die Bilder heraus, die den Tridentiner Landtags- und Reichsratsabgeordneten Caesare Battisti zeigen, wie er in Hauptmannsuniform an seinem Todestage, am 12. Juli 1916, seine Zelle im Kastell von Trient verlässt, um in das Gerichtsgebäude überführt zu werden. Hier erhielt er schäbige Zivilkleider, und auf anderen Photographien sieht man bereits den Richtpflock mit der Leiche und eine Reihe von gefühllos umherstehenden und siegesbe-

---

[178] *Hugo Schenk, vgl.: ›Eine Frau, die auf Hugo Schenk wartet‹,*
in der Sammlung ›Prager Pitaval‹ (Band II/2, S. 34 ff.)

wusst lächelnden Feldwebeln – Bilder, die als gutes Propagandamittel gegen die Monarchie von der Entente in Hunderttausenden von Exemplaren vervielfältigt und verbreitet wurden. Herr Lang rühmt die gute Haltung Battistis; ohne mit der Wimper zu zucken, ließ sich der Delinquent die Schlinge um den Hals legen, und bevor sie zugezogen werden konnte, rief er: ›Evviva l'Italia!‹ –

Am gleichen Tage wurde auch ein anderer Irredentist[179], der italienische Oberleutnant Dr. Finzi aus Rovereto, hingerichtet. Im Frieden war Dr. Finzi k. k. Gerichtsbeamter gewesen und hatte als solcher bei einer Justifikation, die Lang an einem jungen, des Raubmordes schuldig befundenen Mühlenbesitzers namens Nathan in Rovereto vornahm, interveniert. Nachher hatte er sich viel von Meister Lang aus dessen Praxis erzählen lassen. Dass er selbst einst unter die Hände Langs kommen werde, hatte er sich wohl nicht gedacht. Aber erkannt hat ihn Dr. Finzi sofort. Als Lang zwei Tage vor der Doppelhinrichtung nach Trient gekommen war, trafen sich Battisti und Finzi, jeder aus seiner Zelle unter starker Eskorte zu den letzten Verhören geführt. »Scharfrichter Lang aus Wien ist schon da«, rief Battisti seinem Freunde zu. – »Ich habe ihn schon gesehen. Ein alter Bekannter von mir!« – Das war das letzte Gespräch, das die beiden Märtyrer miteinander geführt haben ... Herr Lang berichtet das mit Stolz, zeigt mir die Marschroute des Kriegsministeriums, die Spesenrechnung, die Belege. Insgesamt hat er für die Hinrichtung Battistis fünfhundertsechzig Kronen berechnet.

»Stücke vom Strick Battistis waren dann im Trentino sehr gesuchte Artikel – aber es war alles Schwindel. Ich darf das Seil nicht verkaufen, ich bin ja beeidigter Staatsbediensteter. Na ja, meine Gehilfen, die machen Geschäfte mit allen möglichen Stricken – nur mit dem richtigen nicht. Vom ›Strick Battistis‹ dürften sie mindestens zwanzig Meter verkauft haben. Aber den echten können Sie bei mir sehen, ich habe ihn drüben in meiner Wohnung.«

Herr Lang bringt eine schwarze Reisetasche. In Zeitungsblättern, die er darin aufbewahrt hat, sind die Todesurteile zu lesen, zu deren

---

[179] *Italienisch-nationalistische Ideologie, deren Ziel die Angliederung der unter österreichischer Herrschaft verbliebenen italienisch besiedelten Gebiete war.*

Vollstreckung sich Meister Lang ausersehen glaubte und in denen er zu gegebener Zeit nachlesen wollte, was sich sein Opfer hatte zuschulden kommen lassen. Ein Blatt trägt die Überschrift: »Dr. Kramer[180] und Dr. Rasin zum Tode durch den Strang verurteilt ...«, ein anderes: »Verurteilung Friedrich Adlers zum Tode!«[181] Der Scharfrichter hat inzwischen die schwarzen Zwirnhandschuhe aus der Handtasche genommen, die er zugleich mit seinem schwarzen Anzug bei jeder Hinrichtung anlegt, die Riemen, die man dem Malefikanten um die Achsel schlingt, wenn man ihn zur Richtstätte führt, und die schwarze Seidenschnur, mit der man ihm die Hände bindet. Er zeigt mir auch, wie man den Strick einseift, presst eine Stahlklammer, den ›Kloben‹, zwischen zwei Schränke, zieht die Doppelschlinge durch – den wirklichen Strick Battistis – und will sie mir um den Kopf legen. Ich empfehle mich!

Elliptische Tretmühle

ZUM ZEHNTEN MAL, Jubiläum also, wütet im Sportpalast in der Potsdamer Straße das Sechstagerennen. Dreizehn Radrennfahrer, jeder zu einem Paar gehörend, begannen am Freitag um neun Uhr abends die Pedale zu treten, siebentausend Menschen nahmen ihre teuer bezahlten Plätze ein, und seither tobt Tag und Nacht, Nacht und Tag das wahnwitzige Karussell. An siebenhundert Kilometer legen die Fahrer binnen vierundzwanzig Stunden zurück, man hofft, sie werden den Weltrekord drücken, jenen historischen Weltrekord, als in sechs nächtelosen Tagen von 1914 zu Berlin die Kleinigkeit von 4260,960 Kilometern zurückgelegt wurde, worauf der Weltkrieg ausbrach.

Sechs Tage und sechs Nächte lang schauen die dreizehn Fahrer nicht nach rechts und nicht nach links, sondern nur nach vorn, sie streben vorwärts, aber sie sind immer auf dem gleichen Fleck, immer

---

[180] *Karel Kramar (1860–1937), tschechischer bürgerlicher Politiker, erster Ministerpräsident der CSR*

[181] *Friedrich Adler (1879–1960), revisionistischer Führer der österreichischen Sozialisten; verübte 1916 das Attentat auf den österreichischen Ministerpräsidenten Graf Stürgkh, wurde zum Tode verurteilt, später begnadigt*

in dem Oval der Rennbahn, auf den Längsseiten oder auf den fast senkrecht aufsteigenden Kurven, unheimlich übereinander, manchmal an der Spitze des Schwarmes, manchmal an der Queue und manchmal – und dann brüllt das Publikum: »Hipp, hipp!« – um einige Meter weiter; wenn aber einer eine Runde oder zwei voraushat, ist er wieder dort, wo er war, er klebt wieder in dem Schwarm der dreizehn. So bleiben alle auf demselben Platz, während sie vorwärts hasten, während sie in rasanter Geschwindigkeit Strecken zurücklegen, die ebenso lang sind wie die Diagonalen Europas, wie von Konstantinopel nach London und von Madrid nach Moskau.

Aber sie kriegen keinen Bosporus zu sehen und keinen Lloyd George, keinen Escorial und keinen Lenin, nichts von einem Harem und nichts von einer Lady, die auf der Rotten Row im Hyde Park reitet, und keine Carmen, die einen Don José verführt, und keine Sozialistin mit kurzem schwarzem Haar und Marxens »Lehre vom Mehrwert« im Paletot. Sie bleiben auf derselben Stelle, im selben Rund, bei denselben Menschen – ein todernstes, mörderisches Ringelspiel. Und wenn es zu Ende, die hundertvierundvierzigste Stunde abgeläutet ist, dann hat der erste, der, dem *Delirium tremens* nahe, lallend vom Rade sinkt, den Sieg erfochten, ein Beispiel der Ertüchtigung.

Sechs Tage und sechs Nächte drücken dreizehn Paar Beine auf die Pedale, das rechte Bein auf das rechte Pedal, das linke Bein auf das linke Pedal, sind dreizehn Rücken abwärts gebogen, während der Kopf ununterbrochen nickt, einmal nach rechts, einmal nach links, je nachdem, welcher Fuß gerade tritt, und dreizehn Paar Hände tun nichts als die Lenkstange halten; manchmal holt ein Fahrer unter dem Sitz eine Flasche Limonade hervor und führt sie an den Mund, ohne mit dem Treten aufzuhören, rechts, links, rechts, links. Ihre dreizehn Partner liegen inzwischen erschöpft in unterirdischen Boxen und werden massiert. Sechs Tage und sechs Nächte.

Draußen schleppen Austrägerinnen die Morgenblätter aus der Expedition, fahren die ersten Waggons der Straßenbahnen aus der Remise, Arbeiter gehen in die Fabriken, ein Ehemann gibt der jungen Frau den Morgenkuss, ein Polizist löst den anderen an der

Straßenecke ab, ins Café kommen Gäste, jemand überlegt, ob er heute die grau-schwarz gestreifte Krawatte umbinden soll oder die braun gestrickte, der Dollar steigt, ein Verbrecher entschließt sich endlich zum Geständnis, eine Mutter prügelt ihren Knaben, Schreibmaschinen klappern, Fabriksirenen tuten die Mittagspause, im Deutschen Theater wird ein Stück von Georg Kaiser[182] gegeben, das beim Sechstagerennen spielt, der Kellner bringt das Beefsteak nicht, ein Chef entlässt einen Angestellten, der vier Kinder hat, vor der Kinokasse drängen sich hundert Menschen, ein Lebegreis verführt ein Mädchen, eine Dame lässt sich das Haar färben, ein Schuljunge macht seine Rechenaufgaben, im Reichstag gibt es Sturmszenen, in den Sälen der Philharmonie ein indisches Fest, in den Häusern sitzen Leute auf dem Klosett und lesen die Zeitung, jemand träumt, bloß mit Hemd und Unterhose bekleidet in einen Ballsaal geraten zu sein, ein Gymnasiast kann nicht schlafen, denn er wird morgen den pythagoräischen Lehrsatz nicht beweisen können, ein Arzt amputiert ein Bein, Menschen werden geboren und Menschen sterben, eine Knospe erblüht und eine Blüte verwelkt, ein Stern fällt und ein Fassadenkletterer steigt eine Häuserwand hinauf, die Sonne leuchtet und Rekruten lernen schießen, es donnert und Bankdirektoren amtieren, im Zoologischen Garten werden Raubtiere gefüttert und eine Hochzeit findet statt, der Mond strahlt und die Botschafterkonferenz fasst Beschlüsse, ein Mühlenrad klappert und Unschuldige sitzen im Kerker, der Mensch ist gut und der Mensch ist schlecht – während die dreizehn, ihren Hintern auf ein sphärisches Dreieck aus Leder gepresst, unausgesetzt rundherum fahren, unaufhörlich rundherum, immerfort mit kahlgeschorenem Kopf und behaarten Beinen nicken, rechts, links, rechts, links.

Gleichmäßig dreht sich die Erde, um von der Sonne Licht zu empfangen, gleichmäßig dreht sich der Mond, um der Erde Nachtlicht zu sein, gleichmäßig drehen sich die Räder, um Werte zu schaffen – nur der Mensch dreht sich sinnlos und unregelmäßig beschleunigt in seiner willkürlichen, vollkommen willkürlichen Ekliptik, um nichts, sechs Tage und sechs Nächte lang. Der Autor von Sonne,

[182] *Der Titel des Stücks lautet ›Von morgens bis mitternachts‹ (1916)*

Erde, Mond und Mensch schaut aus seinem himmlischen Atelier herab auf das Glanzstück seines Œuvres, auf sein beabsichtigtes Selbstporträt, und stellt fest, dass der Mensch – so lange, wie die Herstellung des Weltalls dauerte – einhertritt auf der eignen Spur, rechts, links, rechts, links – Gott denkt, aber der Mensch lenkt, lenkt unaufhörlich im gleichen Rund, wurmwärts geneigt das Rückgrat und den Kopf, um so wütender angestrengt, je schwächer seine Kräfte werden, und am wütendsten am Geburtstag, dem sechsten der Schöpfung, da des Amokfahrers Organismus zu Ende ist und, hipp, hipp, der Endspurt beginnt. Das hat Poe nicht auszudenken vermocht: Dass am Rand seines fürchterlichen Mahlstroms eine angenehm erregte Zuschauermenge steht, die die vernichtende Rotation mit Rufen anfeuert, mit hipp-hipp! Hier geschieht es, und hier erzeugen sich zweimal dreizehn Opfer den Mahlstrom selbst, auf dem sie in den Orkus fahren.

Ein Inquisitor, der solche Tortur, etwa »elliptische Tretmühle« benamst, ausgeheckt hätte, wäre im finstersten Mittelalter selbst aufs Rad geflochten worden – ach, auf welch ein altfränkisches, idyllisches Einrad! Aber im zwanzigsten Jahrhundert muss es Sechstagerennen geben. Muff! Denn das Volk verlangt es. Die Rennbahn mit den dreizehn strampelnden Trikots ist Manometerskala einer Menschheit, die mit Wünschen nach äußerlichen Sensationen geheizt ist, mit dem ekstatischen Willen zum Protest gegen Zweckhaftigkeit und Mechanisierung. Und dieser Protest erhebt sich mit der gleichen fanatischen Sinnlosigkeit wie der Erwerbsbetrieb, gegen den er gerichtet ist. Preise werden gestiftet, zum Beispiel zehn Dollar für die ersten in den nächsten zehn Runden. Ein heiserer Mann mit dem Megaphon ruft es aus, sich mit unfreiwillig komischen, steifen Bewegungen nach allen Seiten drehend, und nennt den Namen des Mäzens, der fast immer ein Operettenkomponist, ein Likörstubenbesitzer oder ein Filmfabrikant ist oder jemand, auf dessen Ergreifung eine Prämie ausgesetzt werden sollte. Ein Pistolenschuss knallt, es beginnt der Kampf im Kampfe, hipp, hipp, die dreizehn sichtbar pochenden Herzen pochen noch sichtbarer, Beine treten noch schneller, rechts, links, rechts, links, Gebrüll des Publikums wird hypertrophisch, hipp, hipp, man glaubt in einem Pavillon für Tobsüchtige zu sein, ja beinahe in einem

Parlament, der geschlossene Schwarm der Fahrer zerreibt. Ist es ein Unfall, wenn der Holländer Vermeer in der zweiten Nacht in steiler Parabel vom Rad saust, mitten ins Publikum? Nein: out. Ändert es etwas, dass Tietz liegenbleibt? Nein, es ändert nichts, wenn die Roulettkugel aus dem Spiel schnellt. Man nimmt eine andere. Wenn einer den Rekord bricht, so wirst du Beifall brüllen, wenn einer den Hals bricht – was geht's dich an? Hm, ein Zwischenfall. Oskar Tietz war Outsider vom Start an. Das Rennen dauert fort. Die lebenden Roulettbälle rollen. »Hipp, Huschke! Los, Adolf!« – »Gib ihm Saures!« – »Schiebung!!«

Von morgens bis mitternachts ist das Haus voll, und von mitternachts bis morgens ist der Betrieb noch toller. Eine Brücke überwölbt hoch die Rennbahn und führt in den Innenraum; die Brückenmaut beträgt zweihundert Mark pro Person. Im Innenraum sind zwei Bars mit Jazzbands, ein Glas Champagner kostet dreitausend Papiermark, eine Flasche zwanzigtausend Papiermark. Nackte Damen in Abendtoilette sitzen da, Verbrecher im Berufsanzug (Frack und Ballschuhe), Chauffeure, Neger, Ausländer, Offiziere und Juden. Man stiftet Preise. Wenn der Spurt vorbei ist, verwendet man die Aufmerksamkeit nicht mehr auf die Kurve, sondern auf die Nachbarin, die auch eine bildet. Sie lehnt sich in schöner Pose an die Barriere, die Kavaliere schauen ins Dekolleté, rechts, links, rechts, links. Das Sechstagerennen des Nachtlebens ist es. Im Parkett und auf den Tribünen drängt sich das werktätige Volk von Berlin, Deutschvölkische, Sozialdemokraten, rechts, links, rechts, links, alle Plätze des Sportpalastes sind seit vierzehn Tagen ausverkauft, Logen und Galerien lückenlos besetzt, rechts, links, rechts, links, Bezirke im Norden und Süden müssen entvölkert sein, Häuser leer stehen, oben und unten, rechts und links.

Und mehr als die Hälfte der Plätze sind von Besessenen besessen, die – die Statistik stellt es triumphierend fest – vom Start bis zum Finish der Fahrer in der hundertvierundvierzigsten Stunde ausharren. In Berliner Sportkreisen ist es bekannt, dass sogar die unglücklichen Ehen durch die Institution der *Six Days* gemildert sind. Der Pantoffelheld kann sechs Tage und sechs Nächte von daheim fortbleiben, unkontrolliert und ohne eine Gardinenpredigt fürchten zu müssen.

Selbst der eifersüchtigste Gatte lässt seine Frau ein halbes Dutzend Tage und Nächte unbeargwöhnt und unbewacht; sie kann gehen, wohin sie will, rechts, links, rechts, links, ruhig bei ihrem Freunde essen, trinken und schlafen, denn der Gatte ist mit Leib und Seele beim Sechstagerennen. Von dort rühren sich die Zuschauer nicht weg, ob sie nun Urlaub vom Chef erhalten oder sich im Geschäft krank gemeldet, ob sie ihren Laden zugesperrt oder die Abwicklung der Geschäfte den Angestellten überlassen haben, ob sie es versäumen, die Kunden zu besuchen, ob sie streiken oder ohnedies arbeitslos sind. Es gehört zur Ausnahme, dass ihr Vergnügen vorzeitig unterbrochen wird, wie zum Beispiel das des sportfreudigen Herrn Wilhelm Hahnke, aus dem Hause Nr. 139 der Schönhauser Straße. Am dritten Renntag verkündete nämlich der Sprecher durch das Megaphon, rechts, links, rechts, links, den siebentausend Zuschauern: »Herr Wilhelm Hahnke, Schönhauser Straße 139, soll nach Hause kommen, seine Frau ist gestorben.

Fürst Bolkonski
am Grabe Trencks

Apokryphes Kapitel von Tolstois
›Krieg und Frieden‹

WOHL IST ES RICHTIG, dass Fürst Andrej Bolkonski in den ersten Stunden der Fahrt von seiner Mission erfüllt war. Er hatte Marathonbotschaft zu überbringen, dem verbündeten Kaiser persönlich die Meldung vom Sieg zu erstatten, und seine Entsendung war Auszeichnung, hob ihn jäh aus der ausgerichtet da stehenden Reihe aller russischen Offiziere heraus. Auch war er noch der Gedanken an die gestrige Schlacht voll, an das blutige Hin und Her, an die tote Schützenkette vor Dürrenstein, an den österreichischen General Schmidt, der eben mit ihm gesprochen hatte, als ihn eine Franzosenkugel tödlich in den Hals traf, und an das furchtbare Chaos der Verwundeten, die vor dem Lazarett in Krems Hilfe heischten.

Hinter Znaim jedoch wurden seine Träume von zukünftigem Ruhm, die Erwartung der Audienz, die Erinnerung an seine Kaltblütigkeit im Gefecht und an die grässlichen Szenen geradezu gewaltsam von den Farben der Landschaft verdrängt, die durch die Fenster der leichten Chaise drangen und deren Inneres erfüllten. In den Furchen der Äcker und auf den höher gelegenen Teilen der Hügellehnen lagen noch Schneereste. Auf diese Zeitgenossen des Winters starrend, die hier mitten im Frühlingslager starben, dachte Fürst Bolkonski an die Franzosen, die auf dem Schlachtfeld geblieben waren: auch sie mussten ja verblutend den Sieg ihres Feindes sehen. Der Frühling hatte das Feld behauptet, und seine Farben flatterten über dem Gelände. Aber für wie lange?

Wird man in Wien die Taborbrücke halten können?

Ein wundervolles Land war es, durch das er fuhr. Goldenes Gebüsch säumte die Gärten ein, die satten schwarzen Schollen auf dem Feld erzählten dem Grundherrn von Wolowjew von großer Fruchtbarkeit, die Forste waren noch grün und dicht, die kalkbeworfenen Häuserwände, die Staketen wilden Weines und der Lack der Fensterläden verrieten Glück und Heimatliebe der Bewohner. In Gasthöfen, vor denen der Postkutscher die Pferde tränkte und auch der Kurier einen Imbiss genehmigte, sprach man eine fremde Sprache, die im Tonfall wie Russisch klang. Das dürfte Mährisch sein, dachte Bolkonski und daran, dass er noch nie von der Existenz einer mährischen Sprache etwas gehört hatte. Natürlich, das hatte man in der Moskauer Kriegsakademie nicht gelernt! Die Geographie der österreichischen Erblande, der inneren besonders, hatte man nur kurz abgetan, und was kümmerte es den Soldaten, welche Sprache die Leute der Gegend sprachen, wo man eine Schlacht zu liefern hat!

Nur von diesem Gesichtspunkt aus lernen wir von der Welt. Russland ist ihr Kern. Kein anderes Volk kommt in Betracht, kein Land ist so schön wie Russland, keines hat solch eine ruhmreiche Geschichte, keines solch eine wunderbare Kultur.

Allein, wenn man hinauskommt, so weit wie ich, Fürst Andrej Bolkonski, sieht man, dass das anders ist. Was bedeuten für die Leute in Mähren unsere großen Fürsten Michael Feodorowitsch und Peter der Große, unsere Feldherren Suwarow und Korssakow, unsere Dichter Cheraskow und Bagdanowitsch, von denen wir glauben, dass die ganze Welt sie bewundert? Nicht einmal die Namen hat man hier je gehört und feiert hier wohl andere Zelebritäten, die wieder wir nicht kennen. Jedes Volk glaubt, es sei das herrlichste der Welt, und will die anderen beherrschen!

Freilich, unser Moskau, das macht uns niemand nach, die märchenhaft schwarzen Paläste mit Karyatiden[183] und Ornamenten, die prächtigen Kirchen mit Riesenportalen und hohen Kuppeln! Wie armselig sehen dagegen hier die ebenerdigen Häuser aus.

Gegen einhalb vier Uhr nachmittags machte sich Bolkonski empfangsbereit. Sein Diener packte auf dem Kutschbock den Galarock des Fürsten aus dem Koffer, Andrej legte ihn an und ließ sich im Wagen die silbergespornten Stiefel bürsten. In zwei Stunden konnte er schon vor dem deutschen Kaiser stehen.

Auf dem Kamm des kleinen Hügels, der, umgeben von der Stadt, mitten im Tale stand, sah Andrej die rechteckige Festung Spielberg, als es fünf Uhr abends war. Nervös drückte er mit der flachen Hand

---

[183] *weibl. Steinfiguren, die Säulen oder Pfeiler an Portalen ersetzen*

die Orden auf den Waffenrock, zupfte die Handschuhe über die Finger und fuhr bald darauf beim Palast vor.

Die Tatsache, dass er, der Spezialkurier Kutusows, nicht noch heute vom Kaiser Franz empfangen, sondern vom Präsidenten des Hofkriegsrates abgespeist worden war, und die ostentative Interesselosigkeit, die Graf Latour für den russischen Sieg über Mortier an den Tag gelegt hatte, waren der Grund dafür, dass Fürst Bolkonski in höchstem Maße verstimmt war, als er das Schloss verließ, um in das Palais des russischen Botschafters zu fahren. Bilibin war nicht zu Hause, er war bei einer Unterredung mit Stadion, mit Gyulai und mit dem heute aus Wien eingetroffenen Lichtenfels, aber sein Gesandtschaftssekretär Fürst Hippolyt Kuragin begrüßte Bolkonski mit respektvoller Herzlichkeit. Gegen neun Uhr werde der Herr Gesandte zum Souper erscheinen.

Fürst Andrej, der sich vom Sitzen in der Kutsche noch durchgerüttelt fühlte, beschloss, die passiven Strapazen durch einen Spaziergang auszugleichen.

Eine schlendernde Menge bewegte sich überall, schön gekleidete Frauen, um deren Gunst sich begleitende Herren bemühten. In den Zimmern aller Häuser brannte verschwenderisches Licht, man sah von draußen, wie hoch die Plafonds waren, und konnte die kostbare Ausstattung der Wohnungen erraten. Geschäfte sind erleuchtet, Wagen rollen nach allen Richtungen.

Als ob nicht Weltkrieg wäre. Als ob nicht, nahe genug, eben eine Schlacht geliefert worden wäre. Als ob es nicht dort Todesschreie junger Menschen und zerfetzte Gliedmaßen gegeben hätte. Als ob nicht bald der Feind hier sein könnte.

Der fremdländische Offizier mit goldenen Fangschnüren und Orden erregt allgemeine Aufmerksamkeit auf der Promenade. Der Fürst merkt das und freut sich dessen. »Morgen heftet mir der Kaiser sicher einen hohen österreichischen Orden an die Brust. Und wenn der Krieg noch lange dauert – wer weiß, als was ich nach Petersburg zurückkehre.«

Die Straßen sind breit, Plätze erstrecken sich in großen Bogen, die Häuser stehen wuchtig da und sind an künstlerisch gemeißelten Zierraten reich. Ein Riese von Dom reckt sich, froh seiner Größe, über die Stadt und hebt seine Arme senkrecht zum Himmel. Zu dieser Kirche, vor der Bolkonski steht, führt eine Rampe, und die verwitterten Sandsteinmönche auf der Balustrade mögen bei Tageslicht ein künstlerischer Genuss sein.

Eine herrliche Stadt, dieses Brünn, und dabei doch nicht mehr als ein Refugium des Kaisers. Wien muss viel prachtvoller sein, gewiss noch wunderbarer als Petersburg. Welcher Russe würde das glauben! Man führt uns irre, damit Kriege möglich sind. Aber − er denkt an Morgen − manchem sind Kriege von Vorteil.

Aus der Kirche flutet ein Menschenstrom, Bolkonski, neugierig, ihr Inneres zu sehen, zwängt sich durch die Menge. Das Kirchenschiff ist schmucklos, der Hauptaltar plumpe Schnitzerei, die Decke unbedeutend bemalt. Während er die Seitenaltäre abschreitet, hat sich das Gotteshaus geleert, und ein bärtiger Mann im braunen Habit mit dem Zingulum[184] steht neben ihm und fragt den interessierten Fremdling dienstbeflissen: »Wollen Sie vielleicht die Katakomben sehen?«

Andrej nickt gleichgültig und lässt sich von dem Mönch in das Kloster geleiten, dessen Eingang gleich neben dem Kirchenportal ist. Ein breites Holztor im Korridor. Durch den Glasbogen, der sich darüber wölbt, sieht man die blutenden Hände eines gekreuzigten Heilands. Nichts weiter als die blutenden Hände ... Der Klosterbruder öffnet, und der Gang geht weiter. Eine schmale Wendeltreppe, von deren Nische er eine Lampe nimmt und anzündet, führt hinab.

Die Kellerräume sind lang, nur an wenigen Stellen der Ziegelwände ist Mörtelverputz erkennbar. Überall liegen Leichen. Manche in offenen Särgen, manche − die Äbte − uneingesargt in zerfallenen Kutten in einer Reihe, bloß die Kapuze ist ihnen Kopfpolster. Sie sehen gar nicht wie Skelette aus, sondern wie halb verhungerte, zusammengeschrumpfte Menschen, die vom Schlaf der Erschöpfung befallen sind. Die Kellerluft hat ihrer Gesichtshaut verschiedene, nicht unnatürliche Farben gegeben. Zwischen den keuschen Mönchen ruht eine Frau − die Gattin Grimms, des Baumeisters der Kirche, wie der Klosterbruder erklärt.

---

[184] *Stoffband in liturgischen Farben zum Gürten des Priestergewandes*

Der Kapuziner hebt die Laterne in die Höhe und lässt ihren Schein aufwärts strahlen. Bolkonski sieht, dass der Luster aus Menschenknochen zusammengestellt ist, in denen Kerzen stecken. Auch ein Altar aus Totenschädeln ist hier.

Ein Memento steht in schwarzen Lettern auf weißer Tünche. »Ego fui – tu eris«[185], darunter liegt, abseits von den anderen, ein riesenhafter Leichnam auf rotem Mantel. Fürst Bolkonski starrt ihn an, und der Mönch, der dem Blick des Gastes gefolgt ist, erklärt: »Der berühmte Pandurenoberst Baron Franz von der Trenck. Hat sich am 4. Oktober 1740 auf dem Spielberg vergiftet, 38 Jahre alt.«

Andrej lässt keinen Blick von dem Toten: ein ruhmvoller Kamerad, russischer Offizier wie er. Der große Trenck! In Russland waren seine Kriegstaten mit Schanzarbeit in der Kiewer Festung gelohnt worden, und hier, in seiner Heimat, hatte man den Kalabreser Helden bis zum Tode in die Spielberger Kasematten gesperrt. Was waren die Verbrechen Trencks gewesen? Tollkühnheit, Rücksichtslosigkeit, Willkür? Man sagte so. Aber sind denn nicht bloß Feigheit, Verrat, Auflehnung und vor allem kriegerisches Missgeschick die einzigen strafbaren Verbrechen des Soldaten? Etwas anderes hatte ihn gestürzt, etwas, was Bolkonski seit vorgestern kannte, als ihn Kutusow vor allen Offizieren zur Reise an den Hof beordert. Niemand hatte gesprochen, aber die Blicke hatten verraten, dass die Kameraden ihm keine Kameraden mehr seien.

Was hatte der blutjunge Obrist der Panduren verschuldet, das ihn, den Schutz und die stete Vorhut der ganzen Armee, ihn, den Schrecken der Feinde, in Ungnade geschleudert? Den Neid hatte er erweckt, das war seine tragische Schuld!

Morgen werde ich vielleicht den Theresienorden erhalten, sagte sich Fürst Andrej Bolkonski, als er sich fröstelnd zum Gehen wandte.

Die schwarze Inschrift über dem toten Trenck streifte noch einmal sein Auge.

---

[185] *Ego fui – tu eris (lat.): Ich bin gewesen, auch du wirst es sein*

Prüfungssorgen,
Prüfungssorgen

WENN MAN IM LATEINISCHEN VIERTEL wohnt und zu vielen Tageszeiten auf die Straße kommt, so kann man die Studenten bei den diskrepantesten Beschäftigungen beobachten.

Zum Beispiel: Eine beinahe kahlgeschorene Studentin kauft morgens am Grünzeugkarren etwas Karfiol und Kartoffeln und beim Fischhändler einige Muscheln ein, um sich ihr Mittagessen zu kochen; ein junger Mann kommt jeden Vormittag vor eine der großen Buchhandlungen in der Rue de l'Ecole de Médecine, nimmt aus den draußen in offenem Schrank ausgelegten Büchern ein Lehrbuch der Gynäkologie, als ob er's kaufen wollte, und lernt – die Lippen bewegend – eine Seite nach der andern auswendig. Zwei Burschen, die zur Nachtzeit über den Boul Mich[186] gehen, disputieren über Spinozas politisches Traktat; vor den Cafés unterbrechen sie das Gespräch und klauben unter den Tischen Zigarettenstummel zusammen.

Sprichst dich, ungeschickt genug, auf dem Boulevard Saint-Germain, zwischen Place Maubert und Cluny, ein Mädchen gegen Ende des Monats an und bittet, dich von ihr begleiten zu lassen, Bezahlung nach deinem Belieben, so ist es eine Studentin: Sie kann auf andere Art ihre Miete nicht auftreiben oder den Abonnementspreis im Restaurant des Etudiantes ... An die zweihundert Japaner umstehen, umgehen und umsitzen während der ganzen Ferien die achtzehn Billards des Kaffeehauses in der Rue de Monsieur le Prince und üben systematisch – Diagramme in Hefte zeichnend – schwere Stöße.

Man kann auch von den Einsamkeiten des Studenten in seiner Stube erfahren, kann gleichsam bei verzweifeltem Kniefall und aufjubelndem Armebreiten Zeuge sein. Man erfährt von Stoßseufzern und Schwüren, Ängsten und Hoffnungen, Gebeten und Gelübden, von Glauben und Aberglauben. Kleine weiße Marmortafeln, von denen wohl noch kein Pariser Chronist gesprochen hat, erzählen davon,

---

[186] *Boulevard St. Michel in Paris*

kleine weiße Marmortafeln, die an den Innenwänden einer ziemlich abseits gelegenen Kirche befestigt sind. Das altersschwarze Mauerwerk und die gotischen Pfeiler in der Severinskirche sind es, die diesen Schmuck heller Steintapeten tragen. Der Brauch, nach überstandenen Nöten der Kirche eine Votivtafel zu bringen, ist in französischen Gebieten stark verbreitet, jedoch die Inschriften in den kleinen Pariser Kirchen des linken Seine-Ufers, vor allem in der Eglise Saint-Séverin, sind das Seltsamste, was sich denken lässt. Man kann aus ihnen nicht bloß die differenzierten Prüfungssorgen lesen, sondern sie ergeben geradezu ein ganzes Studienprogramm, ein Verzeichnis aller Lehrfächer und Disziplinen und ihrer Schwierigkeiten. Alle Heiligen werden um Hilfe angerufen, die Schwergeprüften sollen den Schwerzuprüfenden beistehen, und hat einer der Apostel und Märtyrer das Wunder vollbracht, so dankt der Errettete: »Dem heiligen Antonius für die Approbierung des abgelieferten Programms aus Technisch Zeichnen A.« Neben diesem Dank, der die Unterschrift »H. N., Hörer der Akademie für Straßen- und Brückenbau« trägt, hat ein anderer Ingenieurkandidat sein Flehen an die Wand geschlagen: »C'est sous votre puissante protection, ô notre Dame de Sainte-Espérance, que je mets ma dernière année. J. P., candidat à l'Ecole Polytechnique.«[187]

Ein Mediziner gibt bei der heiligen Veronika seine carrarische Visitenkarte ab, »mit Dank für die bestandene Prüfung aus Pathologischer Anatomie«; die Juristen scheinen mit Vorliebe den heiligen Joseph um Protektion gebeten zu haben, »Reconnaissance à St. Joseph pour mon examen du droit civil. Un normalien«[188], oder »Saint-Joseph! Merci pour mon succès, faisant l'examen du droit public! Un licencié en droit, S. S,«.[189] Die Philosophen von der Sorbonne

---

[187] *Nur mit Eurer kräftigen Hilfe, o Unsere Liebe Frau von Sainte-Espérance, kann ich mein letztes Jahr bestehen.*

[188] *Dem heiligen Joseph in Dankbarkeit für meine Prüfung im Zivilrecht. Ein Schüler des Lehrerseminars*

[189] *Heiliger Joseph! Dank für meinen Erfolg beim Examen in öffentlichem Recht. Ein Lizentiat der Rechte*

und vom Collège de France wenden sich nicht erst an die Heiligen, sondern an den Heiland direkt. Mit Erfolg! Er hat ihnen, wie man erfreut lesen kann, besonders in Organischer Chemie, Integralrechnung, Ägyptologie und Revolutionsgeschichte gnädig geholfen. Die Hörer der Bergakademie verlassen sich auf den Apostel Paulus; seine Eingebung bewirkt, dass man die bösesten Fragen aus Geologie, Mineralogie und Paläontologie richtig beantwortet, er war es – saxa loquuntur[190] –, der oft Gnade vor Bergrecht ergehen ließ. An St. Dyonisius wenden sich die Studenten der Ecole Normale vertrauensvoll um Rat und Hilfe, wenn sie aus Englisch, Deutsch, Spanisch oder Russisch kolloquieren wollen.

Die Mutter Gottes aber soll jene beschützen, die sich das Kriegshandwerk erwählt haben, die aus der Wissenschaft von privilegiertem Mord und Totschlag Prüfungen ablegen. Wenn wir ein Täfelchen wie dieses lesen: »Témoignage de reconnaissance à la Sainte-Vierge d'une mère pour trois fils Saint-Cyriens«[191], so verstehen wir es noch: Die fromme Frau will ihre drei Söhne bald versorgt sehen. Aber was soll man zu all jenen Kriegsakademikern sagen, die in Marmor meißeln lassen, dass ihnen die Heilige Jungfrau bei ihren Studien aus Waffenwesen, Schießwesen, Ballistik, Taktik und Strategie geholfen habe!

Es ist der Glauben, der die Kirchenwände derart schmückt. Und so abstrus sich eigentlich die Namen von modernen Lehrfächern, diese Bezeichnungen der am schnellsten vergehenden irdischen Sorgen unter den Wölbungen des mittelalterlichen Gotteshauses ausnehmen, so ist man doch gar nicht zum Lächeln geneigt. Die Steine reden, sie erzählen von fremden Nöten, sie erinnern an eigenes analoges Leid und sind immerhin Denksteine einer Martyriologie.

---

[190] *saxa loquuntur (lat.): Die Steine reden.*

[191] *Beweis der Dankbarkeit für die Heilige Jungfrau von einer Mutter für drei Söhne und Militärschüler*

Nachtleben auf dem Polesaner Kai

DER MATROSE IM KRÄHENNEST, westwärts schauend, sieht, dass nun auch der Scheitelpunkt des roten Kreises im Meer versinkt. Auf Deck wird der Flaggensalut abgefeuert, und es scheint, als ob er hundertfaches Echo wecken würde, aber es ist nicht das Echo, sondern der Schall des Abendschusses auf den anderen Schiffen, je nach der Entfernung ans Ohr dringend. Von jedem Deck tönt der Generalmarsch, und überall schwebt die Flagge vom Topp hinab. Zapfenstreich.

Auch die Wellen treten Nachtruhe an. Im leichten Nebel sehen die Schiffe wie zackige Kristallisationen in einem Smaragd unendlicher Größe aus. An manchen Stellen fluoresziert das Wasser vom Öl, das darauf schwimmt. Das runde Licht der Luken verschwindet und selbst der Bildrahmen, der eben noch blitzte und funkelte: Es verlöschen die Laternen der Stadt, die Rollläden ihrer Fenster schließen sich.

Vom Wellenbrecher springt der Strahl des Scheinwerfers in den Himmel, um von dort steif und langsam aufs Wasser zu fallen. Dann ist wieder Nebel und Nacht.

Doch hinter der Finsternis der Häuser ist Hafenleben. Im Marinekasino sitzen die Stabspersonen, denen das Geschick heute Dienst oder Corvé[192] erspart hat. Sie lesen im Café Zeitungen, spielen Billard oder Bridge, hören das Konzert oder blättern in den illustrierten Zeitschriften der Bibliothek. Im großen Saal trinken sie Wein oder Sekt und erzählen; Tische sind Standesgruppen, Ingenieure sind gewöhnlich beisammen, Kommissäre sind gewöhnlich beisammen, am Admiralstisch darf kein Eleve sitzen, und am Betriebsleitertisch hat der Stabsarzt nichts verloren. Flieger, Torpedisten, Mineure, Dreadnoughtmen haben je ihre Marmorplatte und ihre Interessens-Sphäre, und weil die Tische klein sind, so teilt man sich zumeist nach Jahrgängen. Aber manchmal wird vom Tisch der Höheren leutselig den Niederen ein Brocken hingeworfen, eine Frotzelei, ein ärarischer Witz, eine Nachricht, man markiert, dass man zusammengehört, ob nun das Elliotsauge oder bloß die blauen Streifen die Uniform zieren.

---

[192] *Fron, Schinderei*

Alle haben längst nur noch eine Heimat auf dem Festland, das Marinekasino. Es ist der ruhende Pol im ewigen Wechsel der Erscheinungen. Wenn die Nachricht kommt, dass der Ferdl zwei Franzosen ›abg'schossen‹ oder der Lohmaier ein Schlachtschiff torpediert hat, so geht man ins Kasino, um zu hören, wie's war, und es ist zu wetten, dass Ferdl und Lohmaier im Moment der Lancierung daran dachten, wie sie das morgen Abend im Kasino recht farbig schildern werden. Auch in England, dem klassischen Land der Clubs, war ein Seemannsklub der Vater aller übrigen: der Mermaid Club in der Londoner Fryday Street, der schon zu Zeiten der Königin Anna vom most honourable[193] Sir Walter Raleigh gegründet wurde.

Die k.-u.-k. Marineoffiziere sitzen im Casino von Pola. Sie interessieren sich nicht für diese von Dante schwermütig besungene Stadt, die in ihrem Aufbau – amphitheatralisch entlang der runden Bucht angeordnet, voll von antiken Altertümern und reich an märchenhaften Inseln und Grotten in ihrer Umgebung – frappant an Neapel erinnert. Sie wissen nichts von den gigantischen Torsi römischer Cäsarenstatuen und den feingeschnittenen Gemmen im Museo Civico; sie schauen niemals die hundertjährigen Globen, die der Stolz des Seekartendepots sind; nie streicheln sie die Steine in der Nekropolis von Nesactium und kraxeln nicht auf den Galerien des Amphitheaters umher; entdecken keine Details auf der *Porta aurea*, die einst Michelangelo begeisterte; sie wandern nicht in den seltsamen Garten des Hydrographischen Amtes, in dessen Beeten Thermometer statt Blumen, Kohärer statt Wurzeln, Antennenmaste statt Bäume, Verdunstungsapparate statt Sträucher wachsen und dessen lauschige Pavillons Seismographen beherbergen; sie streifen niemals durch das Arsenal und kennen die grünen Giftküchen der Unterwasserfarben nicht; sie geraten in Verlegenheit, wenn sie jemand fragt, wo im Motorendepot des Fliegerarsenals die Schwimmgehäuse und wo das Schrot der Kugellager liegt; niemals haben sie sich im Taucheranzug auf den Meeresgrund hinabgelassen. Diese Stadt der pittoresken Exotik ist ihnen etwas Alltägliches, und sie sehnen sich ins Heim, in ihre vier Mauern. Und diese vier Mauern sind das Marinekasino.

---

[193] *Most honourable (engl.): höchst ehrenwert; Ehrentitel für die Söhne hoher Adeliger*

Die Matrosen, die die kostbare Bewilligung zum Landgang im Bordhemd geborgen haben, machen den Polesanerinnen den Hof. Der eine sitzt mit seiner ›Mula‹ im unendlichen Rondeau des augusteischen Amphitheaters, dessen Mauerwerk vor Wind und Patrouillen schützt. Der andere führt sein Liebchen zwischen den weiten Palmen und dicht aneinandergereihten Oliven, Pinien, Zypressen und Maulbeerbäumen des Monte Zaro an den Resten jener kostbar labyrinthischen Stollen vorbei, aus denen die venezianischen Glasbläser Saldame-Erde förderten. Die dritten aber missachten die vom Altertum und Mittelalter geheiligten Stätten und ziehen die Lokalitäten der Neuzeit vor, die Trattorien, Osterien und Birrerien an der Riva oder die dreistöckigen Bordelle der Via Castropola, die hoch oben über der Stadt das Kastell umschließt.

Das Hafenleben hat seine Sperrstunde. Die ›letzte Blaue‹ droht hier ärger als in Wien. Weh dem, der sie versäumt! Zu Fuß kann man vom Hafen nicht aufs Schiff gehen, selbst wenn es nur zweihundert Schritte weit vom Molo vor Anker läge. Glock elf wird es lebhaft auf dem Kai, das ist so die Zeit, da die letzten Boote und Barkassen zu den Schlachtschiffen und Kreuzern, die letzten Tender zu den Hulks und entfernten Hafenpartien abstoßen. Man sieht sie am Molo vertäut oder durch das Wasser fahren. Die Positionslichter geben die Richtung an: Vorn ein weißes, backbords ein rotes, steuerbords ein grünes und auf dem Heck ein gedämpftes weißes Licht; die Spiegelung ihres Scheines setzt sich in unregelmäßig gezackten Linien nach unten zu fort, Mannschaft springt auf den Vorderteil des Fahrzeugs, Offiziere sitzen achtern. Nicht leicht ist es, das eigene Boot in Gewirr und Dunkelheit so schnell zu finden. ›Erzherzogin Anna‹, ruft ein Matrose, der sich im Puff zu lange aufgehalten hat, ›Erzherzogin Anna‹, schreit er in Angst, dass er schon zu spät kommt – ›Salome‹, ein zweiter – ›Admiral Sterneck‹, ein dritter –, es klingt, als ob Camelots im *Bois de Boulogne* eindringlich die Titel ihrer Zeitungen ausrufen würden. Wohl dem, dem auf seinen Klageruf nach ›Salome‹ noch die Antwort des Corvé-Matrosen wird: ›Salome? Hier!‹

Das Boot stößt ab, ohne Abfahrtssignal, es kehrt nicht um, und liefen auch noch fünfzig Passagiere herbei. Manchmal gelingt noch ein Weitsprung von der Kaimauer aufs Deck, in einen Menschenknäuel, der flucht und lacht.

Armer Matrose, der du unter stillem Dampf aus der Trattoria herankommst, um eine Sekunde zu spät, und den Sprung nicht wagen kannst, weil du spürst, dass du schon eine Schlagseite hast! Wie versteinert starrst du dem höhnisch wedelnden Silberschwanz deines davonsprengenden Reittieres nach. Einen Augenblick denkst du, da doch schon alles verloren ist, den Kurs zu verkehren und jenen gastlichen Hafen wieder anzulaufen, in dem du vor Kurzem mit Aufbietung deiner ganzen männlichen Energie Anker gelichtet hast; aber dann fällt dir ein, welche Strafen deiner warten. So gehst du den Weg der Buße: zum Hafenwachtschiff, wo du dich beim Inspektionsoffizier als ›Mankanter‹ meldest. Der notiert die Zeit, und du kannst dich in einem Winkel einrollen und gurren bis morgen früh, bis du in deine schwimmende Heimat kommst, vom Inspektionsprofos bereits dazu ausersehen, als linke Flügelcharge den Rapport zu zieren.

Die Motorboote und Dampfbarkassen, die Dampfboote und Motorbarkassen sind abgestoßen, und die schwarze Ebene wird von phosphoreszierenden Streifen zerschnitten, der Bugwelle. Es ist eine Kunst, zu lenken, an den Schwimmdocks und Scoglien[194] und Bojen und an den vielen Booten (links vorfahren, rechts ausweichen!), vorbei, geradeswegs ans Fallreep oder an das Landungsfloß. Nicht immer kommt das Boot genau an, man muss sich oft auf die Reling stellen und im Dunkel auf den Rand der wackligen Zattera[195] springen – Komfort, Geländer oder dergleichen gibt es nicht, wir sind in der Seemannswelt, und jeder kann schwimmen. Übrigens ist mit der ersten Station die Fahrt noch nicht für alle zu Ende – mancher muss noch umsteigen, denn die kleineren Schiffe können keine Motorboote zum Abholen schicken, und wegen eines oder zweier Bummler unter Riemen bis zum Molo und wieder zum Schiff zu fahren wäre für die Rojgasten zu mühevolle Arbeit. So kommt das Ruderboot, unsicher wie ein Seelentränker, zum nächsten Halteplatz des Tenders und nimmt dort die Schiffskameraden auf. Man hört Ruderschläge, und dann wird es still.

An Bord spannt man die Hängematten auf und schläft ein, müde, erinnerungsselig und schnarchend.

---

[194] (ital.): Klippen

[195] (ital.): Floß

Dies ist das Haus der Opfer

IN PARIS reißt man die Morgue[196] nieder; schon seit Langem hatte das ebenerdige Haus auf der Cité-Insel aufgehört, ein Rendezvousplatz neugieriger und sensationslüsterner Passanten zu sein, das Tor war gesperrt, und wer in den letzten Jahren hinein wollte, musste klingeln und sich dem Portier mit seinen Befürchtungen legitimieren: Man fragte zitternd, ob nicht seit gestern ein Kind in rotem Kattunkleidchen hier abgeliefert worden war, ob nicht in der letzten Woche eine brünette siebzehnjährige Frau in schwangerem Zustande hier Unterkunft gefunden habe oder ein Greis mit Krücken.

Verneinte der Portier, so konnte der Frager von dannen gehen, bis zum nächsten Tage von einem Hoffnungsschimmer erhellt. Die großen Tage der Pariser Morgue waren vorbei, die Katastrophen der unbekannten Toten. Die Leichen vom Tage des Bastillensturmes sind längst agnosziert, die nachfolgenden der großen und der zwei kleinen Revolutionen sind vergessen, in den Labyrinthen der Katakomben vermodert, und seit dem Mai 1871 hat die Pariser Morgue fast nur Einzelgäste beherbergt, so wenige, dass es sich nicht mehr lohnte, sie zu einem Ausstellungsobjekt für Gaffer zu machen. Daher fällt das Totenhaus von Paris dem Tode anheim.

Aber in Berlin in der Hannoverschen Straße ist fast täglich die Tafel hochgezogen: ›Leichenschauhaus geöffnet.‹ Der Kampf ums Dasein ist in Berlin unvergleichlich mörderischer, hier ist auch Erwerbs- und Liebesleben noch immer von militaristischer Mentalität ergriffen, und um alle Todesopfer ohne Schauhaus sicherzustellen, müßte man jedem Bewohner eine Legitimationskapsel an die Tasche nähen lassen, wie den Soldaten der Marschkompanien.

Während das Pariser Leichenschauhaus eine Vergangenheit hat, hat die Berliner Morgue eine Gegenwart.

In den Umsturztagen von 1918 waren Hekatomben von Erschossenen hier aufgestapelt, zur Zeit der Spartakistenaufstände im März 1919 brachte jeder Tag einen Zuwachs von hundertfünfzig bis zweihundert Leichen, hierher schafften einige Soldaten einen ›unbe-

---

[196] *Leichenschauhaus*

kannten Mann, auf dem Wege zur Rettungsstation gestorben«, als ob sie nicht gewusst hätten, dass dieser ›Unbekannte‹ Karl Liebknecht heiße, der einzige Abgeordnete Deutschlands, der gegen den Krieg gekämpft hatte, der einzige, der allen Menschen Deutschlands und des Auslands bekannt war. Hierher wurde einige Wochen später eine ›unbekannte Frauensperson‹ geschleppt, aus dem Landwehrkanal aufgefischt: Man stellte fest, dass der Leichnam hundertzehn Kolbenhiebe und etwa dreißig Tritte von genagelten Schuhsohlen aufweise und dass die Tote Rosa Luxemburg heiße.

Hierher brachte man 1922 den Soldaten der französischen Kontrollkommission, der in der Friedrichstraße erstochen worden war, wofür Deutschland eine Million Goldmark Sühne zahlen musste; in der kreuzgeschmückten Totenkapelle des Leichenschauhauses, von wo nur die Verlassensten der Verlassenen zu ihrer Beerdigung gefahren werden, sprach der Rabbiner den Totensegen, und Ententegenerale umstanden in Gala den Sarg. Auch der Generalgouverneur Armeniens, Dschemal Azmi Bey, und sein Freund, Professor Bachaddin Shakir, die in der Uhlandstraße von persischen Fanatikern erschossen worden waren, und der Redakteur Nabakoff, den im Saal der Philharmonie die gegen Miljukoff gerichtete Kugel traf, der ehemalige Großwesir Talaat Pascha, der von Feinden der Jungtürken im Berliner Westen den Todesstoß empfing, und der indische Autonomist und Englandfeind Sahir Ahib fanden im selben Jahr hier ihre vorletzte Ruhestätte.

Das waren politische Affären, die Aufsehen hervorriefen, und die Namen ihrer Opfer waren in aller Munde. Jedoch die Opfer des rasanten Berliner Erwerbstempos bleiben zumeist auch unbekannt, wenn man ihre Namen festgestellt hat: Am Tage, da der Telegrafendraht ausführlich über die Leichenfeier Rathenaus berichtete, meldete er im Ausmaß eines Telegrammblanketts, dass fünfunddreißig Menschen tot ins Leichenschauhaus gebracht wurden; sie hatten sich auf die Trittbretter eines Stadtbahnzuges stellen müssen (weil der schon überfüllt war und der nächste erst nach fünf Minuten ging) und waren in der Schönhauser Allee durch einen entgegenkommenden Zug hinuntergefegt und überfahren worden. Das Haus von Rudolf Mosse stürzte ein, und vor den Auslagskästen im Leichenschauhaus stauten sich Frauen und Kinder, um in den ausgestellten Resten von dreizehn Menschen ihre Gatten und Väter zu erkennen.

In den unterirdischen Kammern, die nicht für die Besichtigung frei sind, da hier nur die Leichen aufbewahrt werden, deren Namen man kennt, deren Todesursache aber (nach Paragraph 157 der deutschen Strafprozessordnung) im anstoßenden Obduktionssaal oder im Institut für Forensische Medizin festgestellt werden muss, ist kein Plätzchen leer. Drei übereinander angebrachte Bretter hat jede dieser Kabinen, und auf jedem liegt ein toter Mensch: ein Mädchen mit rotem Bubikopf, Frauen, die sich mit Leuchtgas oder mit Kohlengas umbrachten, Männer mit Revolverschüssen in der Herzgrube oder mit zerschmetterten Gliedmaßen – Sprung aus dem Fenster.

Einen hohen Prozentsatz stellen Frauen, die keinen Selbstmord begehen wollten und ihn doch begingen (oder begehen mussten), indem sie eine unbefugte Operation an sich vornehmen ließen. Kleine Kinder sind immer da, Neugeborene, sechs Wochen und ein Jahr alte, manche wie Puppen im Spielwarenladen daliegend, manche wie wächserne Weihnachtsengelchen, doch muss sich erst erweisen, ob nicht Misshandlung oder Kindesmord sie so frühzeitig zu Engeln gemacht hat.

Hinter den Schaufenstern der Publikumshalle liegen auf schrägen Brettern mit ihren Kleidern bedeckt die Namenlosen. Wasserleichen, violett und furchtbar aufgeschwemmt, mit Zetteln, »am Schleusenufer geborgen«, »am Cottbusser Ufer geborgen«, »im Nordhafen aus dem Wasser gezogen«, »aufgefischt beim Bahnhof Jungfernheide, Charlottenburg ...«. Und die Erhängten aus dem Tiergarten.

Sind Tote hier in den Schaukästen, dann fehlt es ihnen auch an lebenden Besuchern nicht. Die Tafel ›Leichenschauhaus geöffnet‹ ist eine Einladung. Kutscher steigen ab, ihr Gefährt auf der Straße stehenlassend, Schulkinder versuchen einzudringen, aus den Geschäften und Häusern holt der Nachbar den Nachbarn zur unentgeltlichen Schaustellung; Habitués und Passanten treiben sich in der Halle umher, die in ihrer langgestreckten Form, mit dem Glasdach und der metallenen Geländerstange wie der Raubtierpavillon des zoologischen Gartens aussieht; die Lebenden apostrophieren die Toten in den gläsernen Käfigen mit berlinisch-zynischen Bemerkungen:

»Mensch, du hast dir janz dufte ausjebadet!« − »Nu werde ick sechs Wochen lang keen Wasser trinken könn'!« − »Kiek mal den an: Der sieht ja wie 'n Gorilla aus!« oder: »Die lacht ja − also scheint's drüben janz schön zu sein.« − Die rohesten Witzreißer sind die sentimentalsten.

Dass wirklich durch das Ausstellen jemand festgestellt wird, kommt selten genug vor. (Lag doch die Leiche eines im Hamburger Yoshiwara[197] in der Schwiegerstraße verstorbenen Greises einen ganzen Tag lang öffentlich im dortigen Schauhaus, ehe man sicherstellen konnte, dass es der König von Dänemark sei.) Nach drei Wochen dieses Verkehres der unbekannten Toten mit den Lebenden holt man die Leichen aus ihren Glashäusern, wo ein Ventilatoren- und Röhrensystem sie mit eisiger ammoniakkomprimierter Luft frisch erhalten hat, sperrt sie in einen magistratlich beigestellten Sarg, genannt ›Nasenquetscher‹, und begräbt sie. Aber nicht, bevor man sorgfältig Photographie, Personenbeschreibung, Todesart, Monogramme der Wäsche, Proben von Hemd-, Hosen-, Rock-, Mantel- und Hutstoff, Knöpfe und Tascheninhalt in die umfangreichen Regale des Kommissariats zur Sicherstellung von Leichen eingereiht hat − noch am Grabe pflanzt man die Hoffnung auf.

---

[197] *Angelehnt an das Vergnügungsviertel in Tokio spielt Kisch auf die Reeperbahn an*

Generalversammlung der Schwerindustrie

DAS HOTEL ›KAISERHOF‹ in Essen ist in Ausmaß, Anlage und Über-
ladenheit den Hotels ›Unter den Linden‹ Berlins gewiss ebenbürtig.
Die Schwerindustrie, die es in ihrer Residenz erbaut hat, lässt sich
eben nicht lumpen. Aber es ist ein stilles Haus. Die wenigen Gäste,
die da wohnen, gehen schon vom frühen Morgen an ihren
Geschäften nach, und wenn sie sie erledigt haben, fahren sie schleunigst weiter – in Essen ist nichts los, nur Geschäfte. (Frauen sieht man
nicht einmal mittags im Speisesaal.) Immer ist das Vestibül leer, die
Clubsessel gähnen, die Hotelboys stürzen sich auf jeden Gast, ihm
aus dem Mantel zu helfen, und streiten, wer ihn im Aufzug hinauf-
fahren darf.

Eines Tages jedoch kommt man ahnungslos nach Hause, tritt durch
die Drehtür ins Hotelvestibül und reibt sich die Augen; es ist, als wäre
der Vorhang hochgegangen vor einer Massenszene: Mehr als hundert
Menschen stehen in der erhöhten Halle, zu zweit, einzeln oder in
Gruppen. Die Liftboys haben gar keine Zeit, uns aus dem Mantel zu
helfen, und keine Lust, uns im Aufzug hinaufzufahren. Dornröschens
Hotel ist erwacht. Wer hat die Massenszene hingestellt? Max Rein-
hardt? Dazu ist sie zu stumm. Lubitsch? Dazu ist sie zu unbewegt. Es
ist ein lebendes Bild, darstellend die deutsche Schwerindustrie.

In wenigen Minuten wird im Saal hinten die Generalversammlung
ihres Elektrizitätswerks beginnen, und die Aktionäre warten, bis der
Vorstand oder der Aufsichtsrat, die noch eine Vorberatung halten, sie
rufen werden. Aus allen Teilen des Industriegebietes kamen sie; die
Papas haben ihre Söhne mitgebracht, die Juniorchefs, zu dem Adels-
tag, bei dem man sich nicht mit Ahnen, sondern mit Stammkapital
ausweist. Dennoch haben weder Väter noch Söhne etwas von dem
Patriarchalismus der Hamburger Reeder und von ihrer Eleganz, die
dort ursprünglich von England abgeguckt wurde und im Verkehr ›mit
Übersee‹ zugehörig geworden ist. Hier hat keiner das Exterieur eines
Schifffahrtbesitzers, sondern bestenfalls das eines Kapitäns, eines
Industriekapitäns nämlich. Als hätte ihnen die Manieren der Fuchs-

major der ›Saxo-Borussen‹ beigebracht und als wären sie Assessoren. Die Prominentesten dieser Prominenten sind von ausgeprägter Kleinbürgerlichkeit und Unsicherheit. Jung scheint nur der achtzigjährige Thyssen zu sein; sein schnurrbartloser Mund lächelt, als ob er ein Priemchen kauen würde, das Kinn verlängert ein friesischer Fischerbart, er trägt die schwarze Uhrkette »Gold gab ich für Eisen«, während nichts darauf hindeutet, dass er noch mehr Eisen für Gold gab; er sieht aus, als lenke er täglich eine Fähre von Hamburg nach Helgoland und retour.

Kirdorf, ein kleiner Herr mit goldener Brille, mag als Arzt nach Kassel passen. Stinnes aber, Hugo Stinnes, ist ganz der Typus des Rabbiners von Neutitschein. Schwarzes Haar, schwarzer Bart auf Oberlippe, Wangen und Kinn, schwarzer Anzug, schwarze zementierte Krawatte; und in der Versammlung, wenn er mit beiden Händen seinen goldumränderten Kneifer aufsetzt und das Wort ergreift, wird dieser Eindruck noch zwingender: Der Rabbiner von Neutitschein erledigt bei einer Trauung die gesetzlich vorgeschriebenen Formalitäten.

Das mögen noch immerhin Typen sein. Aus der Menge der andern wüsste selbst Lavater[198] schwerlich nach Kopfbildung und Gesichtsausdruck zu agnoszieren, wer einer von jenen ist, die die deutsche Wirtschaft in Händen haben, Kohle, Eisen, Stahl, wer bloß ein Landrat ist oder Generaldirektor der Deutschen Bank, nur ein Staatsminister a. D. oder der Syndikus einer hiesigen Aktiengesellschaft, nur ein Oberbürgermeister von Köln, Düsseldorf, Duisburg, Remscheid, Mönchen-Gladbach, Bochum, Gelsenkirchen, Hamborn oder Solingen oder ein Betriebschef, der Generaldirektor der Deutsch-Luxemburger Kohlengesellschaft oder bloß der Regierungspräsident von Trier.

Der kleineren Leute kann man doch erst gar nicht Erwähnung tun, wie zum Beispiel des Bürgermeisters von Essen; aber auch ihm bringt eben ein aufgeregter Magistratsdirektor ein Telegramm, dessen Inhalt morgen in allen Blättern zu lesen sein wird: »Der Bür-

---

[198] *Johann Kaspar Lavater (1741–1801) schrieb ›Physiognomische Fragmente zur Beförderung der Menschenkenntnis und Menschenliebe‹*

germeister von Essen, Dr. Luther, ist zum Reichsernährungsminister ernannt worden ...«

Generalversammlung ist Öffentlichkeit, Diskussion, Demokratie. Oder soll dies zumindest formell ausdrücken. Hier jedoch wird Formalität als vorgeschriebener Formelkram manifestiert, wie wenn sie *ad absurdum* geführt werden wollte, als wollte man demonstrativ zeigen, dass man im eigenen Machtbereich für das Gegenteil ist: für Geheimhaltung, für Autokratie, für Absolutismus. Das Fräulein, das die eintretenden Aktien auf Herz und Nieren zu prüfen hat, sitzt draußen vor dem Saaleingang. Die Presse ist nicht geladen, nicht einmal der Vertreter der Stinnes-Blätter. Wenn ein Journalist Eintritt wünscht, weckt das nur entsetztes Staunen; gelingt es einem doch, dann ist es allerdings kein Wunder, wenn er sich ganz nahe zum Präsidium setzt. Er hat Grund genug, aufgeregt auf den Beginn der Verhandlung zu warten. Die ganze Welt schaut ja auf das Ruhrrevier. Oh, natürlich wird heute kein Wort von Politik gesprochen werden, aber immerhin muss bei der Erwähnung der nächstjährigen Aussichten in der Debatte oder in den Anträgen eine wichtige Andeutung fallen.

Ist es doch das große kumulative Unternehmen der deutschen Schwerindustrie, das heute seine Aktionäre hierhergerufen hat. Ein Unternehmen, das die ganzen Rheinlande, Westfalen, Hannover, Hessen-Nassau mit Licht und Strom versorgt, mit einer Milliarde Kilowattstunden jährlich, ein Monstrekonzern, dessen Hochleistungskessel eine Heizfläche von mehr als 73.000 Quadratmetern haben und der gegenwärtig 340 Kilometer neuer 100.000-Volt-Leitungen im Bau hat, jährlich 80 Millionen Kubikmeter Gas im Wege der Fernversorgung abgibt und fast alle elektrischen Kleinbahnen und Straßenbahnen dieser Bezirke treibt. Schon eine interne Angelegenheit dieses Werks ist sozialpolitisch für ganz Deutschland bedeutungsvoll. Gewiss wird Wichtiges gesprochen werden. Wozu hätten sonst alle Größen ihre Aktentaschen mit 800 Millionen Mark Aktien von weit her aus ihren Betrieben, wo sie sich doch unentbehrlich dünken, persönlich hierhergeschleppt?

Die Klingel läutet. Herr Stinnes setzt den Kneifer auf und verliest Zahl und Gewicht der Anwesenden, Nekrologie, Namen der ausgeschiedenen Aufsichtsratsmitglieder und den Antrag auf ihre Wiederwahl, Anträge auf Ausschüttung einer zwanzigprozentigen Dividende und auf eine Statutenänderung (»in Zukunft brauchen nur die Inhaberaktien hinterlegt zu werden«). Er liest, als ob die Stimme dazu da wäre, die Worte unhörbar zu machen; ohne Hebung, ohne Senkung betet er das Breviarium ab, ohne Interpunktion fügt er manchen Sätzen die Wendung an: »Wenn sich kein Widerspruch erhebt erscheint der Antrag angenommen ich konstatiere dass sich kein Widerspruch erhoben hat der Antrag erscheint daher angenommen.« Man hört allerdings keinen Widerspruch, aber auch den Spruch des Referenten nicht und vernimmt nur undeutlich: »Erkläre ich die Sitzung für geschlossen.«

Es wird einem hier klar, dass nicht der schnarrende Kommandoton, sondern dass diese unbetonte, flüsternde, stichwortlose Redeweise des neuen Machthabers von Deutschland die einzige Form der Rede ist, die »keinen Widerspruch« aufkommen lässt. Das ist die Bilanz, die wir nach der Generalversammlung der deutschen Schwerindustrie nach Hause tragen.

Herr Hugo Stinnes unterschreibt noch einige Akten, die ihm seine Beamten mit nachlässiger Haltung und in leichtem Gesprächston erklärend überreichen, da Herr Stinnes keine Höflichkeit und keine Devotion duldet. (In modo nämlich!) Die Aktionäre strömen aus dem Saal – ihre Autos warten und drei Extrazüge. Die Hotelboys beeilen sich, ihnen in die Mäntel zu helfen – ehrenhalber, denn sie kriegen kein Trinkgeld. Nur Herr Stinnes gibt der Garderobiere und dem Boy je einen von den Zwanzigmarkscheinen, von denen ihm jeden Morgen sein Sekretär ein Paket in die rechte Hosentasche steckt. Im vorigen Monat waren es noch zehn Papiermark. Die Hotelboys – und mit ihnen alle Bewohner Deutschlands – sind von der Frage bewegt: »Was für Scheine werden es im nächsten Monat sein?«

Das Fuchsloch des
Herrn von Balzac

IN DER RUE BERTON VON PASSY, einem Weg, der zwischen Mauern kaum drei Meter breit von der Seine bis zum Blitzableiterhaus Franklins steil hinaufführt, entdeckt man das Haus, auf dessen blaugrau getünchten Seitengiebel von irgendjemand hingepinselt worden ist: »La maison de Balzac, 1840–1848, s'adresser 47 Rue de Raynouard.«[199] Es ist auch eine schöne Gedenktafel aus weißem Marmor da, im Jahr 1910 gesetzt: »Dieser Meilenstein aus dem Jahre 1731 bezeichnete die Grenze zwischen den Herrschaften Auteuil und Passy.« Der derart ausgezeichnete Grenzstein steht unter der Marmorplatte und ist ein alter Meilenstein wie tausend andere. Das breite braune Holztor aber öffnet sich unausgesetzt, und prächtige Automobile fahren ein in das Haus Balzacs. Es sind nämlich zwei Automobilgaragen darin.

Wer die Briefe Balzacs an die Baronin Hanska kennt, kann sich die absonderliche Anlage dieses Hauses einigermaßen vorstellen. Durch den Eingang in der Rue de Raynouard (der einstigen Rue de Basse) steigt man die Treppen abwärts, bis man auf einen Hof kommt, der zwei Stockwerke unter dem Niveau der Straße liegt; dort steht ein Häuschen, aus dem man durch eine bedeckte Falltür wieder zwei Stockwerke hinabschreiten kann in einen zweiten Hof und aus diesem in die Rue du Roc hinaus, die heute Rue Berton heißt und jenen denksteingeschmückten Grenzstein besitzt. Dieses so vertrackt angelegte Haus war dem Dichter wohl aufgefallen, als er aus seinen Jardies bei Sèvres[200] nach Paris zu seinem Verleger ging, sorgenschwer, weil er jenen Boden unter seinen Füßen schwinden fühlte. Dieser Bau mochte ihm geeignet erscheinen, gegebenenfalls als Schlupfwinkel vor den Gläubigern zu dienen. Die Stunde kam bald. Die Jardies müssen unter den Hammer, Balzac wird Mieter, »il m'a

---

[199] *Adresse des Hauses von Balzac*

[200] *Seinen ›Gärten‹, seinem Wohnhaus bei Sèvres*

fallu déménager très lestement et me fourrer là où je suis«²⁰¹, in dem kleinen Hofhäuschen, ängstlich verborgen, mit seiner Mutter lebend, unter Deckadresse Korrespondenz erhaltend, keine Besuche annehmend; nur Gérard de Nerval, Théophile Gautier²⁰² und Léon Gozlon²⁰³ wissen Klopfzeichen und Losungswort ... Wenn sonst jemand an die Tür pocht, stülpt Balzac den Hut auf, läuft zur Küche und öffnet – fluchtbereit – die versteckte Falltür, jagt die Stufen hinab in die häuserlose Rue du Roc.

Die Falltür ist noch zu sehen und die leere Wohnung und das dreieckige Gärtchen, worin Vogelbeeren blühen und eine Venusbüste steht. Das nennt sich: Museum Balzac. Eine Frau mit Brille wäscht eben den Fußboden, eine Russin; durch den Krieg um Heimat und Söhne gekommen und zufällig hier im Hause wohnhaft, ist sie damit betraut, den Haushalt des Herrn von Balzac aufzuräumen. Kahle Zimmer. Im ersten hängen zwei Gipsreliefs an der Wand, Abgüsse von der Wandverkleidung eines Theaters wohl, Gruppierungen von Figuren aus Balzacs Werken: auf dem einen die der ›Provinzsitten‹, auf dem anderen die der Pariser Romane.

Hier saß Balzac, der reichste aller Gestalter, hier saß er Tag und Nacht, acht Jahre lang, hier schrieb er die ›Cousine Bette‹, den ›Vetter Pons‹, ›Glanz und Elend der Kurtisanen‹, hier schrieb er die fünf Akte des ›Mercadet‹ und achtzehn heißbewegte, starke Bücher, der größte Phantast der Realität, ein anerkannter Meister und doch von der *Académie* verschmäht, ein mit Verlagsaufträgen überhäufter Schriftsteller und der fleißigste, produktivste, den je die Welt gesehen, hier saß er und – ward die Angst vor dem Schuldturm nicht los. »Wenn ich ausgehe, muss ich vorher mein Haus auf ein Jahr verproviantieren«, damit seine Mutter nicht Hungers sterbe, wenn man ihn einsperrt.

Die Nachwelt kommt für die Schulden der Mitwelt nicht auf. Das Musée Balzac? Wohl das tristeste, schäbigste Gedenkhaus, das sich

---

²⁰¹ *(franz.): es erschien mir nötig, dass ich sehr schnell auszog, um mich dort einzunisten, wo ich bin.*

²⁰² *Théophile Gautier (1811–1872), französischer Schriftsteller*

²⁰³ *Leon Gozlan (1803–1866), französischer Schriftsteller*

denken lässt! Jede Schornsteinfegerswitwe bewahrt mehr Andenken an ihren Seligen auf als dieses Museum von Balzac. Es sind bloß Reproduktionen da, Gipsabdrücke, Ausschnitte, Drucksorten, Photographien. Ein Briefbeschwerer, aus dem Stein des Hauses in der Rue Fortuné verfertigt, wo Balzac starb. (Jetzt steht ein Palais Rothschild dort.) Eine Photographie des unvollendet gebliebenen Balzac-Monumentes von Rodin. Eine gewöhnliche Napoleonstatuette, hierhergebracht mit Beziehung auf den Ausspruch des Romanciers: »Was Bonaparte mit dem Schwert begann, mit der Feder will ich es vollenden!« Eine Vervielfältigung des Bildes, das Daffinger von der Hanska malte.

Auf dem Tisch liegen drei Bände des philosophischen Diktionärs von Bayle, weil Balzac ein Exemplar dieses Werkes oft benutzte, und die Hand des Dichters in Gips. Originale, Reliquien birgt nur ein Glasschrank: die Kaffeetasse, ein Billett, ein Schillerhemd und eine Jacke, ein Necessaire, das er der Hanska gekauft hat, und eine Faktura der unglückseligen Firma: »Imprimerie[204] de H. Balzac et A. Barbier.« An der Wand im Arbeitszimmer steckte im leeren Bilderrahmen der Zettel: »Ici un Rembrandt.«[205] Deshalb hat man auch jetzt einen Rahmen mit diesen Worten an die Mauer gehängt, aber die Handschrift ist die eines Fremden – selbst von diesem entsagenden Surrogat ist bloß ein Surrogat vorhanden.

Nur die Wände stehen noch da, jene Wände, aus denen der Dichter Hunderte leidenschaftlich bewegter Gestalten treten lies, die Komödie der Menschheit zu spielen. Das Schlösschen der Prinzessin Lamballe ist noch aus dem Fenster zu sehen, mit dem Park, aus dessen Blüten sich Balzac Farben für seine Palette holte. Der Hofraum ist unter uns, der menschenleer war, sodass der Dichter nicht fürchten musste, aufgehalten zu werden, wenn er vor seinen Bedrängern durch das untere Haustor davoneilte. Aber die Wände sind heute verstellt von fremden Händen, Schlot und Park Lamballe sind als Sanatorium für Nervenkranke eingerichtet, im einstmals stillen Hofe sind zwei Automobilgaragen, und an dem Tor ist eine Gedenktafel, einem alten Meilenstein zu Ehren.

---

[204] *(franz.): Druckerei*

[205] *(franz.): Dies ist ein Rembrandt*

Wat koofe ick mir for een Groschen?

IN DER VOLKSSPEISEHALLE in der Schönhauser Allee trank ich eine Tasse Kaffee um zehn Pfennig und aß dazu einen Napfkuchen um den gleichen Preis. Drüben an der Wand, mit Kreide auf ein schwarzes Brett geschrieben, war die Speisekarte; aus ihr ersah ich, dass man für eine Tasse Milch, Kakao, Kaffee, Apfelwein oder Brühe, für eine Flasche Selterswasser, für zwei Zehntel Malz- oder Lagerbier, für eine mit Butter oder Schmalz gestrichene Stulle, für vier gewöhnliche Schrippen, für einen Blech- oder einen Napfkuchen nicht mehr und nicht weniger als zehn Pfennig zu zahlen hat. Noch reicher sehen die Genüsse aus, die sich einer vergönnen kann, der über zwei Groschen verfügt: eine Schale Weißbier, eine Pulle Brauselimonade, eine belegte Stulle, einen sauren Hering, einen marinierten Fisch, eine Portion Kartoffelsalat, ein Paar Würstchen oder ein Stück Wurst.

Um zu erfahren, ob man auch andere als alimentäre[206] Werte um zehn Pfennig erwerben könne, rief ich eines der spielenden Gören zu mir, gab ihm einen Groschen und wollte ... der Kleine war schon mit der Schnelligkeit eines Rodelschlittens davongerast, bevor ich ihn etwas fragen konnte. Ich sprach einen anderen Jungen an und stellte ihm, das Geldstück in der Hand behaltend, die Gewissensfrage: »Was tust du mit diesen zehn Pfennig, wenn ich sie dir gebe?« – Der Knirps machte eine abwehrende Geste. »Nee, so doof bin ick nich – dann jehm Se mir den Jroschen doch nich!« – Ich gab mein Ehrenwort. – »Ick jehe in Kintopp.« – Auf meinen Wunsch zeigte er mir sogleich das Kino, wo der Eintritt zehn Pfennig kostet, der teuerste Platz fünfzig Pfennig. Mein kleiner Führer verschwand mit dem Groschen in der Eingangstür, auf der eine große Tafel besagte: Jugendlichen unter sechzehn Jahren ist der Eintritt verboten! Ein kleines Mädchen, das ich fragte, machte mir die Mitteilung, dass sie für meinen Groschen – auch ins Kino gehen wolle. Da mir die statistische Feststellung, wieviel Kinder Berlins eine Münze zum Besuch des Films anlegen würden, doch etwas zu kostspielig schien, stellte ich den

---

[206] *mit Nahrung in Verbindung stehend*

Versuch ein, mir auf dem Wege einer Umfrage das Material zur Verwendungsmöglichkeit von zehn Pfennig zu verschaffen.

Ich war in einer Gegend, in der der Geschäftsbetrieb viel mehr von den Finanzverhältnissen des Käufers abhängig ist als von dessen Bedarf. Diesem Umstand ist durch die Preisangabe in den mit tausenderlei Dingen vollgepfropften Schaufenstern Rechnung getragen. In den Papierwarenhandlungen sind keine Schreibhefte, Stahlfedern, Bleistifte oder dergleichen ausgestellt. Luxusdinge des täglichen Gebrauchs werden angepriesen: Die entzückenden Künstlerkarten, welche keifende Schwiegermütter, wimmernde Pantoffelhelden und zahnlose alte Jungfern zeigen, kosten nur zehn Pfennig; der anonyme Absender braucht nur – mit verstellter Handschrift – die Adresse daraufzuschreiben ... Um den gleichen Preis ist auch die hundertsechzehnte Lieferung des für unsere Jugend bestimmten Werkes ›Huronen und Delawaren‹ oder ›Das Zweite Gesicht‹ oder ›Die Verfolgung rund um die Erde‹ zu haben, unter dessen vierfarbigem Titelbild die edlen Worte stehen: »Als Wilhelm Mut aus dem Blockhause heraustrat, sah er zehn Indianer in feindseliger Haltung vor sich stehen.«

Für zehn Pfennig habe ich das Heft einer Pfadfinder-Bücherei erstanden, verlockt durch die bunte Umschlagzeichnung, deren Text lautete: »Durch das Krachen des Donners, das Brüllen der Wogen, das Heulen des Sturmes tönte Horst Krafts gellender Ruf: Pfadfinder, zu mir! Wir werden zusammen sterben, wenn wir sterben müssen!« Dieses Büchlein habe ich gelesen und kann sagen: Wenn Büchern wirklich ein erzieherischer Wert zukommt, dann ist dieses Werk vortrefflich geeignet, Knaben zu Idioten zu erziehen.

Auf billige Art können sich Mädchen der Peripherie mit aller raffinierten Eleganz umgeben: eine Madeira-Hemdpasse, eine Büchse mit wohlriechenden Cachous, eine Phiole!!! Allerfeinstes Pariser Ideal-Parfum!!! die sechs Ausrufungszeichen sind Original) und ein Gummiabsatz kosten je einen Groschen. Schwerer ist es, ein Gentleman zu sein. Zwar kosten ein Stehkragen, drei Hemdknöpfe oder einmal Schnurrbartstutzen denselben Betrag, aber schon für ein Paar Manschetten, ein Stück Prima Mandelseife mit zwei Ausrufungszeichen, eine Nagelfeile, eine Pomadenstange oder einmal Rasieren muss man die doppelte Taxe entrichten, für Haarschneiden und Bartausziehen sogar fünfundzwanzig, Kräuseln der Haare dreißig Pfennig.

Die Lust zum Heiraten wird gewiss dadurch wachgerufen oder wenigstens verstärkt werden, dass man um zehn Pfennig einen vergoldeten Ehering beziehen kann, eine Säuglingsklapper von der gleichen Wohlfeilheit, zwei Zinnsoldaten oder ein Schilderhäuschen. Mit einer Autohupe für Kinder oder fünf Knallerbsen kann man Krach machen, der mit einem Groschen gewiss nicht überbezahlt ist. Weiter: ein (etwas verbogener) Alpakalöffel, der Band einer verschrotteten Leihbibliothek »nach Eugen Sue bearbeitet von Wilhelm Eichelkogel«, eine garantiert echte Haarlemer Hyazinthenzwiebel, ein Achtel Pfund Kieler Sprotten, ein Stück Bruchschokolade, ein Umschlag mit Puderpapier, zwei Harzer Käse, Vanilleplätzchen und ein Kartoffelpuffer, alles bloß für zehn Pfennig.

Im Bagno-Museum auf dem Rummelplatz Ecke Lietzmannstraße – Neue Königstraße ist sogar ein Lustmord für einen Groschen zu sehen. In die Geldstücköffnung des Automaten wirft man zwei Sechser ein und dreht die Kurbel. Erstes Bild: Eine schlafende Dame. – Zweites Bild: Ein Mörder nähert sich mit gezücktem Messer. (Mörder nähern sich nämlich immer mit gezücktem Messer.) – Drittes Bild: Der Mörder nähert sich noch näher mit noch gezückterem Messer. – Viertes Bild: Der Mörder sticht der entsetzt erwachenden Dame das gezückte Messer in das Herz. – Fünftes Bild: Die Dame liegt tot neben zwei roten Tintenklecksen auf dem Boden, und der Mörder entfernt sich mit gezücktem, blutigrotem Messer. (Mörder entfernen sich nämlich immer mit gezücktem, blutigrotem Messer.)

Das alles koofe ick mir for een Groschen.

Jiddisches Literaturcafé

DIE PURITANISCH STRENGE Einhaltung der Sperrstunde in London, das Fehlen von Kaffeehäusern kontinentalen Stils und vielleicht auch die abgesonderte Lage des keineswegs sturmfreien englischen Eilands mögen bewirkt haben, dass die Fäden der internationalen Kaffeehausboheme, die sich vom Lilienschloss des Pariser Poetenfürsten Paul Fort[207] in die unterschiedlichen Dichtercafés von Berlin, München, Wien und selbst zum jenseitigen Seine-Ufer bis auf die großen Boulevards spannen, nicht auch den Weg über den Ärmelkanal gefunden haben. Draußen im östlichen London, inmitten aller Varianten des Elends, gibt es nun allerdings ein Stammlokal der Literatur. Es trägt nationalen Stempel: Man spricht bloß ›jiddisch‹, jenes Sprachgemisch aus Mittelhochdeutsch, ein paar hebräischen Worten und slawischen Wendungen, das in hebräischen Buchstaben geschrieben wird.

Um dem Vorbeigehenden zu sagen, dass hier Juden aus Galizien, Bukowina, Ukraine und Palästina verkehren, heißt das Lokal – ›New-Yorker Restaurant‹. Ein niedrig gewölbter Raum, zu ebener Erde. Vom Büfett her steigt der Duft gebackener Fische allen jenen Gästen sympathisch in die Nase, denen der Duft gebackener Fische sympathisch ist. An zwei oder drei Tischen werden Manuskripte fabriziert; unerbittlich große schwarze Schlipse sind hier entschiedene Mode; einige glattrasierte Gesichter mit den charakteristischen Mundfalten des Mimikers fallen in diesem vollbärtigen Stadtviertel auf: Schauspieler vom jiddischen ›Pavillon-Theater‹, das auf der anderen Straßenseite liegt, gerade gegenüber.

Sogar der Cafétier hat literarische Neigungen, er ist Amateurdramaturg des Theaters drüben, gelegentlicher Mitarbeiter an der Sabbatbeilage der Blätter und ›Ezesgeber‹, das heißt literarischer Beirat des jiddischen Verlages. Das Schlimmste ist sein Assoziationskomplex: Ob man ihm nun die neueste Untat der Suffragetten oder eine

---

[207] *Paul Fort (1872–1960) war ein französischer Dichter und Dramatiker. Neben Paul Verlaine und Stéphane Mallarmé zählt er zu den bedeutendsten französischen Dichtern des Symbolismus.*

amüsante Straßendebatte mit Innenmissionären oder sonst etwas berichtet, er wird immer eine Fabel von Krylow, dem russischen Asop, zu erzählen wissen, die – wie er glaubt – genau auf den vorliegenden Fall passt.

Den Herrn mit dem Spitzbart grüßen alle, wenn er durch die Minories geht, aber nur wenige wissen seinen Namen; die Leute kennen ihn nur als ›Awroimele‹ – mit diesem Pseudonym unterschreibt er seine satirischen Artikel. Sein Lebenslauf ist für die Ansiedlung der Intellektuellen in Whitechapel paradigmatisch. Er ist der Sohn eines Holzhändlers aus Bobrujsk und musste den größten Teil seiner Gymnasialstudien im Privatunterricht absolvieren, da der in Russland bestehende *Numerus clausus* für jüdische Schüler überschritten war. So gab es für ihn in seiner Jugend keine Assimilation. Als Mediziner kam er nach Berlin, verlobte sich mit der Tragödin Klara Bleichmann, die mit der jiddischen Truppe ihrer Eltern im Puhlmann-Theater in der Schönhauser Allee und im Concordia-Theater in der Brunnenstraße gastierte. Um nicht jahrelang auf die Aushändigung seiner russischen Legitimationspapiere warten zu müssen, heiratete er in London und blieb in Whitechapel.

Der jiddische Literaturhistoriker am Nebentisch, von dem wir nur den Hals mit zwei Furunkeln sehen, trinkt seine ›Nuss Braun‹, er hat in der Bibliothek des ›British Museum‹ das vieraktige jiddische Drama eines Autors mit Namen Wolfsohn entdeckt, das 1796 in Posen erschienen ist, und macht nun daran seine Studien, wenn er nicht hier seine ›Nuss Braun‹ trinkt.

Dem Besitzer und Direktor des ›Pavillon-Theaters‹, Mister Joseph Kessler, können wir die Anerkennung über seine Inszenierung des Gordinschen Dramas ›E jüdischer König Lear‹ nicht versagen; den Herrn Generalmanager überrascht das gar nicht, er ist es gewohnt, die seriösen Kritiker bescheinigen täglich, dass der Versteller Mister Hochstein ein Vorzug ist und die Verstellerin Mistress Wallerstein ein schmeckediges Ponem[208] hat. Er bedauert, dass wir Mister Hamburger, den Komiker, bloß in einer Trauerspielerei gesehen haben; in einer Lusthandlung sei er zu präferieren. Dass der Kapell-

---

[208] *›wohlschmeckendes (hübsches) Gesicht‹ (jiddisch)*

meister betamt[209] ist, finden wir auch: Im Zwischenakt und an melo-dramatischen Stellen hat er mit einer Hand Harmonium gespielt und mit der anderen das Orchester zu bändigen versucht. Das Publikum gab seiner Anteilnahme mitten in den Glanzszenen durch ehrlich bewunderndes Zischen Ausdruck.

Man spricht vom Theater, man trägt uns nach Ossip Dymow, nach Rudolf Schildkraut, nach Scholem Asch. Ob wir Adolf Ritter von Sonnenthal gekannt haben; ob er wirklich so großartig war, der Adolf Ritter von Sonnenthal?

Im Nu lernen wir alle Stammgäste kennen; solche, denen die Schriftstellerei eine Ausrede, solche, denen sie ein ganz einträglicher Erwerb ist. Ein blattern-narbiger, vierschrötiger Kollege – sein Kopf sitzt wie ein Würfel auf prismatischem Hals – wird uns vorgestellt; man spottet über seine Faulheit und erzählt, er habe das jiddische Distichon erfunden, um bloß zwei Zeilen schreiben zu müssen. Von einer jiddischen Redaktion zur Abfassung eines Essays über Israel Zangwill[210] gedrängt, begann er mit den Worten: »Zangwill ist ein durch und durch katholischer Autor ...« – seit jener Zeit wird er nicht mehr mit Aufforderungen belästigt. Er pumpt uns um zwei Schilling an.

Spindeldürr sitzt der Liederdichter des Bezirkes da. Seine Speziali-tät sind Reime jiddischer Worte auf englische, zum Beispiel der Refrain eines Couplets vom Knopflochschneider:

I am a jiddischer
Buttonhole-Finisher[211] ...

Ganz Whitechapel singt sein Lied vom ›bidnen Arbeiter‹:[212]

Fun dei kindheit, fun dei yugend
Finsterst ob dein welt in shop,
Und kein heim dos hostu nit,

---

[209] geschickt, schlau, charmant

[210] Israel Zangwill (1864–1926), englischer Schriftsteller

[211] (engl.): Knopflochschneider

[212] vom ›unglücklichen Arbeiter‹

Mied dei herz, dei kopp.

Oi! seh! men behandelt dich punkt wie a hund.

Fun dei schwere horewanie²¹³ leben reiche in paleste ...

Ein neunzehnjähriger Junge ist durchgebrannt vom Lodzer Seminar – er will nicht ›Bocher‹²¹⁴ sein und nicht Rabbiner werden, er will dichten, die Welt erobern, Bücher schreiben, »ein zweiter Max Brod werden«.

Es gibt drei jiddische Tagesblätter in Whitechapel, die im großen Format der Londoner Zeitungen erscheinen: ›Die Zeit‹, ›Jüdisches Journal‹ und ›Express‹. Sie sind in ihrer politischen Färbung voneinander verschieden, nur gegen die Agitation der in Whitechapel stark vertretenen Missionshäuser, für die Abänderung des Emigrationsgesetzes und gegen den Antisemitismus kämpfen sie alle mit der gleichen Vehemenz. Eines von den vielen jiddischen Wochenblättern, der anarchistische ›Arbeiterfreund‹, wird von einem deutschen Christen redigiert, einem biederen Buchdrucker aus Mainz, der eigens den Jargon erlernte, um in der Volksvorstadt Londons für Tolstoi und Luccheni, für Menschenliebe und direkte Aktion, für gegenseitige Hilfe und für Attentate zu agitieren.

In dem von Mackay²¹⁵ geschilderten englischen Anarchismus spielt Fürst Peter Krapotkin, der im nahen Brighton greis und grau und zurückgezogen lebt, ebenso wenig eine Rolle wie Karpowitsch, der durch seinen tödlichen Schuss gegen den Kultusminister Bobolepow den Anstoß zur russischen Revolution von 1901 gegeben und jetzt als Masseur in London eine bürgerlich einwandfreie Existenz gefunden hat. Anlässlich des hundertsten Geburtstages von Bakunin sprach Urvater Tscherkessow in einem anarchistischen Meeting und erzählte von seiner Jugend, von der Revolution und wie er – 1848 – an der Seite Bakunins auf den Barrikaden Dresdens gekämpft hatte.

---

²¹³ *(jidd.): Arbeit*

²¹⁴ *(jidd.): junger Mann, Talmudstudierender*

²¹⁵ *John Henry Mackay (1864–1933) schrieb den Roman
›Die Anarchisten‹ (1891)*

Zu den christlichen Stammgästen des jüdischen Winkelcafés von Whitechapel Road gehören Journalisten, die aus Fleet Street hierher gesandt sind, gleichsam als auswärtige Korrespondenten der Londoner Weltblätter für die Vorfälle des Whitechapeler Gettolebens.

Im Boheme Café darf der literarische Kellner nicht fehlen. Zwar verfügt er nicht über eine Armee von Zeitungen, aber dafür ist der ›Waiter[216] Jow‹ im Kreis der Autodidakten eine angesehene Persönlichkeit, eine Instanz in Fragen der Wissenschaft. Denn Master Jow ist ein studierter Mann, er war in Bern Hörer der Philosophie, kam nach London, um seine Studien fortzusetzen, hatte kein Geld, wurde Kellner und blieb es. Und niemand im Whitechapeler Café Größenwahn kann wissen, ob er seine Stammgäste verachtet oder beneidet, die die weltgeschichtliche Unstetheit des Judentums mit der nervösen Heimatlosigkeit des Bohemiens vereinen.

Tote Matrosen stehen vor Gericht

DIE ÖFFENTLICHEN VERHANDLUNGEN vor dem Seeamt sind gar so öffentlich nicht. Ein Hamburger Kollege, den ich danach fragte, wo das Seeamt sei, erklärte mir, er müsse sich in seiner Redaktion erkundigen; dann telefonierte er mir, es sei in der Seewarte. Das deckte sich mit der Aussage des inzwischen von mir interpellierten Hotelportiers, der seinerseits von einem Schutzmann erfahren hatte, es sei irgendwo in St. Pauli. Aber von der Seewarte wies man mich auf den gegenüberliegenden Hügel: ins Seemannsheim. Dort sind Matrosen, die sich anheuern lassen, und einer wusste, dass die Verhandlungen des Seeamts im Seemannsamt sind. Das ist wieder etwas anderes. Also zurück aus St. Pauli in die Admiralitätsstraße.

Im Seemannsamt hängen handgeschriebene, hektographierte, lithographierte und gedruckte Kundmachungen. Sie beziehen sich auf Strandgut, das geborgen und beim Strandamt abgegeben worden ist, Boote, Säcke, Balken, Anker, Schutenhaken, Benzinfässer, Pfähle.

---

[216] *(engl.): Kellner*

Auch die Kenntlichmachung unterschiedlicher Wracks und der angelegten Hebefahrzeuge ist angeschlagen, damit der Steuermann wisse, wie er bei Tag und bei Nacht auszuweichen habe. Und Todeserklärungen vermisster Matrosen ... Wo die Verhandlungen des Seeamts sind, erfahre ich auch nicht gleich. Endlich weist mich ein Wachtmeister in den zweiten Stock. Auf dem Korridor warten drei oder vier Leute, und an der Tür des Zimmers, vor dem sie sitzen, ist angeschlagen, welche Verhandlungen heute sind. Ich trete ein, zum Erstaunen des Gerichtshofes, das sich zu Verdachtsmomenten erhöht, als ich anfange, mir Notizen zu machen. Aber die Verhandlung ist öffentlich.

Es handelt sich um den Tod des Matrosen Bendfeld vom Dampfer ›Scheer‹ der ›Hugo Stinnes AG für Seeschifffahrt und Überseehandel‹. Dieses Schiff fuhr am 15. Mai 1924, von Ostasien kommend, im Tau des Schleppers ›Geestemünde‹ in den Bremer Hafen ein, um den ihm zugewiesenen Liegeplatz einzunehmen. Hierbei hatte sich die Schlepptrosse an den Backbordanker festgehakt, und der dreiundzwanzigjährige Matrose Richard Bendfeld aus Benslow ging außenbords, die Trosse zu klaren. Dadurch, dass Bewegung in den Patentanker kam, schlugen die Flügel herum, und einer drückte den Kopf des Matrosen so heftig gegen die Bordwand, dass der Mann einen Blutsturz erlitt. Wenige Minuten später war er tot.

Zuerst wird der Kapitän vernommen. Er gibt die Personalien ab: Christian Georg Heinz Klaus Maria Höltring, achtunddreißig Jahre alt und so weiter. Dann schwört er bei Gott dem Allmächtigen und Allwissenden, nichts als die Wahrheit, die reine, lautere Wahrheit zu sagen, nichts zu verschweigen und nichts hinzuzufügen, so wahr ihm Gott helfe.

Der Direktor des Seeamts, der den Verhandlungsvorsitz führt, ein Herr in Frack und schwarzer Binde, neben dem die vier Beisitzer wie Schiffskapitäne aussehen und es auch sind, fragt den Zeugen:

»Haben Sie den Vorfall gesehen?«

»Nein, ich war auf der Brücke. Ich kam erst hinunter, als der Mann schon an Bord lag.«

»Wie lag der Anker?«

»Er hing etwas aus der Klüse.«

»Können Sie uns das aufzeichnen?«

Der Kapitän skizziert die Situation. »Bendfeld hatte sich rittlings auf den Anker gesetzt, und als dieser sich drehte, wurde er an die Bordwand geschlagen. So blieb er im Reitsitz auf dem Anker, als er schon Blut spie und vielleicht schon tot war. Man schlang ihm ein Tau um den Leib und zog ihn aufs Deck.«

»Wen trifft die Schuld Ihrer Ansicht nach?«

»Keinen. Wir waren acht Monate auf See gewesen, und Bendfeld war immer einer der arbeitswilligsten Matrosen. Niemand hat ihm Befehl gegeben, er war eben ein eifriger Seemann. Solche Leute findet man heutzutage selten. Schade um den Mann!«

Die Beisitzer nicken. Schade um den Mann! Acht Monate Fahrt, Gefahren, Ostasien, endlich im Hafen. Da dreht sich der Anker und schlägt ihn tot. Solche Leute findet man heutzutage selten.

Der zweite Offizier wird vereidigt. Wilhelm Hannes Matthias Eyben, achtundzwanzig Jahre alt. Er war zur Unfallszeit am Vorder-steven und hat gesehen, dass das Schlepptau um den Anker verwickelt war. Aber er hat dem Bendfeld keinen Befehl gegeben, hinunterzu-klettern.

Der Reichskommissar, ein alter Vizeadmiral, auch in Frack und schwarzer Binde, mischt sich in die Verhandlung. »Sie sollten eben sofort mit einer Stake das Seil lösen lassen. Ich will Ihnen das nur sagen, damit Sie nächstes Mal wissen, was Sie zu tun haben.«

Der Zimmermann Thias wird vernommen. Er gibt seine Personali-en an: Heinrich Thias, zweiundzwanzig Jahre alt.

Vorsitzender (unterbrechend): »Haben Sie denn sonst keinen Tauf-namen?«

Zeuge: »Jawohl, Heinrich Eduard Wilhelm Georg Otto Peter Annemarie Thias.«

Vorsitzender: »Sprechen Sie mir die Eidesformel nach: Ich schwöre ...«

Zeuge: »Ich schwöre ...«

Vorsitzender: »... bei Gott dem Allmächtigen ...« Zeuge: »Ich glaube nicht an Gott.«

Vorsitzender: »Dann lassen Sie ihn weg ..., dass ich nichts als die Wahrheit ...«

Zeuge: »... dass ich nichts als die Wahrheit ...«

Aber auch er kann nicht aussagen, ob Bendfeld den Befehl bekommen habe, außenbords zu steigen.

Nachdem der Schiffsarzt angegeben, dass Bruch der Schädelbasis den Tod herbeigeführt habe, zieht sich der Gerichtshof zur Beratung zurück. Nach fünf Minuten verkündet der Vorsitzende: »Der Matrose Richard Bendfeld ist am 15. Mai 1924 im Hafen von Bremen auf dem Dampfer ›Scheer‹ dadurch tödlich verunglückt, dass er mit dem Kopf zwischen Ankerflügel und Bordwand gequetscht wurde. Es trifft niemand ein Verschulden an dem Vorfall.«

Man geht ohne Pause in die nächste Verhandlung ein. Der am 14. Januar 1906 in Finkenwärder geborene Karl Meier, Matrose auf dem Heringslogger ›Marie‹ (Eigentum der Kieler Hochseefischerei AG), ist am 9. April 1924 gegen elf Uhr nachts im Altonaer Fischereihafen über Bord gefallen und ertrunken. Von der Besatzung hat niemand den Unfall gesehen, weil Meier sich allein an Bord befunden hat. Als Zeuge wird der Oberwachtmeister der Sipo[217] gerufen, ein sehr junger Mann, der an jenem Abend am Kai Dienst hatte und auf der ›Marie‹ einen Matrosen bemerkte, der den Steuerbord-Feuerturm hinaufkletterte und hierbei in die Elbe fiel. »Ich verständigte sofort die Hafenpolizei, die mit Dienstbarkasse und Totenangel herbeikam und nach einer Stunde den Leichnam aus dem Wasser fischte. Der Arzt stellte den Tod fest.«

Vorsitzender: »Wie haben Sie sich das erklärt, dass der Mann auf den Feuerturm des Schiffes kletterte?«

Zeuge: »Dort wird der Kajütenschlüssel versteckt, damit ihn die Leute holen können, wenn sie nachts nach Hause kommen.«

Vorsitzender: »Und woher wussten Sie, dass der Mann betrunken war?«

Zeuge: »Das weiß ich gar nicht.«

---

[217] *Sicherheitspolizei*

Vorsitzender: »Aber es steht hier in dem Protokoll, dass Sie das angegeben haben.«

Zeuge: »Ein Hafenwächter hat mir das erzählt.«

Es wird festgestellt, dass der als Zeuge vorgeladene Wachtmann nicht erschienen ist. Das Seeamt vertagt die Verhandlung mit dem Beschluss, den Führer und einen Matrosen der ›Marie‹ als Zeugen vorzuladen.

Der nächste Fall wird vorgenommen: Matrose Peter Paul Hans Beekinger ist am 20. Mai von einem herabfallenden Kranhaken bei Steinwärder getötet worden ...

Ich packe meine Notizen zusammen und gehe. Ein Mann macht sich an mich heran. »Nichts Besonderes, was?«

»Oh, mich hat es schon interessiert.«

»Das war heute nichts. Tod von Matrosen im Hafen! Das kommt jeden Tag vor. Dreimal in der Woche wird solches Zeug verhandelt. Sie hätten vorige Woche da sein sollen! Da war ein Schiffszusammenstoß mit zehn Millionen Mark Materialschaden – das war interessant! Es wurden achtzig Zeugen vernommen. Aber wegen eines Matrosen kann man doch nicht so viel hermachen.«

Mittwoch in Kaschau

SECHS TAGE LANG scheint allerdings der Charakter des Platzes ausgesprochen dörfisch, aber dies kann den nicht täuschen, der das Namiestie Legionarov, vormals Ercsébet tér, auch am Mittwoch kennt. Der, der weiß, wie es am Mittwoch aussieht, darf behaupten, dass diese Stille nicht der eines Dorfplatzes analog ist, sondern der einer Bühne am Vormittag: Alles ist vorbereitet, Versatzstücke werden den Raum in Räume teilen, Kulissen werden endlose Weiten ergeben, und die jetzt leere Bodenfläche wird von wogender Fülle belebt sein.

Hier mündet die Hauptstraße Kaschaus, die des Doms, des Palais und des Verkehrs. Ganz nahe ist das große Hotel der Stadt und die Handelskammer, doch sieht man dem Platz solche Nachbarschaft nicht an. Niedrige Häuser sind sein Umriss, die Geschäfte haben (auf er einer Wechselstube, die den europamüden Slowaken in täglich neuen, großen Kreidebuchstaben anzeigt, für wieviel Tschechokronen ein leibhaftiger Dollar zu haben ist) keine Schaufenster. Auf Rechen und Haken sind die Waren ausgehängt und bedürfen keines besseren Rahmens; es sind Mützen, Hüte, Kleider, Hemden. Eine hölzerne Kinoarena, die Zelte zweier Schnellphotographen, eine Zeile von Buden, in denen Bratwürste lockend-öffentlich in Bratpfannen geschmort und krapfenähnliches Gebäck feilgeboten wird, eine Reihe von offenen Ständen der Fleischer – die beiden koscheren sind durch Bretterwände von denen der trefenen[218] Nachbarschaft streng geschieden.

Einige Weiber haben des Morgens Grünzeug vor sich ausgebreitet, hier und da wird vor dem Mauthause irgendeine Fuhre abgewogen.

So schaut das Theatrum vom Donnerstag bis zum Dienstag aus. Am Mittwoch aber ist's anders, am Mittwoch ist Vorstellung, am Mittwoch ist der berühmte Kaschauer Wochenmarkt. Der Jahrmarkt von Plundersweiler, der Basar von Elbassan, Petticoat Lane und die Munkâcser Valutabörs sind nichts dagegen.

In schmalen Parallelen stehen die Händler. Im Mittelalter hatte jedes Gewerbe seine Straße. Hier ist Mittelalter. Jedoch um wieviel Berufszweige mehr finden auf diesem beschränkten Platz Platz, um wieviel mehr als in den größten mittelalterlichen Städten, um wieviel spezialisierter sind wir heute! Es gibt zum Beispiel nicht etwa Verkaufsstände mit ganzen Anzügen auf dem Kaschauer Markt, wohl aber gibt es eine Hosenstraße: Auf einer Matte vor dem Verkäufer liegen Tuchhosen ausgebreitet und Leinengatjes, Lederbeinkleider und Breeches, neue, alte, durchlöcherte, geflickte, glänzende, abgeriebene, gestreifte, Pepita, feldgraue, gebügelte, knollenförmig ausgebuchtete und Wasweißichwasfür-Hosen. Sie sind mit Steinen beschwert, denn wenn auch ein leichter Wind keine solide Hose wegblasen kann – eine Windhose ist gewiss kein willkommener Gast in einem Hosenlager. Angrenzend: Stadtteil W., das ist der der Westen; er hat reichhaltiges Westenlager aller Breiten und Längen, manche scheinen nur aus Futterstoff zu bestehen, so schmal ist der Tuchstreifen vorn, manche wieder sind ganz aus Tuch, so dass man auch

---

[218] (jidd.): unrein

hinten Knöpfe annähen und eine goldene Uhrkette dort befestigen könnte – sozusagen eine Kombination von normaler Weste mit einer von Christian Morgenstern genähten Oste.

Rockstraffe, Hutweide und Boulevard der Stiefel fehlen in diesem anzüglichen Viertel ebenso wenig wie eine Piazza der abgelegten Damenkleider und Damenhüte. Wer von uns hat sich nicht schon durch (eben) abgelegte Damenkleider geschlängelt! Aber keiner mit ähnlichen Gedanken wie jetzt. Wir bitten es der Mode ab, dass wir ihr bisher alles zugetraut haben: Diese Kleider können wohl schon überall, jedoch nie in Mode gewesen sein. Trotzdem sind Angebot und Nachfrage so rege und der Lärm so groß, dass man aus diesem Grunde der Straße den Namen einer ›Rue de la Paix‹ vorenthalten muss. Dagegen könnte über die Bezeichnung der nächsten Querlinie keineswegs ein Zweifel obwalten, jede gewissenhafte Straßenbenennungskommission müsste ihr unbedingt den Titel einer ›Avenue der Klistierspritzen‹ zubilligen. Nicht etwa, als ob hier ausschließlich dieses in keinem ländlichen Haushalte fehlende Instrument gehandelt würde, nein, auch Bruchbänder, Frauenduschen, Korsette, Monatsbinden und dergleichen Spezialitäten kannst du, schöne Leserin, in ziemlich gebrauchtem und höchst annehmbarem Zustande erstehen, allein die Klistierspritzen dominieren in so bedrohlichem Maße, dass sie den Warenmarkt Europas überschwemmen und eine Baisse in diesem Artikel hervorrufen können, weshalb dir, falls du damit eingedeckt bist, nur geraten sei, beizeiten zu spritzen.

Von der Möbelstraße ist die rechte Seite eine Front der Kanapees. Sofas aller Art, gesunde, operierte und operationsbedürftige, stehen nebeneinander und nehmen sich im Freilicht maßlos komisch aus. Mir fällt ein, dass ich gestern im Café Slavia auf der Hauptstraße mit dem Chefredakteur des ›Slovensky Vychod‹ (›Slowakischer Osten‹) ein Gespräch über die offiziösen Denkmalsstürmereien geführt habe; ich erwartete eine scharfe Verurteilung zu hören, aber er zuckte die Achseln. »Ja, wenn vor diesen Denkmälern magyarische Demonstrationen stattfinden!« Daraufhin habe ich ihm, der noch nicht so weit im ›Vychod‹ ist, um alte jüdische Witze zu kennen, die Geschichte von dem Manne erzählt, der sich bei seinem Freunde Rat holen kommt: »Denk dir, wie ich heut etwas früher aus dem Geschäft nach Hause komm, find ich meine Frau mit dem Zimmerherrn intim auf dem Kanapee. Das kann ich doch nicht dulden! Was soll ich tun?« – »Schmeiß deine Frau hinaus!« rät ihm der Freund. – »Das kann ich doch nicht! Sie hat doch die Mitgift im Geschäft, sie kocht so gut ...« – »Also schmeiß den Zimmerherrn hinaus!« – »Das kann ich auch nicht, er zahlt mir dreihundert Kronen monatlich.« – »Dann ist dir eben nicht zu helfen!« Nach ein paar Tagen trifft der Freund den Ehemann. »Nun, was hast du gemacht?« –»Alles in schönster Ordnung! Ich hab – das Kanapee verkauft!« Diese Kanapeepolitik, welche die Josephsdenkmäler in Böhmen und die magyarischen Freiheitsdenkmäler in der Slowakei zu spüren bekamen, haben sich also, wie aus der Fülle der deplatziert platzierten Sofas hervorzugehen scheint, auch die Ehemänner des Komitats Abauj zum Muster genommen.

Die Sackgasse ist hier jene Straße, in der man alte Säcke veräußert, in der Kinderstraße bekommt man jedoch nicht etwa Kinder zu kaufen, sondern alte Saugflaschen, Säuglingshäubchen, Kinderlätzchen, Wickelbänder, Zelluloidklappern und bekackte Windeln; die Gasse der Schnittwaren ist jene, wo Zwirn, Nadeln, Bandeln und Wäscheknöpfe feilgeboten werden; die reine Wäschegasse ist nicht jene, in der man reine Wäsche erhalten kann, sondern ausschließlich Wäsche.

Zwei dichtbesetzte Straßen sind die der echten Handarbeiten, der slowakischen gestickten Tücher und volkstümlich-farbenfrohen Bänder und des garantiert hausgesponnenen Linnens; die Nachfrage ist so groß, dass die Textilfabriken Niederösterreichs und Nordböhmens mit der Lieferung dieser Waren nicht nachkommen können.

Eine Alteisenhandlung trägt in riesigen unsichtbaren Lettern die imaginäre Aufschrift ›Zur Diebesbeute‹; verkrümmte Haken, glatte Feilen, brüchige Hufeisen, zerbrochene Türklinken, alte Sensen, rostige Maurerkellen, schartige Sicheln bietet ein wildlockiger Zigeuner mit scheuem Blick an, als erwarte er jeden Augenblick von Panduren festgenommen zu werden, weil er das alles zusammengestohlen hat; in Wirklichkeit aber hat ihm ein großes Eisengeschäft in der Mühlgasse diesen Schund in Kommission gegeben, weil es den braunen Sohn der Pußta als kreditfähigen, reellen Kaufmann kennt.

Dagegen möchten wir, ohne als leichtfertige Verleumder angesprochen zu werden, die Behauptung wagen, dass seine Konkurrentin, die Zigeunerin mit den beiden *Signa laudis* auf dem Halsband, diese Orden nicht durch eine besondere kaiserliche Verordnung erlangt hat; einer ihrer Verehrer hat sie ihr sicherlich seinerzeit aus dem Felde mitgebracht. Und obwohl er sie einem Toten abgenommen hat, sind diese Ordenszeichen kein so erschütternder Schmuck wie ein anderer, den ein Mädchen im Kaschauer Zigeunerviertel wochentags und sonntags trägt; ein Collier, bestehend aus etwa vierzig Legitimationskapseln von Soldaten, gefallenen Soldaten.

Das Marktgetriebe dringt über die Kaimauern des Legionärplatzes hinaus, in der Pesti Út stehen die Wagen, welche Waren und Verkäufer wieder nach Hause bringen werden, auf dem Szépsi Körut (jetzt ›Moldavska okruzna‹) wird um Butter, Milch und Geflügel, aber auch um Kartoffeln, Gemüse, Kukuruz und Zwiebeln in erregter, lauter und wilder Weise gefeilscht: »Na kupja citronecky, su sumné, frisné zarobim len desat filleru, dusinko.«

Trotz dieser Beteuerung, dass der Händler nur zehn Heller an den fünf Zitronen verdient, handelt die Käuferin noch zwanzig Heller ab. Angeheiterte Marktlieferanten lungern vor einem Einkehrhaus – *ut aliquid marktfieri videatur*[219]. Sehr gute Laune beherrscht diesen Markt. Sieht man jedoch die Einzeltypen näher an, den kleinen Buben mit dem blaublassen Gesicht zum Beispiel, der in der Spielzeuggasse auf und ab geht, um sein Schaukelpferd zu verkaufen, oder die Zigeunermutter, die ihrem nackten Kinde ein ›neues‹ Hemd anprobiert, oder einen Händler, der schmerzlich die Losung zählt, oder einen Bauernknecht, der mit berechtigtem Misstrauen seinen Kauf mustert, so kann man sich der bedauerlichen Erkenntnis nicht entziehen, dass die, die im Schleichhandel tätig sind, es immer noch weit besser haben als die, die auf freiem Markt handeln. Wenigstens auf diesem freien Markt.

---

[219] *ut aliquid marktfieri videatur: Wortspiel zu: ut aliquid fieri videatur (lat.): damit es so aussieht, als ob etwas geschehe; hier etwa: damit es so aussieht, als ob auf dem Markt Betrieb sei.*

Die Leute, die hier verkaufen, die Leute, die hier kaufen, haben zumeist nichts zu lachen. Nur ein alter weißbärtiger Jude steht vor seinem Brett und lacht, lacht ein lautes, meckerndes Gelächter. Er bietet einen Scherzartikel feil – die hohle Blechfigur eines nackten Knäbleins, das sich durch Druck auf einen Gummiball in ein ›Manneken Pis‹ verwandelt. Stundenlang lässt er das Figürlein spritzen, und stundenlang lacht er dazu, um die Vorübergehenden zum Mitlachen zu animieren oder auf die Komik des Spielzeugs aufmerksam zu machen. Sein Geschäft erheischt es, dass er lacht – von den zehn Hellern, die er für den Verkauf seines Männekens erhält, ist ein Bruchteil sein Profit. Er lacht von Wochenmarkt zu Wochenmarkt, er lacht vielleicht schon seit dreißig, seit vierzig Jahren sein berufsmäßiges, gezwungenes Lachen, um ein paar Kaschauer Gassenbuben oder ein paar Slowakenmägde zum Kauf des albernen Scherzartikels zu bewegen, er lacht und ist wahrscheinlich ein würdiger, ernster, frommer Greis, Vorsteher eines Gebethauses, hat daheim Kinder und Enkelkinder, die er etwas Tüchtiges lernen lassen möchte, Not, Schwäche und Sorge foltern seinen Kopf, sein Herz und seinen Körper, und er muss tun, als lache er sich tot über eine pissende Puppe …

— ENDE —

Egon Erwin Kisch

EGON ERWIN KISCH (1885–1948) war ein deutschsprachiger tschechischer Schriftsteller und Journalist – und Zeitgenosse von Franz Werfel, Stefan Zweig, Franz Kafka, und vielen anderen Autoren, in deren Kreisen er verkehrte. Er gilt als einer der bedeutendsten Reporter in der Geschichte des Journalismus und man sieht ihn als Begründer der literarischen Reportage im deutschsprachigen Raum. Er selbst verstand sich in der Tradition eines Jack London oder Émile Zola, die für ihn Vorbilder waren.

Das Besondere an Kisch ist das bedingungslose Sich-Einlassen auf die Materie. Er suchte die Nähe zu seinen ›Studienobjekten‹ wie kein anderer und begab sich oft in Milieus, in die sich seine Kollegen nur mit Widerwillen vorwagten, sei es die Prager Halbwelt, das Zuhältermilieu, Obdachlose, Leichenschauhaus, Gerichtsmedizin oder etwa die Wohnung eines Scharfrichters in Wien. Zudem interessierten ihn historische Themen, Wissenschaft und Technik, und nicht zuletzt die Politik, wo er als einer der Mit-Erfinder des investigativen Journalismus gilt. Unendlicher Wissensdrang, Neugier und Rastlosigkeit kennzeichneten Kisch und trieben ihn zu Reisen in alle Welt, von Amerika bis Russland, von China bis Australien, über die er jeweils einzigartige, bis heute erhellende Reportagen oder auch ganze Bücher verfasste.

Kisch lebte vorwiegend in drei Städten, Prag, Wien und Berlin, und arbeitete dort jeweils bei führenden Tageszeitungen. Sein erster großer Reportage-Band erschien im Jahr 1925 unter dem Titel ›Der rasende Reporter‹ – ein Buchtitel, der bald mit der Person verschmolz; kam man dann auf den ›rasenden Reporter‹ zu sprechen, war unzweifelhaft, wer gemeint war.

Kischs journalistisches Credo war ein scheinbarer Widerspruch: ›Unbefangen Zeuge zu sein und untendenziös die Wahrheit wiederzugeben‹ wie er selbst sagte, aber gleichzeitig auch eine politische und moralische Haltung zu den Problemen der Welt zu haben, die Armen, die Benachteiligten zu unterstützen und den Reichen, Mächtigen auf den Zahn zu fühlen. Im Lauf der Zeit neigte er immer mehr dem zweiten Pol zu, war 1918 am Fall der österreichisch-ungarischen Monarchie beteiligt und trat 1925 in die Kommunistische Partei Österreichs ein.

Einen Tag nach dem Reichstagsbrand im Februar 1933 wurde Kisch in Berlin von den Nazis verhaftet, kam aber nach Intervention der tschechischen Regierung frei und konnte sich nach Paris absetzen, wo er sich sofort dem Widerstand gegen die Nationalsozialisten anschloss und für deutsche Exilblätter schrieb – bis er auch aus Paris flüchten musste und schließlich in New York und später in Mexiko lebte.

Nach Kriegsende kehrte Egon Erwin Kisch von Mexiko nach Prag zurück und verbrachte dort seine letzten Lebensjahre. Nach zwei Schlaganfällen verschlechterte sich seine Gesundheit ab 1947 deutlich. Er starb am 31. März 1948 in einer Prager Klinik; seine Frau Gisl und seine langjährige Freundin und Übersetzerin seiner Schriften Jarmila Haasová-Nečasová, waren bei ihm.

Trotz (oder, vielleicht schlimmer: wegen) seines Widerstands gegen die Nazis und wegen seiner sozialistischen Haltung wurde er im vom kalten Krieg geprägten Nachkriegs-Westdeutschland aus dem kollektiven Gedächtnis verdrängt, während er in der DDR, wo seine Bücher zu allen Zeiten Bestseller-Auflagen erreichten, stets hohes Ansehen genoss.

Erst seit den 1980er Jahren wurde Kisch auch im Westen für das breite Publikum wiederentdeckt und als das erkannt, was er war: ein sozial engagierter Kosmopolit, ein Weltbürger, unabhängiger Geist und Vorbild allen guten Journalismus im Nachkriegsdeutschland.

© *Armin Fischer, 2019*